湖南师范大学政治学重点学科资助出版

基金项目：国家社会科学基金项目"农地确权的社会均衡及其规制治理研究(16BSH024)"、湖南省社会科学基金项目"农村集体土地确权的社会均衡与协同治理研究(15YBA271)"、湖南省教育厅研究基地项目"县域规制治理中的农地确权社会均衡研究(16K060)"、湖南省高校思想政治教育研究项目"从大学生服务新农村看高校思想政治教育工作(08C521)"的系列成果。

振兴中的村域中国：
本色访谈

严小龙◎著

人民出版社

目　录

上篇:访谈笔录

下篇：访谈音录

自 序

　　村域问题,即包含农业、农村、农民的三农问题,始终是中国革命、建设和改革的真问题。但这个问题在不同时期一般不会笼统地作为一个整体简单出现,或者说,在不同时期它总会有着不同的结构性侧重面。例如:在革命时期,它侧重于农民革命和农村包围城市道路;在建设时期,它侧重于粮食增产和农业哺育工业;在改革时期,它侧重于促进农民增收致富以及致力于从城乡统筹到城乡融合和从农业现代化到农业农村现代化。不过,这些不同的侧重面也会有着共性,这个共性就是,它们大都会围绕土地问题而展开。如此来看,对中国的革命、建设和改革时期的认知,则又是另一番图景。这就是:在革命时期,经历了从打土豪分田地,到减租减息,再到土地改革的历史变迁;在建设时期,则经历了从互助组、初级社和高级社的社会主义改造,到农村土地集体所有制的形成,再到土地的"共有共用"也即集体所有、集体使用的人民公社的长期存续;在改革时期,对集体土地的权利安排,又经历了从土地集体所有权的"一权"统领,到土地集体所有权和农户承包经营权的"两权"分离,再到集体所有权、农户承包权和土地经营权"三权"分置的边际改革。村域问题的这幅历史演变图景,既波澜壮阔又跌宕起伏,但始终联系中华民族兴衰命运,贯穿中国社会主义事业始终。这样一种丰富地融汇历史和现实的研究素材,历史性地摆在了研究者的面前,就看怎样才能得到研究者的沉心、用心和会心研读,也即体悉性研究了。

　　这种研究自然需要沿着学科的视野来探寻,而每个学科大都会有着自身的学科术语、话语体系、研究方法以及由此生成的学科特色。不过,尽管各个学科追求自身的特色无可非议,也在常理之中,但若是过于执着,甚至形成

"一刀切"的局面或者陷入一种固化的思维定式,恐怕也会对学术研究本身无益。也就是说,这样可能会偏离研究的目的就是要探求实情真理的共同要义。故而,追求学科"特色"的过程,就不能只是为了"特色"而"特色"。它不能是教条主义的行为,也不能是牵强附会的"矫情",而应该是在如实描述、理性分析和真情演绎的过程中,用心表达而自然流露出来的特点和底色。这种特点和底色,不可避免地,也是指将学科特色和研究者自身的学术特色融为一体的特色。这种特色的高端境界,应该是微言大义、深入肌理、沁人心脾甚或是撼人心魄的。若要如此,秉承辩证的、历史的、联系的、有机的、整体的哲学方法论,总不会错的。但于许多研究者包括笔者在内而言,对这种境界的追求,只怕总是处在一个不断鞭策自己、用心体会、努力靠近以及还在路上的情境中。

笔者以为,任何学科欲求创新发展和充满生机,就免不了与其他相关学科进行互动,也即相关学科之间需要交流、学习、借鉴,甚至融合,以利于取长补短和共生共荣。此种情形,好似大千世界中的众多事物都需要有不同于己的其他事物与己共存、相互之间要以对方的存在为自身存在的前提一样。这意味着,如果没有了与自身相对应的抑或共生的事物存在,那么本体的存在可能也就要跟着发发可危了。在这个意义上说,任何的画地为牢、固步自封和孤立存在,恐怕只会摧残自身以致最终让本体也了无生趣。科学社会主义作为一门学科,如同世间万物生存和发展的原理一样,也应如此。更何况,马列主义和科学社会主义在我国是作为指导执政党思想的理论基础以及国家意识形态而坚守的,由此也具有国家意识形态安全的意义。而这种意识形态安全意义,还有待于一种包含宏观和微观等内容以及规范和实证等方法的全方位的体系性研究来呵护。故而,探寻科学社会主义学科建设的基本规律就更应引起足够重视。至少,科学社会主义作为一门学科,既要传承宏观叙事的手法,也要开创微观写实的风格;既要进行应然性的规范研究,说明事物应该是怎样的;也要开展实然性的实证研究,解读事物本来是怎样的。如此才有可能将实事求是、理论联系实际和一切从实际出发的科学社会主义方法论原则更好地落到实处,才有可能始终警觉性地克服走个过场、流于形式、装点样子的流弊。这就需要打破业已形成的思维定式、撤除固有的观念藩篱,以雍容博大的胸襟和海纳百川的气度博采众长,如此才会有利于学科的发展与推陈出新。

概言之,笔者在此无非是想表达三个意思。第一个意思:科学社会主义作为一门学科需要博采众长和汲取其他学科的养分,而这本来就是这门学科的创始人经常使用的研究方法,而且在学科研究领域不能只是传承和解释经典文献,也不能总是满足于阐释中央政策。第二个意思:科学社会主义作为一门学科需要注重微观研究,也即科学社会主义也要研究现实问题。如若不然,理论就有可能同实践脱节,也就不能贴切地和令人信服地解释实践,这样科学社会主义就很难深入人心。因而,不能仅仅满足于宏观研究,不能将宏大叙事和抽象表述作为这门学科唯一的文本表达范式。第三个意思:科学社会主义作为一门学科需要走出书斋,走进现实和走入实践,不能"闭门造车",不能只是从书本到书本、用书本解释书本,满足于在书本中绕圈子。也因此,这门学科的推陈出新就至少需要读好两本书:一本是科学社会主义经典文献和相关专业的有字书,另一本是科学社会主义在中国实践的"无字书",尤其要读好科学社会主义在中国农村实践的这本"无字书"。笔者在近年来频频深入农村调查以及将在访谈过程中形成的文字结集出版,正是将上述三个意思付诸行动的一种尝试,用以供同行专家、学者和有思考力的读者评判及斧正,并且期望有贤者不吝赐教。如若还能对相关决策部门的政策完善产生一定的触动及影响,那么这种学术尝试就更有意义了。

湖南师范大学公共管理学院、湖南师范大学科学社会主义研究所、湖南师范大学县域发展研究中心、湖南师范大学乡村振兴研究所(筹)教授、博士生导师: 严小龙

2018 年 2 月于长沙岳麓山下西子湖畔

上篇:访谈笔录

1. 驻点杨家村

（湖南省涟源市桥头河镇,2016 年 7 月 19 日）

村域调查,大体属于微型调查与解剖麻雀式调查的方法论范畴。开展这种调查的关键,一般在于调查场域的选择和进入方式。就是说进入这样一种场域,最好是依赖"质性"熟人关系,或者说借助于互动密切、了解深入的人际交往关系。走这样的"入口",于社会调查的实效而言,应当是一种较为靠谱的方式,否则可能会因调查场域太陌生,或者因各种缘由被人为地过滤信息,而无法深入探究,导致调研效果事倍功半。而调查场域如果太过熟悉亦然,也即太过熟悉的调查场域也可能让调查者陷入习以为常、见怪不怪甚或麻木不仁的境地,从而很难发现问题进而激发思维灵感和引发头脑风暴,也就难求预期的调研绩效。所以从调查原理看,调查场域的选择需要在熟悉与陌生之间达成均衡。或者说,它既不能太过陌生,也不能过于熟悉。正因如此,我们采取这样一种方式来进入调查场域,具体来讲就是利用父系、母系的亲密家族关系,进入一种好似熟悉又似乎陌生的调查场域。而驻点调查,则强调蹲下去,当然也要起得来,更有时间要求。我们初步计划二十天左右。稍微令人安心的是,对于此次村域驻点调查,调查小组之前已经做了大量工作,无论是在物质、关系还是精神上都作了充分的准备,因而进入调查场域很顺利。

上午从长沙出发,驾驶着新买的奥迪 Q5,一行人顺风顺水抵达杨家村。与本次调研相关的两位村支书及村委会成员热情地接待了我们,并且诚恳如实地向我们反映了大量问题和困惑。对此,我们头脑有些发懵。但这种发懵是好事。其一是因为,他们提的问题都很实在很具体,是长期存在的又是现实紧迫的;另一方面,也反映出农村变化很快,问题层出不穷,理论需要跟上实践的紧迫性是很容易感知的。饭后,我们被安顿在一农户家中。这里没有旅社,商业也不太发达,但切不可依此认为这里的人民普遍"贫穷"。这一点会在后面作出说明。把与他们的谈话归纳起来,初步感觉有以下几点。

第一,农村问题真的很复杂。尽管很多人认为农村的事好像很简单。但问题到底复杂到什么程度却难以用语言来表述,可能要留待以后细致的观察、精密的梳理和谨慎的思考,看能否理清其中包含的内容。"复杂"是一种表面的感觉,这种感觉需要详实的材料来证实。我们可以认定,如果你认真、踏实地去收集,这种材料这里并不缺。

第二,合村问题。一个村为什么有两个支书?我们小心询问之后才明白,原来这里正在进行合村。合村是杨家村与野鸭塘村合并,换句话说就是杨家村、野鸭塘村此前都是行政村,合村之后就变成了一个行政村,它们由此也就成了两个自然村。为什么要合村,我们闲聊时提出一个假设,可能是为了减少村级行政人员和减少行政费用。据说现在全国各地农村都在合村,究竟这种"一刀切"的政策有多少实效还有待论证。但有个疑问是:农村自改革以来,我们已经明白,要有效解决复杂的农村问题,大都不能采取某种统一的政策。那为什么还要出这种"一刀切"的政策呢?这种政策已为经验所证明,其效果往往都是不太好的。

合村固然是一种行政制度的调整,两个村合并之后形成一个大村名为"四方山村",原来的两个村变为自然村。但基于这一事实,也是出于尊重当地习俗,原来两个村的村支书我们都称为支书,只不过,上面安排原野鸭塘村支书暂为四方山村支书,原杨家村支书为四方山村秘书,村委会班子待建。他们要成为正式的村级领导人,还有待明年的村级民主选举来确认。还有,就是"株木片"的行政名称挺新鲜。要知道,在公社时期这里叫"株木公社",后来改称"株木乡",而现在则叫"株木片"。这里的"片",其实是"管理区"的简称。每个管理区(副科级)大致下辖17个左右的村。这里有四个这样的管理区,统一归桥头河镇(科级)管辖。所以桥头河镇在这里有"小县"的称号。

第三,种粮不如买粮?这是我们借住的农家提出的一个问题。为什么呢?我们来算一笔账,稍懂经济学的人都能从成本与收益的角度算得清。种稻的成本(一亩地):种子40元,插秧人力200元(一个工),农药60元,牛耕400元,肥料200元,收割时机器费200元,人力180元/人/天,管理一亩地大概要请三个工(540元),收割当天还要负责工人的午饭以及送一条烟,成本算下来大约1640元。种稻的收益:亩产1200斤(情况较好的),每斤大约1.5元,收成1800元。种一季稻收入和成本相抵,只赚160元钱,但是要花去140天的时间。但与之相较,在雇主家打工一天就可以拿到180元钱,还包了午饭和打发一条烟(假设有工可打)。所以他在雇主家打工一天就抵上了种一季稻的收入。可问题还不是这么简单,种一季稻花140天时间,亩产是1300斤左右(最好的情况),最少也有1000斤,种两季稻的话亩产也才一千多斤。

所以在没有其他外部条件嵌入的情况下,农户肯定会选择只种一季。可问题是,有农户选择种两季稻,并且选择机械化作业,但这里的地貌却并不适合机械化作业,这个现象耐人寻味。住户跟我们解释说,种两季稻是因为政府有补贴,那为什么政府要补贴这种无效率的耕作方式?而且,据说这种情况县里的工作人员是清楚的。清楚归清楚,但情况依然存在,这或许是一篇大文章。

第四,人少房多问题。吃过晚饭,我们在村里溜达,闲聊中我们发现村中的房子如雨后春笋,鳞次栉比,令人目不暇接。但细看就会发现它们"分化"得很厉害:一方面是现代化质感很强的、占地面积很大的别墅型,使我们感叹;另一方面又有很多废弃的、隐藏在摩登建筑物丛林中的低矮民居。给人的感觉,就像是中国社会的缩影。令人费解的是,很多农户家里只有一个七八十岁的老太太,看守着偌大的房子;有些则是门户紧闭,空无一人。这说明什么?至少说明这个地方的人外流得厉害。更奇怪的是,那些新在建的、打了地基的、占据大量农地的这些"房子",却是一派欣欣向荣的景象。一方面是人员稀少,另一方面是各种各样的房子呈现的繁荣。这是不合常理的。个中缘由,还有待细细琢磨。

第五,村域地权的确认"象征"。杨家村附近的村庄至少有六个,这六个村庄分别是野鸭塘村、水桐村、义溪村、峡山村、檀山村和温塘村。我们溜达中发现,村际地界确权的"象征"至少有三个:一是杨家村和檀山村之间确权的界限是一条来自大山的水溪,水溪在这里就充当了确权的"象征";二是杨家村和峡山村的界限是一排自然形成的小山,所以小山在这里也形成了一个确权的"象征";使人感到诧异的是,杨家村和温塘村村际确权的"象征"却是民俗。这种民俗,就是大家心里存在的、广泛认同的界限。随着调查的深入,我们必定会发现更多的确权"象征"。

2. 地方政治与村界"象征"

（湖南省涟源市桥头河镇,2016 年 7 月 20 日）

　　首先,要把昨天所阐述的错误之处更正一下。其一,"种粮不如买粮"中用工是 180 元每工每天,在主家吃饭,然后打发一包烟而不是一条烟。其二,也是这个问题里面的,种两季稻的总产量是一千多斤,而不是每亩单产。上面已经提到如果没有政府补贴农户肯定会选择种一季稻,选择种两季稻是因为有政府立项和政府补贴,而农户常常会多报种田亩数,这是因为报的田亩数越多获得的政府补贴越多。我们也看到在这样狭小的不适合机耕的农地上,大型农机在地里转个弯都很困难。所以有知情农户跟我们讲,他们只是做个样子,目的是以项目立项的方式来争取财政补贴。不难懂得,对他们来讲,这是有钱赚的。也可以说,获得项目并且以多报田亩数的方式获取政府补贴,正是这种两季稻机耕项目的经济利益获取机制。还有一个需要补充的,就是地貌与耕作方式的关系。这种地貌的农村适合牛耕而不太适合大型农机耕种（小型农机勉强适合）,为什么呢？一个是这里处于湘中地区的丘陵地带,大块平整的农地很少,立体的、有梯阶的、不规整的农地结构是普遍的情形,所以大型农具无用武之地。小型农具虽然可以用于耕作,但是耕田的效果不如牛。原因在于:这里的水田是有相当历史的,农田里软泥的厚度可能有半个人高,人用机耕的话就会很累、不便展开。牛耕就比较适合,尽管犁田的时候牛肚子要贴着水田面。也因此,我们对于农业现代化的思考可能要更深刻些,至少不能简单地将其等同于农业机械化。以上的内容,是对昨天的修改和补充。

　　今天上午由村支书领路,我们去了桥头河镇政府。我们估摸着这是地方政治生态,也就是说村庄外部的人要进入村庄需要有体制内的认可,尽管这个

"外部人"原本就是从这里出去的。这种获得认可的行为,有一种古时候"拜帖"的感觉。大概是因为历史的政治似乎总可以用某种形式还原为政治的现实吧。镇政府的办公室副主任,是一个湖南农大毕业的年轻人,按惯例接待了我们。当我们表明身份、说明来意之后,他的态度渐渐变得亲和起来,这也许是学校毕业的学生和学校的老师之间有着某种割不断的情愫吧。这个官员有悟性,当我们简单说明来意后,他马上就回应:"你们到农村调查,是不希望我们骚扰你们吧"。当然他也说了一些礼貌性的用语,诸如需要支持会尽力而为之类的客套话。我们也没闲着,对镇政府办公室挂着的资料,比如桥头河镇政府行政区的划图、人口、结构等,进行了拍照留存。这位副主任热情地对图上各个数字进行了校正并提供了更为准确的资料。也正是因为我们和镇政府工作人员的沟通,我们发现基层行政制度的结构似乎很容易变化。比如说我们昨天介绍株木这个地方曾用过几个名称:株木乡、株木片、株木管理区,现在则叫株木群众工作站,简称群工站。福焉祸焉无焉? 这肯定是实践说了算的。只不过,由历史形成的制度往往有着不可摧毁的生命力,而不管主政者的主观愿望是怎样的。这一点对于遇事走心过脑的人来说,应当是无需多作解释的。期间我们听说,桥头河镇要变为县级市,这件事还有待确认。只不过上文已作交代,桥头河镇在当地人心目中是"小县"。它有 13.5 万人口,3.4 平方公里的城区面积,城镇人口 4.8 万人,是娄底市名副其实的特大乡镇之一,也是传统商贸重镇,以"蔬菜小镇"入选湖南省产镇融合示范镇。

话说回来,社会调查最重要的是真实和客观,否则就是劳民伤财。我们也是秉着这一原则来践行自己的行为,努力朝这个目标迈进的。不过,言易行难。中午饭后我们请户主继续带我们去查看村际土地确权的"象征",因为我们昨天只走了西边段。开车一路东行,我们很快到了杨家村和野鸭塘村的分界线,这里的"象征"是个路标。这是一种比较规范的村际地界确权方式。沿着蜿蜒的村路继续东行,很快到达野鸭塘村和水桐村的分界线,同样见到了路标。这样的确权方式容易理解。再继续往大山深处前进,又到了水桐村和彦溪村的分界处,这里的标志是一条发源于水桐村深处地下水的、蜿蜒向西流的小溪。这条象征着村际地权的小溪和昨天已经提过的是同一条。这条小溪在这里充当了很重要的确权功能,意味着这条小溪背后的法理功能。再往前行就是彦溪村的地界,这里的确权象征是"大跃进"时期修建的一个水库。沿路到达了峡山村和檀山村的地界,而这里的村际土地确权"象征",则是介于小山与小土丘之间的一种地貌特征。总结一下,昨天发现的"象征",有小溪、小山和民俗,今天则增加了路标、水库和大山。

在下午的农户访谈和问卷调查中,我们感觉到先入为主的观念,严重点说就是主观主义,是要不得的。比如,我们事先设计好的问卷题目,有很多就不符合实情,因此不得不耐着性子加以修正。当然也可以应付式的交差,但总觉得心口隐隐作痛,因为图方便弄了假数字不光是哄自己,也是欺骗别人,更何况我们是怀有提供政策依据的用意来收集数据的。也因此,调查一户花的时间很多、难度也很大。有的农户是明白人,普通话说得也好一点,因而沟通比较方便;但有的农户确实表达不清,自己前后所讲的数字和情况都有出入。由此可见,要彻底地了解和反映似乎是一种理想状态。这就给我们提了一个醒,往后见到别人调查的数据和情况,都需要持有一种质疑的态度,迷信要不得。整个下午,直到晚上"补火",我们才访谈了两户农户,当然还做了问卷调查,应该说数字和情形是比较真实的。我们开始担心原来的调查预案能否如期完成,原先设想的老杨家村十个组三百来户一千三百多人全覆盖的调查可能太过理想。因而也就需要调整调查预案,改为在每个组抽样调查。这也许是可行的,这样做,虽然全面性缺失了一些,但时效性可能会得到保障。期间我们还察觉到,农户在各个方面的分化都是显著的,比如说,收入低的和收入高的,纯农户和离农户,主要靠农业为生的和主要靠非农为生的,诸如此类的人们之间,对于农地的感情和权利,态度会有很大不同。当然这暂时只是一个假设,在以后的调查中肯定会得到验证。

访谈过程中,我们不经意间从农户的话语中察觉到一个潜在的似乎是很严重的问题,即农地使用状况堪忧。由于种粮不赚钱导致农户对种田和农田保护的动力弱化。种田在农户之间至少存在着两种心态:一种是良心驱使,一种是市场驱使。对于良心驱使的农户而言,尽管种田几乎没有收益,有些年纪大的农户还是勤勉耕种,因为在他们的眼里,荒废农田似乎就是罪过。但同时我们也看到,有很多农田杂草丛生、无人问津,有的农田被挖成水塘。这种情形显然是市场化驱使而形成的。这里就给我们提出一个问题:国家进行粮补、控制粮价,本意是为了改善民生,确切地说是为了让城里人能够低价用粮。但粮价是把双刃剑,在保护城里人用粮权益的同时,又改变了农户对待农田和种粮的态度。此外,似乎还存在着一种认识,就是认为承包年限越长,农民对土地就越舍得投入,越会爱护。其实,这样一种判断也是不靠谱的。这几天的访谈加上过往的经验,我们认为,真正种田的农户,是不会在意这个问题的。农田是国计民生的基础,保护农田应该有丰富的经验,但为什么我们在这个问题上好像无计可施呢?

3. 杨家村农地确权的历史变迁

(湖南省涟源市桥头河镇,2016 年 7 月 21 日)

今天上午,杨家村最早的支部书记正支书到访,八十多岁的老人看起来精神矍铄,虽然听力有些问题,但思路清晰。这位老人在新中国成立前夕担任过通讯员。当时杨家村属于益阳地区安化县管辖,解放军的南下部队经过此地时,留下了一个连的武装力量,同时也留下两名军队干部帮助建立地方政权。正支书担任的就是这个基层政权的通讯员。后来,他于 1958 年到 1960 年担任杨家村党支部书记。这一时期正是全国"大跃进"和人民公社大办食堂的时期。这位老人似乎对这一时期记忆深刻,向我们描述了大炼钢铁、大办食堂的一些具体事例,以及当时对土地问题的处理情形。

据他讲,初级社的时候土地是入股的,是按农田亩数和劳动付出进行分配的。土地和劳动的分配比例大概是三七开,具体比例则需要通过社员的民主讨论来确定。由初级社转为高级社,按股份分配的比例逐渐下降,按劳动分配的比例则逐步上升。所以说,按土地分配不是一下子就取消的,而是循序渐进逐渐消亡的。除了土地可作为入股的要素外,还有耕牛、农具等农业生产资料要素。在人民公社化过程中,这里的行政隶属于桥头河人民公社。这个公社的辖区比现在的桥头河镇辖区还要大。由于"大跃进"、人民公社初期的过激做法,再加上发生了连续三个多月的旱灾,粮食紧缺,人民出现饥饿状态。在问及当时当地是否出现人民饿死的情形时,正支书以肯定的口吻说,这里没有出现饿死人的现象,但确实存在着饥饿导致的普遍浮肿。后来开始"反五风"或"反共产风",由此行政框架开始裂解,桥头河人民公社分解为八个人民公社,其中就有株木人民公社。这就是后来的株木乡、株木片、株木管理区、株木群众工作站的行政溯源。

当被问及分田到户以后的情形时,他有点顾左右而言他,这使我们心存疑惑。后来知情人告诉我们,正支书的经历颇为坎坷,是个有故事的人。我们也不好深入再问下去,转而希望他介绍一下新中国成立前当地的农地结构。据他讲,新中国成立前这一片地方是有地主的,当时有个大地主名叫严毓修,他拥有两千亩农田和自己的庄园,此外还在宁乡、湘乡等地拥有数量不等的农地。据说这个人虽然富甲四方,但为人很吝啬,比如他去佃户家收租时还要向佃户要烟抽。除他之外,当地还有一些拥有田亩数不等的中小地主。地主和佃户的关系显然是地主强、佃户弱。这是由于当地农田少,耕种者众的缘故。也因此,佃户们逢年过节都要提着鸡鸭去孝敬地主,生怕地主断了自己的租约。在那时,拥有农地的耕种权就是有个饭碗可端。当时的农地确权,虽然宏观框架是腐朽的和必须被革命的,但微观结构却是经历了长久历史的调适和位育的,是比较清晰的。比如说,一口水塘,主家拥有塘底权,周围农户则拥有用水权。农田与水塘的堤基的所有权归农田所有者,而不是归塘主人所有。此外,其他没有挨在水塘周边的农田的用水也是有契约规定的,这种契约的订立所依据的则是惯例。例如对于这些农田农户的用水权,其他农户不能否决。但这些农户农田的用水,在经过别人的农田流到自己这里的时候,需要保证"过水田面"的水不至于降低。衡量方式是在上田插一根有刻度的木棍作为标记。所有这些农田在用水塘的水时,不能低于水塘中预先放置的作为刻度衡量功能的石头规定的界限,低于这个界限就不能再用水了,以此来保护塘主的"终极水权"。农地确权的物理依据大多是田埂,这里叫堤基。堤基归属权的确认是有规则的:假如农田有上下梯级之分,堤基是属于上田者所有的;如果两块农田是平行的,那么堤基各有一半。还有,对于农田的收成分配,一要看农田质量的等级,二是依据农田质量等级来确定收成分配比例。依农田质量等级由低到高,地主和佃户的分成比例一般有三七开、四六开、五五开。

正支书走后,有村民向我们反映了一个问题,就是目前这里存在着大量改变农地使用用途的现象,即占有大量农田兴建农宅。对此,我们这几天走访所见的情形也证实了他所言不虚。按一般的理解,农地变更用途有着极为严格的管制政策。奇怪的是,这里出现的大量占用农田建房的现象,却是有着体制内的审批程序的。一方面呢,是中央三令五申严禁农地转变用途,另一方面则是在农地上出现的现代化程度不一的大量农宅,这种现象又怎么理解呢?

下午和晚间的走访也让我们受益匪浅,给人的感觉,是这里的"个体化"确权制度中的"集体化"味道很浓。由于这个题目涉及的问题很多,范围广,程度深,还是留待以后分解吧。

4. 水桐村的人地关系

（湖南省涟源市桥头河镇,2016 年 7 月 23 日）

现任或者做过村支书或者村主官的村民,一般较其他村民更为熟悉村务,更会清晰表达,因而能较为连贯地口述历史。而创造有"质性"人际关系的环境,再于此环境中走访受访者,就能帮助我们系统地和按照事物本来的格局样式及其演变逻辑,来理解不同局限下农地确权制度的生成机理,并敏捷地发掘隐藏于表象后的潜在问题。因此,我们首先与合村前的杨家村村支书联系,询问之前托他收集村志、村规、村约等文字资料之事。但他说近日公务繁忙,此事可能要延后,因之我们也就识趣地暂时放弃走访要求。恰巧热心的住家告诉我们,他们的姐夫在水桐村曾任过村长（支书外调）,亦即他从 1987 年到1992 年担任过水桐村的主官,住家可以带我们去走访。我们寻思着,这一段时间正是农村土地确权变革的某种源头,况且水桐村与杨家村相邻,水桐村的情况在很大程度上也可以被认为就是杨家村的情况。还有一个微妙之处,就是以退休"村官"的身份和我们交谈,他可能更能畅所欲言而无需顾忌什么。所以我们就改了行程,去拜访住家的姐夫。

吃完晚饭、开车前行,我们一行人很快便到了住家姐夫家。住家姐夫是一位六十开外身体健康的村民,也许由于做过村主官和乡干部的缘故,其言谈举止和思维方式都显得有别于其他村民。在交谈中,如之前所料,他给我们反映了大量情况,而这些情况可以归纳为以下三个部分。

一是农业赋税与农民负担。在他主政该村期间,农村有农业税和"两粮",即"征购粮"和"订购粮"的政策,它们都起源于集体化时代。"农业税"和"征购粮"是国家规定的一种硬性指标且要强制执行的;而"订购粮"则是出于自愿和有化肥农资补贴的,其目的,就是鼓励农民多交粮。这种政策模式在粮食短缺和工业弱小的时代不仅于国家全局是不可或缺的,而且在农民那里也具有合法性。当地俗语有"养崽要赡娘(爹娘)、种地要完粮"的说法,表达的即为此意。按惯例,农业税和"两粮"是一并而非分开征收的,这种情形到分田到户后亦是如此。只不过,分田到户后农业税和"两粮"是按照分田面积摊到各户的,而不再以集体为履责单元,亦即农业赋税的履责单元由集体下沉到了农户。由此,"农民负担"的说法便开始大行其道,或者说,"农业赋税"一词逐渐为"农民负担"的说法所替代了。需要指出的是,分田到户以后,1987年"两粮"的征收是偏向征购粮的,但价格有所不同:征购粮为9元多100斤,订购粮是10元多100斤。在被问及何时停止"两粮"政策时,这位退休"村官"记得很清楚,也许正是因为在那时"卸掉"了"负担"吧。他告诉我们,这是发生在1998和1999年之间的事情,并且以确定的口气说,与之一起停止的,还有农业税。这至少意味着,该地取消农业税,比之2006年全国统一取消的情形要早了许多。

二是分田规则与农地确权。"分田到户"时,这个地方是先分"土"后分"田"的,亦即1979年开始分"土",1980年下半年则开始分"田"。"土"和"田"的说法,是当地的惯用语。前者专指适宜种植玉米、红薯、黄豆等作物的旱地,后者则指专用于种植水稻的水田。水田和旱地的分量,在农民眼里,显然是前者要重得多。最开始分地也即分"土"和"田"时,基本规则是按户籍人口确定,并且秉承地跟人走的原则。在那时,也就是1984年以前,政策并没有规定农户分到的田地多久不"动",因而只要是家庭人口有变化,田地就得"动",也就是调整。这种"调整",是以小队为单位,也就是在现在的村民小组内部进行的。换句话说,是以小队或村民小组为单位进行调整的,亦即调整权在"组",而"村"的功能只是宣布政策。在这个制度框架下,户籍人口是一个初始的核心变量,其他确权要素都是随它走的。它一"动",其他的确权要素就一定会跟着"动"。由于户籍人口不可能稳定,是一个无法固化的变量,也当然,这个变量在没有天灾人祸的情况下也不会大变,于是便形成了所谓的"大稳定、小调整"的确权模式。这种模式好像有着不可摧毁的生命力,即便在 1984 年中央明确规定承包关系 15 年不变后，这个地方也一直存在着"调地"现象。这种现象一直持续到 20 世纪 90 年代末，在政策的强大压力下才终止。但终止归终止，这几天我们仍深深感受到"调地"的情结。这种情结似乎郁结于许多村民心中，不得抒发。

在这样的确权制度规定的确权关系中，新生儿要分地，老人死要退地；上门女婿要分地，女儿外嫁要退地；迁户入组要分地，户从组出要退地等等。我们能感受到，这种集体化规则在这位前村主官那里，平衡与公平的价值是镶嵌其中的，或者说，他是倾向于集体化规则的。在我们看来，如上的确权规则实际上是一种革命成功之后形成的传统或惯例。而且，这种制度及其关系的各个环节和元素之间的相互调适，也是比较清晰和契洽的。至少在上文提到的互助组期间，像这样的重大村务，就是通过组内社员的民主讨论来决定的，更遑论人民公社时期也有着"三级所有、队为基础"的制度规则。这意味着，以过去的小队或者现在的村民小组为单元，以民主的方式确定村庄秩序的规则，是有着历史合法性的。而它的现实生命力，在后续访谈和其他走访中似乎也能不断地得到佐证。问题是，这种确权制度及其关系与经济活力之间到底是什么关系，还有待理清。也因此衍生出另一个问题：到底是按集体化规则确权好，还是按个体化规则确权好呢？其实，我们是带着理论假说来蹲点的，但我们隐约察觉到，这里的实践尚未找到集体化规则与个体化规则之间的均衡点。

三是确权规则与村民关系。这位前村主官对现在"三十年不变"的确权规则，有着自己独到的看法。他认为，自从土地没有调整之后，户与户、人与人之间的关系变得微妙起来。有的农户一直添丁生崽，而土地还是原来爷爷奶奶辈分得的那些地；一些农户家中有人去世、有人嫁出去、有人户口转走了，几个人就坐拥一大片土地。这样，人多地少的农户就会对人少地多的农户有意见，心里觉得不公平，村里的人际关系也就不似从前那般温馨和谐了。比如村中有一户只有一个人，且有些智障，当初分地时分了父母加他自己三份地。父母过世后他一直未能娶妻生子，后来便成了五保户。就是说，在 90 年代末，他一人就占了三份地。由于自己无力耕种便将一部分送给了"亲房"，也就是亲缘近的农户。村上对此无力阻止，其他农户也不服。我们在调研中还发现，有一农户现在有 6 口人,但只有自己和母亲的两份地。因为:他父亲于 20 世纪 70 年代去世,这一份地自然就退了;自己结婚是在 2000 年左右,所以媳妇进门后没地分;他婚后生了 3 个儿女,这些孩子就更没地分。对此,不光他自己感到憋屈,许多村民对他的处境也深表同情。这位前村主官还认为,山区的可耕田地本来就少,地块也不规则,所以规定时间调地要公平合理一些;而在平原地区,在大面积的土地上进行机械化作业的情形比较普遍,地块之间连接在一起可以减少耕作难度,因而"三十年不变"的政策对他们的影响就很小。他的这种经验判断似乎是经不起逻辑推敲的,但我们宁愿将其作为一种假说,且放置于以后的调查中去求证,以发掘出其间看似缺失的逻辑联系。

5. 农内建房与农地规制

（湖南省涟源县桥头河镇,2016 年 7 月 25 日）

上文提到,本次调查的场域,其最明显的表征是人少房多,映入眼帘的是鳞次栉比的"洋气"程度不同的"大面积"农宅。对这种景象,如若归纳为一种学术性语境,应当可以用"农内建房与农地规制"来表述。农内建房,一般指农村居民占用集体土地也即在宅基地上建设自用住宅,而非农外的将集体土地转为国有土地的房地产开发建设。对于这个问题的研究,目前学界尚处于"灯下黑"的状态。一个时期以来,人们关注最多的,是农外建房,也就是将农村土地"化为"城市土地搞开发建设,而对农内建房问题的关注度不够。农内建房显然与农地规制相连,而对农地的规制,我们发觉,是有着公社时期的制度遗产的,而这种制度遗产,在微观层面业已演化为实际运行的农地管理规则。问题是,如果把这种规则与实际结果放在一起比对,其"影像"就不太好看了。为了"质性"地表述这个话题,我们走访了不同的利益相关者。让我们从以下两个案例开始吧。

据村民讲,有户农家拥有一栋两百来年历史的土砖房(不巧这两天垮塌了)。这栋土房连同杂房、仓房等一起占地约有 140 多平方米。其建筑格局为四间房,一个堂屋。但这个堂屋他只占一半,另一半为其"亲房"所有。这户人家在改革开放前有三口人,并"翻身做主人"地在这栋土砖房的旁边建了一栋新房。这栋新房是以拆掉两间老房和多占地为代价的,也就是说占了两间老房的地基,此外还占用了与他人共用的"坪"(一般指用水泥硬化的平地),才建起了这栋占地面积 140 多平方米的新房。改革开放后,这户人家变成了六口人(两口子、一个儿子、一个媳妇、一个女儿、一个孙儿),人口的增加驱使其又在之前那栋改革开放前的房子旁边修建了一栋新的农宅。这栋房子占用了6分农田、2分旱土,总共是8分地。其中,房屋的地基占了160平方米,剩下的做了一个大坪,余下的则用来种菜。这样,这栋有着两百多年历史的土砖房和改革开放前所建的房屋,连同它们所占用的地基一起,就被闲置了,并没有按规则复耕为农田。这里的问题主要是:按照规则,这户农家在占用8分(大半亩)农地建房后,应当用同样面积的土地复耕,至少要将原来的宅基地复耕。遗憾的是,这种规则和要求至今仍为愿景。

还有一个案例:一户农家有一栋解放前的老屋,这栋老屋有四间房,一间堂屋。占用的地基面积为140—150平方米。早在改革开放前,这户人家就在原有的地基上进行了翻修,但未扩大占地。到了改革开放后,这户人家新"翻"了两间,修了两层楼,楼上楼下一共四间。这样就占用了两分旱土。这两分旱土之前是自留地,用来种菜的。后来,这户人家作为村集体成员以4万元一亩的价格,在另一村民小组买了部分水田,建了一栋180平方米的新房,但是这户人家并未入住。此外,这户人家还在小乡政府(大乡政府为桥头河镇)附近建了两个商用铺面,而这两个铺面则占用了2分左右的旱地。这里所映射的,有第一个案例的问题也即"占补平衡"的农地规制问题,也有农地产权确认如何与农村市场化发展相契恰的问题。

然而,"农内建房"抑或农户占用集体土地建房这个概念的内涵,是出乎城里人想象的。这样说吧,如果是建一个地基半亩的农宅,那么这户农家实际占有和使用的土地面积一般就是1亩。这样一种格局,其实是由"传统需要"形塑的。因为农户一般都会养些鸡鸭牛羊,如果没有这半亩缓冲区,那么田里的作物就会受到这些牲畜的损坏。所以可以看出,这样的一种农宅格局是自然形成的,亦即有着一定的合理性。

还有,不少人认为农村土地确权可以将宅基地和农地截然分开,从而可以泾渭分明地进行规划和规制。可我们察觉到,这样一种认识可能是不太靠谱的,尤其是在眼下农地"不值白菜价"的情势下。为什么呢?在解释这个判断之前,首先要廓清三个概念,亦即什么是农地,什么是基地,什么是宅基地。农地,一般好理解,是指用于农业生产的土地,往大了说呢,它包括水田、旱地、林地、园地、水塘、水库等等；宅基地，是指在老房子的原有地基上进行翻修，一般不新占土地；而基地，则是指以新选的土地位置为地基兴建农宅。而这个"新选的土地位置"，总不可能是指别人家的宅基地吧。所以，一般讲到"基地"的时候，就是指占用农地建房。这是本地的一个情况。好了，概念廓清之后，就来论理。农户建房，只要不触及到农田保护红线，村民们一般是不会在意农地、基地和宅基地之间的界线的。若要他们在乎这种界线，除非耕作农地的收益能达到他们预期的水准。若能如此，农户才会在土地用途的权衡上更多地偏好农地而非宅基地。这至少意味着，在农户那里，农地与基地或宅基地之间并未有一条清晰的界线。如果于此弄两套确权方案，往后走估计就是一笔糊涂账，无人能算清。需要指出的是，国内经验也好、国际经验也罢，农户的习惯和农村的惯例，实在是有关"顶层设计"或"中层设计"不可忽视的规划和规制依据。以农村的长治久安而论，这一点应该是毋庸置疑的吧。

我们知道，国家对农田实行底线保护政策，亦即对于必须保护的农田，各级政府的国土部门都是有红线规划的，划了红线的农田禁止建房。据了解，涟源市国土局和桥头河镇国土所，都有"卫星红线图"。我们在其他农村调查时，也都见到过这种实物的红线标志。一般就是立于水田旁的用水泥或石头做成的碑，碑上刻有规范的文字。然而在这里，这样的标志，我们曾几度寻觅，但费了老大的劲儿也未发现。个中缘由就不得而知了。

讲到这里，我们应当对农村的农宅用地规制问题有一个描述。为此，我们走访了四方山村（也就是杨家村和野鸭塘村合并以后的新社区）的兵支书。如果把他的讲述转换为我们的专业性语境，则可以归纳如下：使用基地和宅基地建房，有着交互作用的四套规则，亦即政策文件有两套，政策执行亦有两套。据他讲，2000 年以后如果用基地建房，政策文件规定是不能超过 120 平方米的，但政策执行时，则变为不超过 160 平方米；用宅基地建房，政策文件规定不能超过 180 平方米的用地面积，但执行政策则要宽泛得多。这里要注意，"120"也好、"180"也罢，是指农宅这个建筑物的地基占地的面积。前面提到过，它的实际使用的面积是要翻倍的，也就是这个规则所言的占地面积，并没有包括杂物房、后院、前坪等土地占用。此外，以基地建房是要收费的，这个费用因占用水田和旱地不同而有所不同。以 2003 年为例,这里占用水田每平方米收 40—50 元,占用旱地则收 20—30 元。如果违规了,在 2000 年以前,以基地建房的,罚款为 60 元每平方米,2000 年以后,罚款则改为 20—30 元每平方米。这意味着,在 2000 年以后,对用基地抑或农地建房的管制放松了。而如果是用宅基地翻修建房,则一般不罚钱。以上就是基于农内建房的第一层农地规制。

往下则进入第二层规则。也就是,如果某农户要建房,该如何"走"程序呢?这种程序的规则又是怎样的呢?其实,这样的规则不仅存在,而且有它自身的演变逻辑。新中国成立以后直到公社时期,贫下中农认为自己是翻了身、做了主的,因生活需要而建房是天经地义的。当时的程序规则是由下而上的,也就是自己先提出诉求,然后生产队的群众同意,再报大队允许,最后上交公社民政批准即可建房。这即是说,那时建房的最终裁决权是在公社的,而无需再往县上报。农村改革以后,这样的一条规则总体上被继承了下来,但也有着边际变化。而这种变化至少有三个:其一,农村的行政名称发生了变化,比如说公社改为乡,大队改为村,生产队改为组,但每一个行政单元所辖的区域变化不大。其二,是建房的终审权向上延伸了一级,即农户要建房,终审权不在乡而在县。其三,这样的一种"权力位移",不仅仅体现在层级上,更体现在效用上。据说农户建房如果组、村、乡不同意,但只要县里同意了,就可以"压死一切"。也就是说,只要县里同意就可以批地建房。所以有农户说,只要县里有人,农内建房批地是比较容易的,决不如城里人想象的那样艰难。

而第三层规则呢,是农内建房的"关系规则"。关系规则的第一步,是"户内分割"。农户建房的缘由是多种多样的,在这多种多样的缘由中,兵支书似乎强调这么一种分房理由,就是人大了会结婚,结了婚就会有孩子,有了孩子不仅意味着人口增加了,还意味着矛盾也增加了。比如孩子之间的玩耍、扯皮、打架,往往会上升为父母之间的矛盾,而这个矛盾最终只能通过分户来解决。分户则意味着建房。这样的建房理由,往往能得到由下而上的各个规则环节的认可。当然,还有其他理由能够获得"规则"的许可,囿于篇幅这里不再叙述。户内分割清楚之后就进入第二步,也就是提出建房诉求,而这个诉求首先要获得"四邻"的同意。这就要求搞好四邻关系，而这种搞好关系无非是向他们输出一定的物质利益。只要做到这一点，乡里乡亲的一般不会为难。但也有特例，比方说，有一农户想占用一块水田建房，但是，在此建房会遮住后面一户农家的视野。可以想见，如果他去征求意见，这户农家肯定是会反对的。在别人的提示下，他采取了这么一种策略来应对"四邻规则"：首先，他在未征求那户农家意见的情况下先把地基打起来，然后观察那户农家的反应和态度。恰巧那户不同意在此建房的农家胆小怕事，或者说，在他打了地基之后两三个月也无反应。这样，他便大胆建起房来，造成了既定事实。当然，他敢这么做，是相信自己往上走的诸多规则都能摆平。第三步，是获得组上和村上的同意。这两个规则环节一般是履行手续，只要主家把事都摆平了，熟人社会里对此一般不会为难。或者说，村组干部一般不会主动介入前两个规则环节，如果报告打到他们这里，他们一般是会履行手续的。第四步，就到了镇国土所。这个规则环节对于宅基地和基地的审批是不一样的。就是说，宅基地的审批到了镇国土所就是到达了终点，亦即镇国土所对宅基地建房拥有终审权；但是对基地建房的审批，必须得再往上报，也就是要报到县国土局，亦即基地建房的审批必须要到县级市的国土局，只有到达了这里，才算是到达了审批的终点。

不过，这种规则下的其他差异还有许多，但这些差异却不是三言两语能讲清楚的。至少，以上的规则只是"面上"的，但"面下"的规则肯定还会有所差异。

印象最为深刻的，就是鳞次栉比的现代化程度不均的大面积农宅。这种大面积农宅占地一般都在半亩以上，甚至一亩以上。当然，这里的"大面积"，不仅包括农宅所占的基地面积，还包括其配套面积，例如用水泥硬化过的前坪，以及后院、杂屋等等。不仅如此，一些农户在建了新房之后，旧宅还让其自然存在着。对此，兵支书解释道，按照公社时期形成的规则，弃用旧宅而建新宅，旧宅所占的土地必须复耕为农田。这种"建一分复一分"的规则，在20世纪80年代以前基本能够落实。我们马上意识到，这一定就是现在城镇化进程中所谓"占补平衡"规则的前身。20世纪80年代以后，规则依旧在，但执行力却弱化了。按照兵支书的说法,出现这种现象,主要是因为国家监管力度不够,政策没能得到严格执行。若要"管死",只有"按人"而不是"按户"来规定农宅面积。正因为如此,我们之前所讲的用"基地"建房的 120 平方米的标准,应该就是按三个人、人均四十平方米的标准,来套定"按户"建房的规则的。这样,又回到了上文提到的一个有着张力关系的问题,就是对农地资源的管理究竟是按"人"为单元好、还是按"户"为单元好呢?再往里推,就是按集体化规则好、还是按个体化规则好呢?这样的问题,对于熟知中国革命史的人来说,应当是易得其要义的。

6."市场决定"与"凡事必有例外"

（湖南省衡阳市南岳区,2016 年 8 月 8 日）

　　杨村(杨家村及其周围村之简称)调查的一个可以验证的假说,就是它代表着我国农地确权社会均衡制度及其关系的基本类型。在此,"基本"的含义主要是指杨村农地确权到户,也即以农户家庭为独立的生产经营单位及其"大稳定、小调整"的制度表征。这即是说,在中国大多数农村,集体制规则与承包制规则之间有着明显的制度张力,这种制度张力深受实践的阐发和磨砺,是故亦能有某种程度的相互调适和交互作用,于是便形成了这种不稳定均衡的制度框架。也因此,倘若能理解杨村的情况,一般也就能理解中国大多数农村的情况。故而,此种状况也就含意着中国农地确权制度的"底色"了。而"类型"在此意味着一种分析框架,这种框架是以制度偏好(集体化与个体化)和确权方式(确权确地与确权不确地)为向度的,进而两两组合而成多种样式的制度类型,问题是:杨村的情形及其所指代的"个体化+确权确地"的类型样式,能够严丝合缝地覆盖中国大多数农村的情形吗? 带着这样的疑问,笔者借着去南岳大庙散心的由头到南岳衡山实地验证,也是碰碰运气,看看是否存在例外的情形。

　　驱车前往途中,与前两年研究生毕业后分配到中共祁东县委工作的学生联系,旨在寻找下一个假说验证"入口"。也就是说,如果衡山之行无所获的话,就继续往南到祁东去。这位学生刚从县土地办调到县党建办工作。她在校时就比较懂事,听闻老师要来,除了表示欢迎外,职业性地说要向领导汇报。很快而来的回信说很忙、要开会、要加班,表示可以代老师收集资料云云。我马上意识到我的这种一厢情愿的想法一定给她和她领导带去了麻烦,可尽管如此,我还是草拟了一个调查纲要发给她。事后虽然感到有点强人所难,可在校时形成的习惯不是一下子就能改得了的。这也再次提醒我,师生关系的在校时与毕业后,或许是需要区别对待的吧。

接着,以将近时速 120 公里的速度在高速路上奔驰,不多久就到了衡山县。老早就听说这里的村民不耕田不种地,是"靠山吃山、靠庙吃庙"的。笔者早先与这里的村民由于非学术性事务有过一些接触,但没有深入探究,也因当时未有一个研究的突出主旨及预设,故而不了了之,这次就有些不同了。在衡山县城边上,有许多摆摊售卖香烛纸钱贡品的摊点,这些摊点经过多年"汗濞"般的经营,其营销模式似乎已经有模有样了:每个红色的硕大帐篷里,四周摆放着各式各样、应有尽有的敬神进香用品,中间横放着的两张大桌上平整地铺就着红色呢绒桌布,看样子是方便香客填写"香单"的。将车停在一个摊点旁,虽然这个时点天气炎热,但见到有生意来,从不远处的三层楼农宅中疾步走来一个满面笑容的老者,热情地打着招呼。由于与他有生意可做,这位老者对我的询问很是愿意接茬,不像在其他地方访谈时,除非有着"质性"关系,受访者大都有些不情愿,或者在他们的潜意识里,认为这是有人在找自己帮忙,抑或是"访与受访"之间缺乏信任情境,更或者是受访者觉得反映情况也"没什么卵用"。这至少意味着,"市场决定"的威力如今已随处可见且渐入"佳境"了,开展微型调查或许需要多走"市场决定"的路径。

俗语曰:"凡事必有例外",上述疑问中隐含的意思还真是被这句俗语给说中了。据这位老者讲,目前他所在的村组有 300 来人但只有 20 来亩地,人均还不到一分地。20 世纪 80 年代初,村里与全国其他大多数农村一样,也分田到户了,人均可以分得五六分地。而到了 20 世纪 90 年代,随着城镇化的推进,其所在村组的土地就开始"一点一滴"地被征收了。比如今年征一块地建水管站,明年征一块地建交管站,或者修道路(高速、国道、省道等),尤其是到了 2000 年以后,这种"一点一滴"的征收进程明显地加快了。由此就催生了一个该地村民必须正视而无法回避的问题,这就是农地的承包权确权和收益权分配的问题。可以想见,每次被征收的土地只是村组土地中的一小块,这块被征收的土地曾经被某一户或某几户农家承包了,这些农家自然拥有相应的承包权。然而对此情形下,即便是利益相关方对于土地的征收价格没有异议,可是这笔土地征收款项又该如何发放呢？如果按照某些学者的观点，或许就应该发放给对这块土地有承包权的农户，并且按每户的实际征收面积核算，就如同将土地视为相关农户的私产来处置一样。这样的权利界定固然是清晰和便捷的。可问题是，对于这样一大笔远高于农地农用收益的款项，如果只是把它们发放给被征收了承包地的一户或少数几户农家，其他多数村民会同意吗？他们会觉得公平吗？"不患寡而患不均"之声犹在耳畔。更何况对于农地这种有着"革命遗产"政治意味的社会资源之规制，现今还有集体制的制度约束着呢。这即是说，虽然以"户"为单元的承包权含有个体化的收益分配权属性，但承包权的上方还有一个制度约束，这就是以"人"为单元的集体所有制度。这就意味着，中国农村土地承包权的概念确实是复杂的。

基于过往的思考和该地的实情，笔者以为，中国农村土地承包权可以被类似地视为一种可分割的"部分所有权"，不过这种"部分所有权"实质上为一种含意着共有权的且有着责、权、利三者交互作用的使用权。这里的"共有"，实则是有着集体成员权资格的"人"的"共有"。其实，为抚平"一点一滴"征收模式激起的波澜抑或平衡利益分歧，老者所在的村民小组基于大多数村民的要求早就将所有的承包土地从农户那里收回了，或者说是取消了承包制而复原了集体制。在这个基础上，再将土地征收款按"人"平均发放。此外，村组将剩余的20来亩田地全部出租，每亩两三百元的年租金比杨村的情况稍好点儿。在杨村租用田地搞种植许多都是免费的，这或许是由于杨村较衡山县郊离城市更为偏远的缘故吧。这种现象用张五常发展科斯的"交易费用理论"时常常借用戈登（H. Scott Gordon, 1954）发明的一个叫"租值消散（dissipation of rent）"的词来概括似乎比较形象，其词义大致为资源价值的下降或消失。看得出，老者对于这种做法是认同的，按他的说法就是"只能这样啊"。而且可以推断得出，其他村民大多也是这种态度，不然这种制度变动一定是行不通的。这样一来，集体成员权的界定就成了关键，而如何处置这个关键，该地几乎完全是以集体化规则为准绳的。据老者讲，在他所在的组、村及这一片地方，新生儿、入赘婿等新增人口可以被赋予成员资格，而外嫁女、户口迁出者等流出人口则要被取消成员资格。只不过，新生儿以两胎为限，三胎以上者，须满18岁才能被赋予成员资格。有成员资格,则意味着拥有集体土地的平均份额权、出租收益的平均分配权、征地收益的平均分配权等成员权利。而是否拥有这些权利,是区分村里人和村外人的关键标识。总而言之,结论就是:这一片地方在分田到户之后,除了"集体出工、集体劳动"等表征外,三十多年之后似乎又重新回到集体化模式,至少集体化规则业已成为这一片地方界定土地产权的基本准则。

总算是不虚此行。此行不但验证了那句"凡事必有例外"的老话,而且验证了任何理论类型都可能有例外的假说。以"大稳定、小调整"为表征的"个体化+确权确地"的农地确权制度类型,不可能严丝合缝地覆盖和无所不包地囊括农村极为复杂的情势。当然,也可以将此地情势纳入"集体化+确权不确地"的农地确权制度类型,但这种类型还有一个局限约束,就是它表示着改革以来村里从来没有过或者只是在初期有过短暂的"分田到户"的行为。而这一片地方有过长期的分田到户行为,而且是调整过或者"动"过地的。所以,还是将此地的情势作为"个体化+确权确地"之农地确权制度类型的例外来对待比较好。这即是说,再三权衡之后作出的这样一种理论性处置,总的说来与实际情势之间应当还是较为契恰的。在此需要指出的是:在量度理论和实践的关系问题上,要警惕犯"削足(实践)适履(理论)"的错误。理论只能是用以解释和理解实践,决不能为了方便或者偷懒或是基于其他什么目的,硬要实践来逢迎理论或假说。在这个方法论问题上,弗里德曼与科斯曾有争议:前者认为,理论是用以推断还没有发生的事;而后者认为,如果不知是什么,理论就无从解释。而我则基本同意张五常对此的阐释:理论中局限转变的假设是否与实情相符非常重要,它在大致上一定要是真实的。或者说,我是偏向于科斯的观点的。而要更多地获得真实,从书籍、文献或档案中寻找资料不是上选的途径,因为人为的记录,经过主观的判断,常常与事实有分离。因此,我们要多往田间地头和街头巷尾跑。

7. 刘庄村访谈印象

（河南省新乡县七里营镇，2016年8月13日）

"集体化+确权不确地"，是理论性分析框架中的另一种类型。这种类型所涵盖的是诸如河南省新乡县七里营镇刘庄村和临颍县南街村，以及江苏省江阴市华西村等为数不多但形象突出的明星村，它旨在为理解这些村庄的确权规则与社区秩序提供一个制度性框架。这种制度类型的一般性表征，是它们从未有过或者在改革初期短暂有过将农地确权到户即"分田到户"的行为，以及有一个强有力的领头人带领，致力于发展集体非农产业以创造财富，用以实现有集体成员权资格的村民共同致富，也即坚持走集体化道路。如果用某种学术语境来表述，就是这种制度类型的村庄含意着公社时期的政治取向，抑或笼罩着一层有着争议的和复杂的意识形态色彩。正因为如此，在许多人眼里它们的发展情势关乎中国农村的发展前景。但这种相关性是怎样建构的呢？其相关程度又到底如何呢？甚至这种"相关意念"是否为人们的一厢情愿呢？如果不去实地考察和感受，只凭相关文献抑或依据网上的材料坐在室内冥想，就有可能永远都是一种猜想或者臆想。

为了验证这样一种假说，我们来到了河南省新乡市新乡县七里营镇刘庄村。提起七里营镇，在此不得不带上一笔。因为"七里营"不只是一个地名而已，它还是理解人民公社制度史必提的一个地方。1958年8月4日，毛泽东来到七里营考察，据说老人家在看到"七里营乡政府"的招牌改为"七里营人民公社"后，说了一句话："人民公社好！"第二天人民日报头版头条就此发表社论。自此不到一年时间，偌大的中国就人民公社化了，可见当年毛泽东的威望之高与人民对他的信服之深。而今这里的人民对此还念念不忘，在该镇大街随处可见的横幅——"纪念毛主席到七里营考察 58 周年",即可证实这一点。也因此,他们对来自毛主席家乡的湖南人大都怀有一种好感和敬意,于此我们也是有所感受的。而刘庄村已过世的老支书史来贺,在 20 世纪 50 年代以全国劳模身份曾多次受到毛泽东接见,对此,刘庄村村民至今仍然引以为豪、视为荣耀。

由于有衡山县调查的经验,尽管在此举目无亲,可对于怎样"走访",我们心里似乎沉稳有数。这个经验就是没有"质性"关系,也可以通过"市场决定"来创造类似于"质性"的人际关系,亦即通过市场买卖行为来建构"访与受访"的情境。基于这是一种完全陌生的调查环境,我们在来此地的高铁上,就通过网络对这一带的住宿情况进行了查询。原本是想住在七里营镇或刘庄村的,但查询的结果给人的感觉却是住在七里营镇旁边的小冀镇比较靠谱,后来的情况也证实了这种感觉是对的。缘由暂且不论,留待以后言表吧。第二天一早洗漱完毕,我们即联系出租车赶往七里营镇刘庄村。听说我们要去刘庄村,的哥和我们讲:这个村都围起来了,只有一个进出口,外来车辆只能到村口,进不去。这位的哥还认定我们是环保稽查人员,说:"我知道你们是来干什么的",我们回道:"那你认为我们是干什么的呢?"他说:"说出来就没意思了。"尽管我们如实表明来意,但他还是不信,那就只好由他了。

告别的哥之后,我们便按计划行事,来到位于刘庄村口旁的一家小吃摊店吃早餐。见有生意来,中年女店主不冷不热地询问我们吃点什么。见此情景,我们心里有些发急,因为不知道这种态度意味着什么,如果我们问东问西,她是否会乐意接茬呢?但环顾四周,发现这里的商业气氛很淡,只有不远处的一家摊店相邻,况且还没有人打招呼。于是,便只好耐着性子坐了下来,各点一份早餐草草地吃着。既如此,也只有见机行事了。

之前,我们曾与刘庄村展览馆接待处联系过,对方的意思是可以直接过去。所以吃罢早餐,我们就匆匆向展览馆赶去。展览馆的两位工作人员按惯例接待了我们,客套几句后,就让我们自行参观了。但奇怪的是,炎炎烈日、热浪灼人,展览馆里居然没开空调,原因据说是在检修。这时我们已大汗淋漓、浑身湿透,但想到此行目的,只有将焦躁的心情强压下去。放眼望去,大厅的正中间是过世老支书史来贺的似乎是用汉白玉雕成的大比例坐像,不禁让人联想到天安门广场纪念堂中的毛主席坐像;环绕四周的多是一些所谓的书法家撰写的史来贺语录;二楼和三楼的展厅里按时间顺序展览着史来贺对于刘庄发展的功绩和贡献,以及他的一些感言、经验和语录;最引人注目的,是从江泽民、李鹏开始到现任中央领导人来刘庄视察和接见史来贺及其儿子,也就是现任支书史世领时的留影和题字。需要指出的是,史来贺同志曾当选中共第十三、十四、十五、十六次代表大会代表,当选第三、五、六、七、八、九、十届全国人大代表,其中担任第五、六、七、八届全国人大常委。这些显赫的头衔意味着:这位老支书在世时并不是一位普通的村支书,可不是一般的村支书能望其项背的。

令人感到寂寞的是,偌大的展厅只有我们两个人在孤寂地观摩,直到离开时,也只见过一对夫妻模样的参观者。对于我们的询问,解说员是这样解释的:这里经常会有单位组织的团队来参观,尤其是在"七一"、"十一"这样的重要节日里,人还是很多的。在交谈中我们还得知,刘庄村被分为 ABCDEF 六个整齐划一的住宅区,这六个住宅区也就是六个村民小组,总共有 300 来户,1800 余人。其中劳动力 800 人左右,他们大都在刘庄村集体举办的 8 家工业企业上班。这些工业企业以拥有 4 个分厂的华星制药为主,其产品主要有维生素、氨基酸等药品。此外还有淀粉厂、运输公司等一些企业,以及一个拥有 800 余亩耕地的机械化农场。

离开展览馆后,我们去了刘庄村机械化农场。这个农场由十六七名老者打理,其中本村的占极少数,主要是雇佣外村老人工作。这种情形让人不禁联想到"老人农业"这一词。在与一位独自站在农场门口的 60 多岁"劳动者"模样的老者拉近关系后,他悄悄地向我们透露:他是外村人,刘庄村人不好共事;他们自私,只考虑自己的利益,外村人对他们没有什么好感;况且,投资工业的资金大都来自国家无息贷款,有些贷款还不了也没人计较。末了,他嘱咐我们不要说出去。也因此,我们纠结过这段文字要不要录入,以及录入后要不要公开。为了调查的真实性,我们暂且作如此处理吧。由于并未指名道姓,希望对他的生计不会有什么影响。正在此时,来了一位"管理者"模样的老者,其警惕的眼神中似乎透着一种莫名其妙的"优越感"。于是,我们就起身到茂密的玉米地里拍照去了。这样做,只是想让他们以为我们是纯粹的游客罢了。等回来时,却发现那位"管理者"模样的老者已正襟危坐在路边的一把靠椅上,而这位"劳动者"模样的老者则似乎惶恐地站在旁边与他轻声地说着什么。见此情形,我们只好识趣地向他们打个招呼转身离开了。后来我们得知,那位"管理者"模样的老者是本村人,正是管理这片农场的"头"。将这两人称为"管理者"与"劳动者",自然是一种职业性的区分,但这种职业性的区分还有着"脸谱化"的意味。对于这种"脸谱化"认识的可信性,还可以在农场里劳作的其他外村老者身上得到印证。正因为如此,我们很容易将本村人和在村里打工的外村人以"脸谱化"区分开来:那些黑不溜秋的和一脸劳累相的肯定是外村人,而那些略显富态的和有着某种优越感的人一般就是本村人了。

此外,我们还去过刘庄村住宅区。站在村口向里望去,映入眼帘的是规划整齐的但可以明显区分为"两代"的住宅区:第一代住宅是通凉台式砖瓦结构,现已拆建为第三代连体庭院式别墅,第二代则为五层楼房式住宅。与其说这是一个村庄,不如说是一个时尚的住宅小区。只不过这种住宅小区比起城市的更为整齐划一,管理也似乎更为严格。但奇怪的是,偌大一个小区,很少有居民走动,只是偶尔碰到老太或老头。我们猜测,也许是天气炎热,或者这个时点正是工厂上班的时间吧,但不久这种猜测便被事实否定了。因为在不经意间我们了解到,村里一些有想法、脑子灵活的年轻人,或者是考上大学当了公务员,或者是因为村里生活太闷而不愿住在本村。而且,晚间小区里灯火稀疏,尤其是五层楼住宅这一边几乎是黑暗一片。这也可以算作是一种佐证吧。

更为重要的是,这里的制药和化工企业因为环保未达标大都停产了。这不由让人想起来刘庄村的路上,那位的哥认定我们是环保稽查官时的情形。谈到环保问题,我们也是有直接感受的,因为在小冀镇和该村的来往路上,间断地会闻到刺鼻的气味;在田间,也可以看到来自地下的且用于浇灌地头的水是略为浑浊的,似乎还带有一些咸味。而且,在回新乡市的路上,另一位的哥也告诉我们,在这个地方,城市用水要比农村用水干净。因为城市的用水来自南水北调工程,而农村的用水包括生活用水和灌溉用水,与新中国成立前一样都来自地下。我们不禁替此地的未来人担忧起来:倘若如此这般不加节制,多少代人以后,这里还会有地下水吗? 尽管有,也极有可能是已经被污染的地下水。或许在一般人看来,我们的这种想法加上与一般游客不同的行为,用刘庄村村口女店主的话来说"就是闲的"。这里引用她的话,也是为了表明,当我们中午和晚上再去她店里用餐时,她的态度比早晨时热情了许多,并且主动向我们提供了大量信息。这或许又是"市场决定"在发挥作用吧。

该如何归纳性地对此行进行表述呢? 我们一直在寻思这个问题。一天的实地走访和观察虽然短暂,但感触颇深。有许多话想讲,但不知该如何讲。其中之意味,或许"你懂的"。寻思良久,觉得还是用一个微观的和由外而内的角度进行归纳,较为妥当。这种归纳大致可以用"一个一"与"四个二"来表述。

"一个一",是指对刘庄村的整体感受,可以用一个字,即"围"或者"圈"来概括。首先,从小冀镇到七里营镇再到刘庄村,这条笔直而宽阔的马路直通刘庄村的大门。也就是说,用围墙以及加于其上的铁丝栅栏围起来的该村住宅区,只有一个供村民进出的用不锈钢门禁系统建构的村口大门,而这个大门就是这条宽阔马路的终点。况且,这个"围"字或"圈"字不只限于村口这一边,在刘庄村村域,不论是住宅区、工厂区,甚至包括农田区,都是围起来的。村办的从小学到中学的学校自然也是围起来的。我们寻思着,在农村地区,对于这样一个围起来的"世界",它与外面的世界是怎样联接的呢? 这种联接又体现为怎样的关系呢? 这种关系会给附近村民的生活产生什么影响,又带来什么微妙变化呢? 对于这些问题,就需要用"四个二"来解释了。

第一个"二"——是两种规则。据知情人透露,本村人和在本村打工的外村人在薪酬上是有明显区别的,也就是说,村里的薪酬制度结构是"二元"的。同样的岗位、同样的工作,以及不同的岗位、不同的工作,本村人和外村人似乎都遵循着同一套"二元"规则,亦即本村人的月工资大致为 4500 元左右,而在本村打工的外村人的工资却只有 1500 元左右。这一带商业和服务业不发达,尤其是马路两旁的旅店宾馆稀少,刘庄村兴建的豪华宾馆也处于半停电检修状态,这就印证了我们没有打算来此住宿,而是住在与之相邻的小冀镇的合理性。而这里的工业大都以制药和化工为主,吸纳劳动力有限,所以就业岗位稀缺。尽管工资低,附近的村民但凡上了点年纪,却都希望去刘庄村工作,用他们的话来说,就是"闲着也是闲着,赚点零花钱"。然而,我们却很少看到外村的年轻人来刘庄村打工,这或许是因为年轻村民对工资的期望值要比年老者高许多的缘故吧。我们曾希望给一位在刘庄村药厂工作的外村老者拍照留念,并且解释说只是用于学术研究,但他却很警惕地连连摆手,用不信任的语气说:"你得了吧",还急忙走人了。知情人向我们解释:就在前几天,一位记者采访了一个外村打工者,他第二天就被解聘了,就因为他"乱说话",而"这些话"却被搬上了电视。所以,对于这些不想丢了打工机会的外村人而言,谨言慎行确有必要。也因之,我们猜想对于那些不愿让既得利益受损的本村人而言,恐怕更是如此吧。

第二个"二"——此事加上之前的观察,我们意识到在这片地方有着"两种态度",即本村人的态度和外村人的态度。按照预先的计划,我们是准备重点走访村里人的,甚至希望能入户调查。但进一步的观察,却让人觉得这种方法于调查目的而言不是上选途径。因为尽管能偶尔碰到一两个本村人,但他们的态度给人感觉有种说不出的味道,他们似乎想表达什么,又似乎不想表达什么,因此我们决定改走由外而内的路径。外村人给人的感觉,至少在态度上比较敞亮,很少有本村人的那种优越感和警惕性。但我们接触到的所有外村人,似乎对本村人都没有太多好感。对此,某些学者的相关作品在谈到这个问题时,有个推断就是:"外村人眼红本村人"。但我们似乎没有太多这样的感觉,倒是觉得外村人比本村人说话更实在。一位在村里打工的外村人,在与我们熟悉之后,也以肯定的语气评价刘庄村人,说他们只想着自己,哪有什么平等之类的话。

第三个"二"——是两种模式。刘庄村的发展和中国的发展有相似性,这就是所谓的"种豆得瓜"。"种豆"是指农业和农村改革,"得瓜"是指工业和城镇发展。20世纪80年代初,刘庄村进行了一种与大多数农村不太一样的制度变革,这就是实行"集体专业联产承包责任制"。它是指在刘庄村集体初步形成的农、工、商之产业格局的基础上，按生产的专业性来实行联产承包的制度。需要指出的是，农户在这里不是一个独立的生产单元，这个独立的生产单元还是"集体"，确切地说是专业性的集体，比如公司、工厂、农场等，而非一般农村的那种公社（乡）、大队（村）、生产队（组）所指代的综合性集体。而且，这种"集体"的各项权力或者权利被集中到了村一级，也非公社制度中的"队为基础"。这里的队，是指"三级所有"中的生产队或生产小队，也就是现在的村民小组。反观一般的农村，它们在开始时大都实行联产承包责任制。注意了，这里的"联产承包"的主体是作业组或生产队，但这种以生产队为主体的联产承包制很快便顺势下沉到了农户家庭，从而形成了以农户为主体的家庭承包制。如果说刘庄等村庄的制度变革属于制度改良，那么全国大多数村庄的制度变革则意味着制度革命。因为按照对"集体"一词的一般性理解，后者突破了集体制的框架，将农地确权到了户，也即农户家庭取代了生产小队而成为农地产权制度的"基础单元"。这样，农户个体经营制度就成为了名义尚存的集体制框架中的核心制度。简言之，刘庄村的制度变革是在公社制度框架内变化的，而全国大多数农村的制度变革，则是在政策压力下的突破性制度变化。这即是说，更多的农村走到了公社制度框架之外，而正是这种"突破"，成为了瓦解公社制度的不可阻挡的行动条件。

我们认为，刘庄村于过往获得成功的因素很多，但它们大都是很难复制的。比如说，老支书史来贺在20世纪80年代和90年代顺应时势带领村民走上了"以工兴村"的道路，也即刘庄村人实现了从"以农哺工、以农兴村"到"以工哺农、以工兴村"的机遇性转变。问题是，这种发展的机遇和环境不可能重来。俗语云："过了这个村，就没有这个店"，讲的就是这个道理。还有，史来贺可不是一般的村支书，他有着各种显赫的头衔，这一点上文已有介绍。这就意味着，一般的地方大员对他也是要礼让三分或礼遇有加的，发展村级集体经济所需要的各种资源和投入自然比别处更易于筹到。这种情形在时下可以用"社会资本"这个术语来概括。但是，这种"社会资本"抑或是有着显赫的政治性、社会性的资格或身份，却不是一般的村支书能够随便拥有的，更遑论"复制"呢。此外，老支书史来贺是一位老劳模，当年多次受到毛主席接见，这在当时就是一种最高的政治待遇和政治荣誉,其影响广泛而深远。也可以说,顶层固化的这种典范,自然也是掌握着雄厚经济资源和政策制定权力的各级政府推崇和支持的。但显然,可以获得各级政府推崇和支持的这种"荣誉性象征",而今更不具有可复制性。总之,这种很难复制的发展模式意味着,刘庄村与一般农村有着模式的"二元"性。

第四个"二"——是两种等级。据村里人讲,他们每天可以免费领取一次鲜奶,每三天分一次肉。如果在村里工作,每人还可以拿到4500元左右的月工资。如果这些都不算什么,那"算什么"的,就是每户大都可以免费得到一套价值约一两百万的400多平方米三层楼房面积的别墅式庭院住宅。此外,展览馆的图片资料也显示,村里每年为村民提供一至两次免费体检的机会,还有由集体制规则赋予的年终分红收益。所有这些加上没有提到的各种福利和待遇,外村人当然是不能享受的,也没有听说有让在本村工作的外村人转化为本村人,继而享有本村集体成员权的制度安排。这意味着,本村人与在本村工作的外村人之间,有着近乎固化的界线或等级。这种界线或等级在中国其他地方,尤其在城市里的各个单位之间以及一个单位内的不同人群之间也是有的,并不算什么稀罕事。

如果以上所说的是一种"面上"的景像,那么"面下"的景像又是怎样的呢?让我们从婚娶嫁俗的角度来看一看。依知情人的说法,这里嫁姑娘是"一等二等不对外,三等四等往外踹"的。若是"等级不高"的姑娘外嫁,一般会带上40万—50万的彩礼,但村里会去一大帮人吃酒席;若是外村姑娘嫁到本村来,他们则会限制女方来本村吃酒席的人数。由于本村姑娘嫁往村外后会取消集体成员资格及相关福利,所以村里的姑娘嫁在本村的确是一种理性选择。问题是,这样会导致近亲结婚。这是由于本村人之间大都有着沾亲带故的关系,而且久而久之就使得本村的傻子比例要比其他村明显高一些。此外,对于本村家庭已成年的子女,如果都是儿子,那么他们娶的媳妇都会被赋予集体成员权;倘若有儿子也有女儿,那么儿子娶的媳妇可以被赋予集体成员权,但女儿就不允许招入赘婿了;如果都是女儿,那么入赘婿只能招一个,也即只有一个可以有成员资格。也许有人会说这种规则歧视女性,但事实和经验表明，它在中国农村大都是有着历史合法性和现实合理性的。

　　以这样一种叙事性体例写日志，目的在于尽可能地以"贴近"的姿态来理解事实。也即尽可能少地做出通常会有的结论，而将这种判读空间留给读者，让读者自行去判断。秉持这样一种意念取向，就是要在不贬低典型与不糊弄读者之间求得某种均衡。希望能够如此吧。

8. 南街村见闻及治理规则

（河南省临颖县城关镇,2016 年 8 月 18 日）

位于刘庄村南面不到 200 公里的南街村,是"集体化+确权不确地"制度类型中的第二个实例。1984 年以前,各地农村的土地经营制度尚处于转型探索阶段,关于"分田单干"抑或土地承包经营"姓资姓社"问题的争论激烈,因而对于农地如何确权中央并没有统一的规定。不过对于中央农村政策的动向,地方上一般还是能辨得清的。于是在地方政府主导下,多数农村实行土地联产承包继而家庭承包以及两三年调整一次的做法。南街村同全国大多数农村一样,也将农地的承包经营权确权到了农户即"分田到户"了。但也正是在1984 年,与中央第一次出台土地承包期"15 年不变"的政策方向相反,南街村在自愿的基础上将分到农户家庭的土地重新收回集体统一经营。这至少意味着,尽管南街村早先有过短暂的"分田到户"行为,但正是这种"早先的短暂",使得它后来的发展与从未"分田到户"的农村很相似。从这个意义上看,可以将它近似地等同于从未"分田到户"的农村而归入"集体化+确权不确地"的制度类型。对于这样一种理论处置,同行应该是可以理解的吧。

不仅如此,南街村同刘庄村相似的还有一个区位表征:"贯穿临颖县城的107 国道交汇的名为颖松大道的尽头,就是半封闭社区——南街村的村口。从"南街村欢迎您"几个大型标牌所寓意的村口地标,到宽阔的村域中心即东方红广场,估计至少有几里地吧。这个宽阔广场的正中央是一尊巨大的汉白玉毛泽东挥手雕像。这座雕像的背景,是立于一条象征彩虹的大型拱形装饰物上的"毛泽东思想永放光芒"几个大字;塑像的两旁和后面,整齐地排放着马克思、恩格斯、列宁、斯大林四位伟人的巨幅画像;塑像的前方两旁还立有两块毛主席语录和介绍毛主席丰功伟绩的灯箱式大型宣传牌。此外，从村口到广场的道路两旁，以及社区内各式建筑物的醒目处，各种各样震撼人心的红色标语也是琳琅满目，让人目不暇接。

南街村地处中原腹地，临近107国道、京广铁路和京港澳高速公路，面积1.78平方公里。我们猜测，历史上的南街村可能是位于古城区内的，至少是离城镇不远，因为村北口有一座年代久远且保存完好的谯楼，即古代在城门上建造的用以登高瞭望的城楼，可以作证。实际上，从该地从古至今形成的东、南、西、北街和东、南、西、北关的区位样式来看，确为实情。而今的南街村由老南街村和后来并入的南关村组成。它分为8个区，即文化园、工业区、居民区、文化娱乐区、学校教育区、珍奇植物园区、革命传统教育区、高新农业园区。南街村的人口和家庭由两部分人组成，即一部分是本村人，另一部分是外村人。本村人口有3700多人，1030来户，共分为15个村民小组。这样一个村庄相较于300户左右的小村和800户左右（合并之前的南关村户数）的大村而言，显然是特大村了。外村和外省在南街村工作的大致有11000余人。这样看来，现今在南街村工作的人口中，外村人是占了大多数的。

与刘庄以本村人和外村人为"二元"形成的两个等级的单一分配结构不同，南街村主要是按照岗位、工种和绩效来制定薪酬和待遇规则的，但这种规则同时也兼顾本村人的利益。这种有着南街村特色的分配规则大致有三个层次。

第一个层次是上层规则。领导层或管理层不论是谁，月工资都只有250元。"250"意味着傻子，而傻子精神却正是南街村领导层和南街村人所崇尚的精神。我们认为，这种精神的确是如今社会所稀缺的，而"稀缺"则意味着可贵和有价值，同时也契合"财散人聚"所含意的人文智慧。不过在这种精神的背后，其实也是有着雄厚的物质支撑的。例如：高层管理人员的职务性消费无论多少一般都能报销；车库里奔驰、宝马、奥迪等高档车辆一应俱全，填单即可开走等等。这似乎应了时下流行的那句话："真正的大老板身上是不带钱的。"

第二个层次是中下层规则。一线工人的工资大约在2500—3000元左右，但工作年限越长,工资则会越高;后勤和服务人员的工资只有1500元左右。对于外村或者外地在本村工作的人而言,不享受本村人的相关福利待遇,他们的薪酬按照工作的岗位和绩效来定,绩效突出者可以拿到9000—10000元。他们的吃住一般免费,但也有细节上的局限。例如:每人用电在80度以内免费,超过的则按市价收费。但一般而言,对于整天在工厂忙于工作的人来说这已经足够了。还有,可以在"筒子楼"中免费分到一间宿舍,如果一家有两人及以上者在此工作,最多也只能分得两间。需要指出的是,南街村有着将"外部人"转化为"内部人"的激励规则。例如:村里学校的外来教师可以落户此地并且享受本村村民待遇,这也许意味着他们拥有集体成员权;对于外来打工者中的有突出贡献者,同样也可以获得荣誉村民资格,享有和本村村民同等的福利待遇。反观刘庄村,外村人和本村人之间似乎有着泾渭分明的界线和等级,以及愈益固化和无法跨越的待遇差别。

第三个层次是本村人规则。本村人的福利待遇及社区规则主要有四个部分:一是每人每月免费发放30斤面粉、80元购物券,春节则是1000元购物券。二是全村统一分配住房,每套住房根据家庭人口和年龄结构以公共福利的形式分配给每户村民。例如:人口多的家庭可以分到93平米,人口少的家庭包括新婚夫妇可以分到75平米。室内的家具、电器、中央空调等由村集体统一提供。同时,全村统一供暖,水电气费用全免。三是村里办有从幼儿园、小学、初中到高中的教育体系,而本村的未成年人在村里从幼儿园到高中的教育费用全免。如果有考上大学的,村里不但支付全部学杂费,而且提供每月500元的生活费。四是婚嫁方面。男孩娶媳妇儿,不管家里有几个男孩,娶进来的媳妇都是有成员权的,她们有资格享受本村人才有的各种福利;而女孩儿招入赘婚,只允许招一个,这意味着只有一个女婿有成员权;而如果女孩外嫁,则要被取消成员权,但村里会送一台电视机作为陪嫁。上述婚嫁规则与刘庄村基本相同,意味着在这一片农村,对集体化中的婚嫁习俗规则有着基本一致的认同。南街村的男女婚嫁,一般都会集中地选择在每年的10月1日,由村里统一在归属于村集体的人民公社大舞台或者人民公社大食堂举行,费用全部由村里出。村里规定,参加婚宴的宾客限于男女双方的亲戚,一般不允许其他人参加。在这个过程中，村里会派人录像监督，若发现实情如此，3个月后即可以获得奖金10000元；如若违规，这个奖金就会被取消。

早在1984年，南街村的领导班子就认为，只有把大家拢到一起，走集体化道路才是正道。因而，他们以自愿为原则把分到农户的土地重新收归集体统一经营，并且用高举毛泽东思想来统一村民思想。而这种思想的统一，则得益于独特的"南街村式"的工作方法。这种方法的集中表达，按照现任漯河市人大常委会副主任、中共临颍县县委副书记、南街村党委书记王宏斌的说法，主要有两个：一个是"一想二干三斗四坚持"，搞清楚"想什么、干什么、斗什么、坚持什么"的问题。有人曾以赞誉的口吻说：南街村是干出来的。但王宏斌却并不这么认为，他认为：与其说是干出来的，不如说是"斗出来的"。当然这种"斗"，不是过去极"左"式的那种"斗"，而是以理服人、以情感人，更重要的是用事实说话。另一个则是："吃透上面的、摸清下面的、借鉴外面的、干好自己的"，尤其是创造性地提出了南街村人独特的价值观。这种价值观突出表现在四个方面：一是崇尚傻子精神，认为这个世界是傻子的世界，由傻子去支持，由傻子去推动，由傻子去创造，最终是属于傻子的。对此，上文已有简评，此处不再赘述。二是信守集体主义精神，提出"谁若与集体分离，谁的命运就会悲哀"。然则在我们看来，这种说法似乎过于绝对了。不过，对于世代受穷且眼界短浅和缺乏非农谋生技能的当时当地的农民而言，这或许就是对的吧。三是制定人格评价标准，提出"大公无私是圣人，先公后私是贤人，公私兼顾是好人，先私后公是庸人，损公肥私是坏人"。我们认为，以"公私"两维框架及四种类型来评判人，的确是一个一针见血、入木三分且易于操作的标准，并且以为，自私的人或许可以被视为一个好人，但坏人却一定是个极度自私的人。四是实践共产主义理想，提出"建设共产主义小社区"的目标。王宏斌认为，如果每个农村都建成了共产主义小社区，由此扩展开来，全国不就实现共产主义了吗？再向世界扩展，世界不就大同了吗？与此相较，刘庄村则更多地把已过世的"集一代"或第一代集体化领头人史来贺端的很高。例如：村里保留了史来贺旧居，尽管这种保留听说是因大多数村民的含泪恳求；还有就是建有现代化的史来贺纪念馆，而纪念馆中所展示的，更多的是史来贺和中央领导人的合影与他的丰功伟绩,其口号、文化也多以史来贺语录为内容。反观南街村,王宏斌显然属于"集一代",但他端出的却是毛泽东思想,虽然一个时期以来,毛泽东思想也遭受着一些人无原则、无背景和无局限的攻讦和非难,但这两种口号、文化的境界明显是有着差异的。

尽管南街村与刘庄村同属于一种理论类型,但此行给人的感受,前者显然要比后者生动和有生气一些,仅就"红色象征"而言,前者也比后者更为宏大和更有境界一些。这些"红色象征"在全国如此多的村庄中是如此地罕见,以至于它的这种"突兀性"的存在,置于而今乱象中的农村中确有一种"鹤立鸡群"的感觉。因而在我们看来,南街村已经形成了一种独特的发展模式。对此,可以从村域文化、底层感受、理论思维三个角度来理解。

从村域文化的角度来看南街村,至少有以下四个方面:一是领袖文化。在1984年决定走集体化道路时,用什么来统一村民的思想是经历过一番争论的:有的人认为毛泽东思想过时了,有的人认为用中国传统文化中的孔孟思想,还有的人认为应该用国外的宗教信仰,不一而足。村里老党员一致认为,这恐怕不是共产党所能为的。按照王宏斌的说法,那时邓小平理论还未形成,更无"三个代表"重要思想,思量再三,不得不重新端出和高举毛泽东思想。而"高举思想"的物理象征,来此参观的人们大都能感受到它的醒目、新鲜和震撼。比如,上文提到的毛主席雕像、毛主席语录、"向毛主席敬献鲜花服务处"、立于彩虹型装饰物上的"毛泽东思想万岁"几个大字以及马恩列斯巨幅画像等等,都是各式各样的"领袖文化"象征。

二是口号文化。为了将"领袖文化"刻在村民心头,村里的大多数建筑物的外墙,以及位于道路两旁的宣传牌都醒目的标示着"南街村式"的红色口号。这些口号琳琅满目,有的的确给人以心灵触动。譬如:"南街党员有正气,南街干部有锐气,南街职工有朝气,南街村民有志气,南街民兵有虎气,南街产品有名气";"不带私心搞建设,一心一意为群众,集体主义大发扬,共产共富共幸福";"人人好公则天下太平,人人营私则天下大乱";"说真话、干真事、行真理、真人共为天下"等等。

三是产业文化。这种文化所突出的内涵,也是以带有"毛泽东思想"色彩及其有着变通意味的文化为主线串起来的。例如："政治挂帅、思想领先、诚信经营、实现双赢"；"做好人、做好事、做好产品，为了天下人的幸福"；"严守内方治南街，坚持外圆闯商海"等等。实际上，南街村已经形成了以食品工业为龙头的多样化的企业结构和产品结构，许多产品畅销海内外，于风险中获得的成绩斐然。此外，南街村的农业经营和农地耕作全部实现了机械化，并且主要依托于南街村绿农种植专业合作社和南街村集团农机队。这两个机构有职工30余人，村里人和村外人大致各占一半。而刘庄村的产业结构是以制药为主，产业链太过于狭窄，从而造成产品单一化，这样就使得其在市场公平竞争中抵御风险的能力弱化。如上文提到的，环保检查不过关就得停业整顿，而支柱产业一旦停业整顿，后果就可想而知了。

四是社区文化。南街村实行"高福利、低工资"的薪酬福利制度。从1993年至今，已建成村民住宅楼26栋，共1248套住房。村里还建有一家集南街村公共卫生福利中心、临颍县城关镇敬老院南街村分院、南街村景区医疗救护中心为一体的南街村卫生院。而且由南街村出资，正在打造一家具有现代化水准的临颍县养老和医疗中心。据知情人讲，本村村民养老全部免费，村外及全国的老人都可以到这里有偿养老。另外，村里还建有人民公社大食堂、红色大饭店、南街村宾馆、文化园等集体经营的餐饮旅游服务业。而教育和非本村人转化为本村人的制度安排，上文已有交代，在此也不再赘述。反观刘庄村，对于各种福利的享有，似乎只限于本村人，外村人在村里工作的感觉，与在其他任何地方打工并无二致。刘庄村的领导层也许还未意识到，这样会减低外来职工的凝聚力、积极性和创造性。要知道，无论是刘庄村还是南街村，非本村职工占全部职工的比例，都是不容小视的。这意味着，能否激发外村人或者外地人的积极性和创造性，直接关乎本村企业的核心竞争力和村域其他事业的可持续发展力。

从底层感觉的角度来看，本村年长者对于南街村现有的秩序和规则是比较满意的，言下之意，就是它提供了一整套支撑稳定生活的物质和文化资源。本村的年轻人若想赚更多的钱、过更自由的生活，或许不会满足南街村现有的工作和生活秩序，也是说，收入追求高者不在此列。对于来南街村工作的外部人抑或外村人和外地人而言,由于有着不同的制度安排,比如教师、高级技术人员、能力突出者、贡献很大者,都有一个获得本村村民资格的通道。若是他们以追求这种资格为目标,在这种制度安排下一般是可以得如所愿的,这也是为外部人中的能人们设立的一个动力机制。对于外部人中的普通劳动者,南街村也为他们提供了一套比较稳定的生活资源,尽管它不如本村人。但如果在南街村之外找不到收入更高的工作,他们一般也会安于自己的岗位。我们在村边的一个小店用餐时,就遇到过一个在村里胶印厂工作了 14 年的 30 多岁的外村人,听他的语气似乎是满足于自己的这份工作的。然而,此前我们在另一家餐馆用餐时,也询问过店老板的妻子、在外地上大学的女儿以及带着两个孩子在该店用餐的店老板的堂妹。但她们在回答"是否愿意去南街村工作"这个问题时,却令人惊讶地一致回答说"不愿意"。究其原因:店老板的妻子是嫌不自由;她的女儿觉得自己是条"大鱼"而嫌这里的"塘小了",并且不愿回本地工作;店老板的堂妹则是嫌收入太低了。这意味着对于普通人而言,他们所在意的东西其实是很现实的,一般不会关心那些所谓"高大上"的事情。对此,我们在刘庄村的感受几乎也是一样的。只不过,刘庄村附近的外村人包括在那里打工的外村人,大多对本村人没有多少好感。而在南街村,这种现象似乎不存在,至少我们没有发现和感受到。对于这两个集体化明星村而言,这或许就是"集一代"当政与"集二代"当政之间存在的差异吧。

从理论思维的角度看,我们认为,南街村的实践探索有着重大的理论意义。这种意义首先表现在实践的可贵性,尤其在"个体化"舆论一边倒的时势中更为难能可贵。只不过,对这种可贵性的认同有着一个重要的局限条件,就是能否保证集体的资源和集体经营的成果被全部集体成员和对资源获得和成果取得的贡献者掌握和分享,而不被少数当权者所侵占。或者说,就是"全心全意为人民服务"能否得到贯彻执行。在西方,"全心全意为人民服务"作为一种理论假说其实是不存在的,那里的一个基本假说,就是人都是为了获得自身利益极大化进而效用最大化而行动的。但中国共产党从革命时期以来就把它作为一种赢得民心的政治纲领,"全心全意为人民服务"就确有坚持和践行的必要。从这个意义上说,南街村的"红色"实践无疑是值得欣赏的。其次,在我们看来,南街村的主体或者说它的核心部分实际上是一个集团公司。在这个集团公司中,除了土地这种可以由农地自我转化"市地"的稀缺资源外,农业只是一种象征性的存在,其地位实际是无足轻重的了。而且在这样一种情境中,市场化规则已成为资源配置的主旋律,将它和毛泽东思想和盘地硬扯在一起,虽然在过往的实践中确有实效,但在理论上似乎有漏洞,有许多地方难以自圆其说。如果这种判断成立的话,就不禁替南街村的未来担忧起来了。其实在我们看来,包括南街村和刘庄村在内,中国农村道路的延伸方向实在是取决于集体化与个体化两种规则之间的博弈结果。但这个结果不会是上述两个极端情形的谁之胜出,而是有着张力关系的两者之间的博弈均衡。这即是说,集体制含意着的合力与个体制含意着的活力之间,应该有一个不动性的均衡点。作出这种推断,是有着1994年诺贝尔经济学奖得主纳什的均衡理论也即他的非合作博弈理论作为基础的。但这个均衡点具体在"两制"之间的哪个位置,各地农村会有所不同。但不管这个不同的程度如何,理论上这个均衡点都应当更多地偏向于集体化这一端。这是因为中国农村有着与一些西方发达国家乡村不同的"人多地少"之资源禀赋的局限条件。依费孝通的说法,历史上制约中国农村发展的重要阻碍或局限条件有三个,这就是地主所有制问题、农工相辅问题,还有一个就是"人多地少"问题。第一个问题由新民主主义革命彻底解决了;第二个问题也因改革开放得到了很大缓解,老大难的问题就是这第三个了。对此,当前正在通过打破城乡二元结构,推进农民市民化进程来化解。但这个局限条件何时能转化为真正的"人少地多",至少现在看来还遥遥无期。

所以,集体制与个体制"两制"之间的这个均衡点的选择,不该由政策制定者的一厢情愿抑或社会人士的个人偏好来决定,而应该由"人多地少"之村情多样化含意着的自然禀赋和人文条件之间的相互契恰程度来决定。这是一种"去意识形态化"的理性的和规律性的判断,相信未来会得到更多实例的不断验证。

9. "王地"确权的历史脉络与
潘家铺社区的承包地确权

（湖南省石门县蒙泉镇，2017 年 1 月 1 日）

　　湖南石门县蒙泉镇潘家铺社区是一个"鸡鸣四县"的地方。这个地方至少有三个亮眼之处，它们或者让人产生联想，或者是实际存在的。一是据说李自成兵败出家且最终自焚于石门夹山寺，让人联想到"普天之下莫非王土"的古代确权规则中所含意的"王地"，那么"王地"确权的历史脉络又是怎样的呢？二是石门柑橘名满天下，暗含当地存在大量果地，那么这些果地的承包权又是如何分置的呢？三是这里有一家颇具规模的农业经营机构，说明农地流转在此已成大势，那么由此分置出来的农地经营权又是怎样的情形呢？这三个问题和我们的调查主题都有某种内在关联性，那就先从简要梳理"王地"确权的历史脉络开始吧。

　　所谓"王地"之说，有关先秦以来土地确权的政治史。在笔者看来，这个政治史可以将"王地"确权大致分为三个阶段。前两个阶段都在先秦，第三个阶段是秦以后。先秦两个阶段的土地确权规则皆为"共有"，也即部落或者贵族对土地的"共同拥有"。但周文王、周武王对其兄弟子孙功臣实行分封制，他们的"封地"就是诸侯存在的基础，此时的"共有"变成了王与候的"共有"。这样一个制度，其实就埋下了周王朝败落的种子。因为诸侯之间必有土地纷争，而胜出者也必然会觊觎天下共主的地位，"纯正的"封建制随着这个朝代的灭亡就结束了。秦以后汲取了教训，实行郡县制，郡县制其实也是实现"普天之下莫非王土"的制度基础。这个时候"王地"确权的基本原则就由"王与诸侯共有"到了"皇权独占"。问题是这种"独占"之"弯道超车"太过急，秦二世亡也。"两汉"又汲取教训，创建郡国制，即"中国"实行郡县制，"边缘"实行分封制。可以看出，古人的制度创新意识是很强的，当然这种制度创新意识也是被时势逼出来的，也因此，郡国制其实就是封建制和郡县制互动的结果。路漫漫兮长夜难眠，转瞬间到了蒙元与满清，"王地"确权规则就到了真正意义上的"皇权独占"阶段。"从站着、到坐着、再到跪着"，似乎可以简要地概括王权或皇权与绅权或族权的关系变迁，从中也可以看到共有制、分封制、"独占制"三个阶段的"面相"或者表征。这个过程，其实就是绅权败落的过程，也是王权、皇权兴替的过程。这个过程表明，从王权到皇权是一个王权衰落的过程，同时也是一个皇权兴盛的过程。然而皇权到了兴盛的终点，就变成了民权启蒙的始点。"物极必反"，如是也。所以说，民权兴起其实就是皇权兴盛至极而后衰亡的必然结果。

清灭以前都是没有民权的，只有皇权、王权、神权、绅权等等说法，民权是由孙中山创始的，但民权真正兴起应当从毛泽东开始。这意味着孙中山和毛泽东在开启民权这个问题上是有历史传承的，毛泽东在开国大典上说"中国人民站起来了"便是明证。不过在笔者看来，这句话其实是指中国人民在"人格"权利上站起来了，如果人民还要在其他权利上站起来，例如在地权上真正站起来，可能还要认真地上下求索。纵观历史，在某种意义上可以得出这样一个结论：从王权、皇权、绅权到民权的变迁，某种程度上其实就是土地确权的历史政治学和产权政治学的变迁。

再来看第二个问题，也即农地承包权确认问题。农村改革以来，这个地方的农地确权，也即水田、旱地、果地、林地的承包权确认总共有过四次。第一次是 1981 年分田到户的农地确权；第二次是 1996 年二轮延包的农地确权；第三次是 2008 年因行政区划调整而进行的农地确权换证；第四次就是当前正在进行的以航拍技术和入户确认为基本特征的农地确权。据了解，这次确权的航拍面积要大于农户确认的耕地面积，原因是航拍会存在一定的误差。比如，稻田两侧的排水沟、作为稻田界限的"淹深"即田埂、田中的丘陵地区等都被航拍算入了总体的田地面积之内，这就造成了航拍面积大于实际面积的情况。这四次农地确权是以 1980 年代初的第一次确权为基础数据和基本依据的，而每次确权均以村民小组为基本单元。这当然首先是因为村民小组是农村最基本的行政单元,更是因为村民小组内部对本组的实际情况较村和乡都更为熟悉。尤其是行政框架变动以前,村民小组都是十几户,这意味着小组内部农户之间互动频率较高,也更加熟悉;而这里的行政框架变动之后村民小组增加到百户以上,这或许会降低农户之间的沟通频率和效率。这种情形也许会影响到村民小组的行政效率,但是对于确权准确性的影响应该不会太大,毕竟确权的信息都会经过入户核实和确认。学术界对于确权单元的看法也多是希望以村民小组为单位,理由就是村民小组规模小、相熟度高,便于监督和解决问题。但是这里的行政框架变动之后,一个村民小组的规模基本和一个村的规模差不多了,这样势必会对村民小组的行政效率产生不利影响,这正是令人担忧之处。

如果以老清水潭村七组(现潘家铺社区第六组)为例描述第一次确权时的做法,则有以下基本程序和规则:

首先是确权等级。生产队也即现在的村民小组,将队内或组内的水田、旱地等分为几个等级,农田等级的划分有三个依据,第一个是灌溉条件(最近确权的首要依据变更为靠近机耕道),直流灌溉为一等田,半直流灌溉为二等田也即把堤加高可以灌溉的,抽水灌溉为三等田。第二个是离家远近,越远的等级越低,因为去劳作的路程太远;太近的等级也越低,因为鸡鸭等家禽会吃掉粮食,但是紧挨着农户的田自家必须要。第三个是土质,有的田长期积水,土质太深,是淤泥田,劳作不方便;有的田土质太浅,肥力不够,产量自然也会低些。这三个依据会直接影响田地的产量等级,因而田地等级的标准还有另外一套也即产量标准。如果按产量标准,田地可以划分为五个等级:一等田亩产800斤以上,二等田亩产700斤,三等田亩产600斤,四等田亩产500斤,五等田亩产400斤。只不过这两个标准的用途不同,前一个标准主要是用于土地确权,而后一个标准主要是用于赋税上交。或者说,前面的三个依据是分田到户时使用的,而后面的产量标准是在缴纳各种农业税费时使用的,也即"好田多交,差田少交"。

其次是确权方案。这种确权方案至少有四个原则:其一是均分。也即把全组的田地均分到人而非到户，这个规则明显属于集体化规则。当时这个组有94.5亩五水田，但旱地的确权没有水田那么严格和规范，全组人口是86人，人均1.1亩，但实际分田的结果是人均1.09亩。这是因为有些水田受自然因素和地理位置等因素的约束，所以实际结果就不会那么精确，而对于这种不精确的程度，村民一般也是可以接受的。其二是惯例。比如某农家周围的水田必须分给这家农户，个中缘由，是为了避免本家的家禽吃别家的稻谷，从而产生邻里纠纷，这样做，自然也有为了方便耕作的考虑。其三是将"公平"置于"效率"之前。为了公平地均分水田，很多水田不可避免地被细碎化，比如一块六亩的水田被分给八个户主，以"淹深"即田埂为界线或确权标志。其四是合情理性。这里的合情理性是指对不同等级的水田在组内农户之间进行合情理的搭配，也即将一等田、二等田和三等田在队内或组内农户之间进行合情理搭配，换句话说，就是把每个等级的水田按照户数分成相对应的块数，以本队或本组水田总面积为基数，合情合理地分配各等级的水田。

再次是确权方式。这里的确权方式有多种多样，作为局外人要全部搞清楚，也是不容易的。但不管采取哪一种方式，只要农户间无异议无争议就行。比如老清水潭村七组第一次分田时，主要是按照家庭住址的位置来确权的，也即是说，是以家庭位置为中心，顺着水流的方向往外推，推够应分的水田面积为止。如果"推多了"或者"推少了"，则通过另外的规则来"找补平衡"。这些另外的规则大致有"抓阄"、"摸坨"或者协商等。水田等级的这个因素，在这次分田中是不太起作用的。其中的一种情形，意思就是说"种好田"税费也高，"种差田"税费亦低，农户的利益一般不会因"种好田"还是"种差田"而受太大的影响。

这里需要把上文中未尽意之处做一点补充。这个补充主要是想说，这里的水田大都有自己的称谓。这种称谓是按照户主姓名、田地形状和实有面积来命名的，比如"张三的长二斗"、"李四的弯五斗"、"王五的潭四斗"、"赵六的梯二斗"等等。这里的"斗"即是"亩"的意思。这样一种称谓在其他农村比较少见，或许意味着这里的村民对于自己的田地是特别看重的，权属意识也是比较强的。这种判断与我们对这个地方的农地制度倾向——由"集体化"向

“个体化”的比较顺利地转型的感觉是相一致的。我们的感觉是,这个地方的人们比较“听话”,也就是说对上面的政策执行力度比较大。无论是计划生育一胎政策的贯彻程度(相对的,大多数农村都是二胎以上),还是农地规制政策的执行力度,皆如此。其实,许多农民的思维模式是缺失“过去”尤其是“未来”的,他们中的许多人只关注眼下,只关注眼前利益,也就是只有等到事情来临的时候,自己才会有真实的利益表达。所以,农村政策的制定需要更多考虑发展规律或者发展大势,而不是只盯着农民意愿做文章。

10. 丰瑞乐家庭农场的经营权分置

(湖南省石门县蒙泉镇,2017 年 1 月 3 日)

再来看第三个问题,即由农地流转所催生的经营权分置问题。这个问题首先可以从规模农业与农地确权的视角来解读。规模农业,顾名思义,肯定不是一家一户耕作一小块土地的"小农业"。这个概念的提出是把农业作为一种产业对待,在本质上与工业生产无异。当然农业自身也有与工业不同的特点,尤其是传统农业具有诸如生物性、季节性、低弹性(就是指农产品缺乏需求弹性)等特点。这就使得现代农业必须兼顾工业特征和自身属性。从工业特征来讲,规模农业就是要取得规模经济效益的,也就是取得"1+1>2"的效果,由此获得溢出效应,就好比一桶水满溢出来的样子,这也被称为正外部性效应。也只有在这样一种效应的情境中,现代农业的深层内涵才可能被充分释放出来,有机农业、绿色农业、生态农业、观光农业、休闲农业、养生农业、养老农业……才会有生成和广角延展的空间。所以,农业规模化是农业现代化绕不开的前提和条件,而这个前提条件和农地确权又有着紧密的逻辑关联。但这种关联要如何才能有效构建呢? 带着这样的问题,我们深度访谈了石门县蒙泉镇潘家铺社区一家颇有影响的兼具种植合作社和家庭农场等多种组织形态的农业生产单位。

令人称奇的是,这家农业生产单位是由一位多年在外打工而后回乡创业的"女强人"创办的。她历经艰辛而后有所成,让她的"创业"曾获得"全国巾帼现代农业示范基地"、"石门县 2015 年度科技工作先进单位"等十几项荣誉。这些荣誉的获得大都实至名归,比方说,配备频振灯、黄板纸等物理防虫设备,生产生态无公害农产品;实施立体种养,在水稻田中套养青蛙、鱼、泥鳅等,既充分利用了农田空间,鱼、蛙对水稻还能起到防除病虫草害的作用,鱼、蛙、泥鳅等水产品的产值甚至超过了水稻、马铃薯的产值。

据她讲,这家农业生产单位由家庭农场、马铃薯专业合作社、农机合作社、粮油合作社、综合服务社、专业化统防统治区域服务站等机构组成,有正式员工13人,农忙季节的人工需求临时解决。其主要业务由家庭农场和马铃薯专业合作社承担。马铃薯专业合作社现有4000多亩耕地,家庭农场的耕作面积也有1800多亩。马铃薯专业合作社实行"公司+农户"的制度,公司提供技术、农资,负责产品收购;农户负责耕作、生产。公司和农户在价格问题上有产前约定,也就是有一个保底收购价。两者在地权问题上的基本点是,承包经营权属于农户,生产权当然也在农户,至于产品分配权,农户于此也有着处置空间,也就是说如果市场价高于收购价,农户就可能转卖别人,只不过这种情况在马铃薯市场上很少出现。家庭农场则不然,因为家庭农场在地权方面有着租赁合约,即有"湖南省农村土地承包经营权转包租赁合同"的格式界定,这种界定使得农场主与农户在农地产权的分配上至少在书面层次大致清晰了。这种"清晰"的要点主要有两个:一个是五年和十年的两种租赁期限约定;另一个是租赁费用,比如上一期的租赁合约规定是每亩每年200元,但由于隔壁村价位上涨,这里的农户普遍要求提价。两者于是便各执一词:农户要求涨价,而农场主则认为租期未满,不给涨价。看得出,这里的"租佃"矛盾已初现端倪。

需要指出的是,这里的农业经营单位是有规模标准的:30亩以下称为农户,30亩到200亩称为种粮大户,200亩以上称为合作社或家庭农场。而家庭农场与合作社是有差别的,这种差别在这位农场主眼里主要体现在生产自主性这个方面,也即家庭农场想种什么、怎么种都由自己决定,而合作社只有跟着农户走。这对于合作社的发展无疑是一个不利的限制。但家庭农场则不然,由于地权关系的改变,农户的权利被限定在租赁费用里,土地的使用权和经营权被流转到了农场主身上。这样一来,农场就有了生产自主权。清晰的产权界定是市场发展的前提。看来,市场要起决定作用,产权界定清晰这个"槛"必须迈过去。

在被问及发展规模农业的困难和阻力这个问题时,她大致列举了四个方面。

第一个是机耕道问题。发展规模农业需要机械化,机械化需要机耕道,而机耕道属于生产性农业基础设施,这种基础设施的投资不是个小数,单靠农场主一方投入势单力薄。尽管如此,这项工作在她这里仍在逐步推进。

第二个是灌溉沟渠问题。这里的沟渠大都是"大跃进"和人民公社时期建设的,分田到户和"各顾各"之后,大量的用于灌溉的沟渠因无人理会而淤泥滞塞、杂草丛生,大都已经荒废而无法使用。如果农场清淤,别的农户同样有使用权,但绝不会承担费用,由于沟渠的受益权界定模糊,农场自然也不愿当此冤大头,此所谓"公地悲剧"也。由于产权界定不清而产生的资源闲置和资源浪费,由此可见一斑。

第三个是农民观念问题。这位农场主讲,她娘家隔壁的农户出行要经过她娘家门口,为了方便出行,隔壁就想要拓宽道路,但她母亲用身体挡住挖机,死活不让隔壁施工。她母亲认为自己方便出行就行,哪管他人;而且她母亲认为一旦施工土地就不再属于自己了。她说,自己的母亲都这样,更何况别人呢?尽管她最终做通了母亲的工作,但农民的自私自利观念显露无遗。其实,农民的自私自利、眼界短浅,历来为人所诟病。过去的"革命"和"改造",也未能撼动这一点。现在的城里人和乡下人有这个毛病的也不少,谁都知道,却又各行其是,因而"指责"已失去了"力量"。其实在我们看来,这种自私自利是农民权衡眼下的收益和成本的结果。只有改变了小农业的生产格局,才有可能从根本上动摇这种传统观念。所以,大农业的驱动力不仅是一个经济驱动问题,还是一个"观念驱动"问题。

第四个是政府政策问题。政府政策在层级传递中,会出现框架变形或效应递减。这意味着顶层设计大都是符合民意的,但到了基层,就有可能违背民意。据她讲,一个政策在中央制定时是符合实际情况的,到省一级时基本上也还遵循政策的原意,但是到了市一级,就开始改变,到县一级就会出现很大程度的扭曲,而到乡或镇时,就基本违背了政策的初衷。她这个话或许有激进之嫌,但也并非绝不可信。至少有一点需要引起重视,就是政府的各种扶持政策和资金支持在基层的运行,可能会使得市场的识价能力减低而导致价格信息失真,进而降低市场配置资源的效率。

第五个,租期问题。她告诉我们,从农场主的角度,由于租用土地的周期较短,为了能够在短期内获得最大的利益,有些农场主顾不上对土地进行"涵养式"经营。也就是说,高效肥和高效药的过量使用在短期内可以大大提高产量,但期满后还给农民时,水田土壤的土质会变得十分脆弱,肥力大为减退。若要让这些被损害的水田恢复到原有状态,需要十年甚至更多的时间。在目前的产权安排下,农户只有无奈接受这种他们不愿看到的事实。另一方面,这些"粗放式"耕作的农场主由于短期利益较高,出的价往往也较高,这样就会出现"劣币逐良币"的效应,从而损害"老实"耕田的农场主的利益。那些"调皮"耕田的农场主所支付的高租金对转出土地的农户而言,自然是一种心理慰藉,但从长远看,这种慰藉是靠不住的;同时也似乎意味着,"工业社会"中的农民对土地的情结,远不如"农业社会"中的农民那样深厚。

11. 丰瑞乐家庭农场的经营权分置问题再确认

(湖南省石门县蒙泉镇,2017 年 5 月 14 日)

在常德市石门县的一次调研中,我们有幸访谈到了石门县丰瑞乐家庭农场的农场主黄云华。第一次见面时,她给我们的印象就是思维开阔,懂技术会经营,虽然文化水平不高,但谈吐间,说的都是农业现代化、生态化,能让人感受到她对农村、农业和农民问题的专注与热爱。

黄云华告诉我们:2010 年,她在广东打工,做销售工作。从新闻中,她了解到国家正高度重视农业农村工作,加上自己是学农的,亲戚朋友中也有农业技术方面的专家教授,于是便萌生了回乡创业的念头。当年 5 月,她毅然辞工回家,利用自己在广东做销售时积累的人脉关系,将马铃薯和鲜薯入销广州市供销社农产品有限公司的 60 多家超市,成功实现"农超对接",创产值 800 余万元,助推薯农户平均增收 5000 元以上。

2010 年以前,当地大多数村民按传统生产模式培管水稻,亩产仅 900 斤左右。种植马铃薯亩产不超过 1000 斤,每市斤当地售价不到 0.4 元。黄云华返乡后,耕种自家的 10 余亩水稻,全部通过测土配方科学施肥,聘请当地农科所技术员全程监测、技术指导和防控病虫害,当年亩产均超过 1400 斤。科学种田尝到甜头后,她又尝试立体特色种养谋求高效益。由于她的科学种养经营模式可推广和可复制,乡亲们纷纷要求同她抱团发展共同致富。于是,黄云华在 2013 年 3 月注册创建了湖南省第一家家庭农场"丰瑞乐家庭农场"。

家庭农场成立后,农户将分散的土地流转给她统一经营,农户们不仅可以从中获得每亩 200 元的土地租赁收入,而且还可以在农场务工获得收入。如今,丰瑞乐家庭农场共经营土地 1863.4 亩,按种植布局分 8 个工作区。其中水田 1377.8 亩,山地果园 315 亩,蔬菜 23.6 亩,养殖水面 30 余亩。据她讲,农场目前有正式员工十三人,农忙季节的人工需求临时解决。马铃薯专业合作社实行"公司+农户"的制度,公司提供技术、农资,负责产品收购;农户则负责耕作、生产。公司和农户在价格上有产前约定,也就是有一个保底收购价。家庭农场则不然,因为家庭农场的地权有着租赁合约,也即湖南省农村土地承包经营权转包租赁合同的界定。这种合同的约定主要有两个,一个是五年或十年的两种租赁期限约定;另一个是对租赁费用的约定,比如上一期的租赁合约规定是每亩每年 200 元,但由于隔壁村价位上涨,这里的农户普遍要求提价。从她的话语间,我们大致可以明白,有一部分农户虽然签订了合同,但是却不遵守,也就是即使合同期限未到,但认为承包权在自己,享受与邻村同样的价位也就"理所当然"。此外,她还向我们反映了一个情况:有些农场主用较高的价格租赁土地,由于租用土地的周期较短,为了能够在短期内获得最大利益,有些农场主顾不上考虑土地自身的修复能力,大量甚至过度使用高效肥和高效药以提高短期产量。这样一来,期满后还给农民时,水田土壤的土质会变得十分脆弱,肥力大为减退。若要让这些被损害的水田恢复到原有状态,需要十年甚至更多的时间,这样,有土地承包权的农户也只有无奈地接受这种他们不愿看到的事实。另一方面,这些"粗放式"耕作的农场主由于短期获利较高,租用土地的价格往往也较高,导致真正想绿色种田的土地经营者失去了竞争力,从而形成"劣币逐良币"效应。

除了指出对合约年限、合约中的农户租金意愿产生变化这些问题外,黄云华还反映,目前企业的资金来源主要靠贷款,但是预期贷款和实际贷款差距往往较大。造成这种情形的原因,一方面是由于贷款时缺乏有价值的抵押物,另一方面也是因为土地政策的不稳定,土地在承包、流转和经营的过程中风险较大,贷款者不愿冒风险所致。她说农场现在有 1600 亩水田,但是实际给农场主补贴的只有 200 亩,究其原因,对于土地的承包权和经营权而言,政府并没有给出实质性的区分,不过趋势慢慢在向这"两权"分离化的方向发展,这就需要政策及时地跟进,尤其是直接补贴到底补给谁,是经营者还是承包者。

　　另外，黄云华告诉我们，只有 2.5 米宽的机耕道，用途却很广，不仅农村的居民出行要靠它，而且各种农业机械都要通过它进入田地耕作。这些机耕道经不住农业机械和车辆的辗压，经常变坏，所以需要经常维修。为此，政府花了很多成本投入。但这些机耕道还是 10 多年前国家投资修建的，因为缺少翻修，早已不适应成规模的家庭农场、农民专业合作社发展的需要了。尤其是水利灌溉等基础设施严重滞后，无法抵御各种自然灾害，国家现在对家庭农场还没有专门的法规来规范，其权益没有根本保障，而国家对家庭农场又没有专项补贴，这样就导致了家庭农场每一次的发展和扩大都存在很大的困难。

12. 行政变迁与产权变动

(湖南省石门县蒙泉镇,2017 年 1 月 5 日)

我们的调研所在地在潘家铺社区,潘家铺社区属于蒙泉镇,而蒙泉镇的行政建制经历了一个复杂的变迁过程。这个过程是指:公社时期,这里的行政建制称为蒙泉区,它下辖七个人民公社,即花数公社、磐石公社、白洋公社、蒙泉公社、杨坪公社、官斗公社、三板公社;公社改乡之后,设立蒙泉镇的行政建制,这个行政建制的辖区包括花数乡的 15 个自然村、磐石乡的 23 个自然村、白洋乡的 21 个自然村、蒙泉乡的 24 个自然村。2007 年合村成立潘家铺社区,包括的行政单元有花数乡清水村(5 组 6 组)、磐石乡丰禾村(1 组 2 组)、磐石乡潘市村(3 组 4 组)、磐石乡清山洞村(7 组 8 组)、磐石集市(9 组)。这些村民小组中,一组有 86 户,二组 80 户,三组 114 户,四组 110 户,五组 115 户,六组 110 户,七组 118 户,八组 107 户,九组 342 户。我们认为,农村的行政变迁与土地确权之间存在有趣的逻辑关联,但这种关联至今还未能充分阐释出来。大致看来,这种阐释至少要有两个方面:一个是农地承包经营权与农村行政变迁的逻辑关联,第二个是农村建设用地权与农村行政变迁的逻辑关联。

对于前一个方面而言,这个地方由蒙泉区到蒙泉乡再到蒙泉镇,而后合村成立潘家铺社区,村民小组这个行政单位的归属和规模等要素经历了重大调整,但农户的生产生活和土地关系并没有受到多少影响。农民觉得这些变化与他们没有多少关系,也即是说,自己的田照种不误。至于变化之处,用他们的话来说"只是管自己的官变了","上面变了"。这意味着农民只关注土地的使用权,而不太关心土地的所有权。因为农村的行政变迁必然会引起农村土地所有权的调整,这种调整是指对以村组为所有单元的集体所有权的调整,但它并不会影响农户的土地使用权,即承包经营权。这种现象涉及到产权经济学的一个基本观点,也即"使用权清晰之后,所有权就不重要了"。在这里,土地使用权是实在的,而土地的所有权似乎是虚置的。这种情况也许可以诠释农村改革之所有权和使用权"两权分置"之所以成功的图景吧。

后一个方面主要涉及土地产权在农村集体内部的分配制度,而这个制度至少在目前还处于不太清晰的阶段。这种不清晰至少表现为,公社改乡之后的产权交易秩序不清晰。公社解体之后,它的生产功能转移到了农户,其自身"变身"为基层政权,所以公社一级的集体身份,乡就不具备了。也即是说农村土地的"三级所有"变成了村组"两级所有"。这样一来,土地使用权若是发生变更,那么土地产权关系又该如何解释呢?

下面以潘家铺社区农贸市场的建设为例试作说明。2008 年,蒙泉镇政府打算兴建一处农贸市场。而用于农贸市场建设的这块土地,其产权原属于磐石乡鸭梨瓶(输液瓶)厂。由于乡的建制属于基层政权体系,所以这块土地自然属于集体所有的政府使用土地。但政府使用的这块土地来自于合村以前的小潘家铺村一组,其使用权的获得方式是"以土地抵赋税",也即小潘家铺村将"一组"的土地出让给这家乡办企业使用,而"乡"则以减免该组的农业税和"三提五统"为代价。除此之外,该厂还负责提供每户一人的就业名额。鸭梨瓶厂倒闭之后,该地进行了撤乡并镇的行政调整,乡改为镇。这样,蒙泉镇政府将这块土地规划为潘家铺农贸市场,并多方筹资建设。这个地方本是一处自然形成的市场,每月逢三、逢八赶集,多年来已成为附近村庄的农产品集散地。镇政府准备在这个面积为六十亩的地方,规划建设 145 个集住家和门面为一体的建筑单元群。这 145 个建筑单元以每两间地基为一个单位出售,每个单元的面积大约为七八十个平方,因地段等因素的不同,导致价格从三万到七万不等。外村人到这里买地基,不仅需要出资而且还要获得本村户口。之所以设置这样的市场准入门槛,一方面是因为这里商品流通发达,周边慈利、桃源、临澧等县市都有人过来这里买地基,需求旺盛;另一方面也是为了保障本村村民的利益。在此,作为物业卖方或产权出让方的是蒙泉镇政府。也即是说,蒙泉镇政府作为农贸市场的产权拥有者,将产权分割,然后出售。对于这样一种产权变动的解释一定是复杂的,以后若有详细了解的机会再解释吧。

13. 精准扶贫与王新法的心路历程

（湖南省石门县,2017 年 2 月 26 日）

"精准扶贫"这个概念的提出,意味着新时期我国扶贫开发战略的重大转型。它作为一种战略调整,是全面建成小康社会,以及实现"两个一百年"战略构想和中华民族伟大复兴梦想的重大举措。"精准扶贫",是针对一个时期以来扶贫工作中存在的贫困户、贫困村、贫困乡、贫困县的确认不准和确认不清而提出的。为此,要求对县域以及逐乡逐村逐户进行精准地"确贫",进而制定有针对性的帮扶计划和实施"一对一"的帮扶行动。这种要求暗含着:必须深入了解贫困对象和致贫原因的真实性,以便采取有针对性和实效性的措施来清除各种脱贫障碍,如此才能"精准"地达到帮助贫困对象脱贫的效果。从中可以看出,它与过去"粗放"式扶贫最大的不同,就是要将扶贫对象"精准"地确认到县、乡与村、户,通过层层落实责任制,以制度的力量从根本上铲除"穷根"。其中之关键,还在于实事求是。这就要求在确认贫困对象的过程中要保证制度的公平、公正、透明及民主,这不仅要求党员干部尤其是各级负责扶贫工作的主要领导人亲力亲为,下到基层了解贫困对象的实际情况;而且还要做到因人和因地扶贫,因贫困原因和因贫困类型扶贫,这样才能找准"症状",对"症"下药。不能怕苦怕累和走马观花搞形式主义。

从扶贫方式看,精准扶贫可以分为政策精准扶贫、项目精准扶贫、科技精准扶贫、金融精准扶贫、产业精准扶贫等等;但从扶贫主体看,精准扶贫就只可以大致区分为两类(如果忽略国际主体的话),即政府精准扶贫和社会精准扶贫。观察表明,社会精准扶贫往往比政府精准扶贫更为"精准"。尽管我们不想在此对这种行为效果的逻辑进行详细解释,但可以指出这种逻辑的轴心所在,也即存在一种大概率事件,就是不论何种扶贫主体,也不管什么扶贫方式,只要能"扶到心坎"就必能"暖到人心","收到实效"。社会扶贫,如果它的灵魂人物有强于常人的道德感和使命感,加上其受官场的负面逻辑牵制较少,并且目的明确、行动有效,扶贫的精准度自然可以提升,实效由此也较易获得。只可惜,社会上政府中这样的灵魂人物太少,而且他们大都是天生的,不大可能通过后天的短促突击培育而得。

王新法就是这样一位稀缺的灵魂人物。他是我们去年年底在石门调研时偶遇的一位扶贫义士,可以说一见如故、相谈甚欢,且惺惺相惜。之所以称他为扶贫义士,是因为他的扶贫行为是一种因"扶到心坎"而"聚拢成队"的义举,显然这种义举属于社会扶贫的范畴。然而,前几天突闻变故,说他"倒在扶贫路上",不由得悲从心来、痛在心中。上次在石门与他相见时,由于天寒地冻、路途不便,因而去他扶贫的那个山寨走访的想法未能如愿。本打算今年择日成行之后再写工作日志的,可是在这种情境中只好将此事草草提前。于是便要求硕士生弄个初稿后改成此文,权当作与他相识一场的纪念吧。

这位扶贫义士来自河北,但在世时是湖南省百名最美扶贫人物、2016 感动常德十大人物、石门县南北镇薛家村名誉村长。得知这位名誉村长(我们感觉这个称呼他可能比较喜欢)去世,的确令我们难以置信,因为在印象中他的身体虽谈不上"矫健",硬朗还是可以算得上的,只是面色略带苍白和倦容而已。当时为了见到这位传奇人物,我们特意在石门多逗留了一天,虽然相见只有一个上午和一顿午饭的时间,却相谈甚欢。期间,他给我们介绍了他以前经历过的坎坷和现在所从事的事业,尤其在说到来薛家村扶贫时充满了骄傲。当时说好以后有机会再相聚,去他扶贫的那个村里看看,只是没想到,第一次见面竟成了永别。

王新法虽退伍多年,身上却仍保持着军人的本色。修路修桥,他身先士卒、冲锋在前;日常生活,则与村民同吃同劳动,甚至忙得连女儿生孩子都没赶回去。但随着时间的推移,女儿的不理解终究也转换成了对父亲的崇拜。王新法跟我们说:"我不讲大话,不讲空话,是想尽己所能,与民共富。在一个新天地里，拿出一个共和国军人的信仰、勇气和忠诚，去改变一些人和事的面貌。"他还说，军人的忠诚就是忠诚国家、忠诚人民。他有整体、长久的规划、设想。他的这些计划写在了他随身带着的、近乎泛黄的小本子上。

王新法讲原则，执着、勤奋、敬业，是他至今也"改不掉"的习惯。这位退伍入了警营的优秀分子，年年受表彰，但刚直、正派的他在无意中不自知地得罪了人。有一次，他抓了几个惯偷，依法申请逮捕，没想这下捅了马蜂窝。不知是谁设的陷阱，几个惯偷反咬一口，说王新法收了他们1500元好处费。王新法没有签字，两级法院也发回重审。但是，后来仅凭某执法机关的一纸"证明"，硬是判了他两年有期徒刑。说起过去的冤屈，这位七尺汉子眼眶湿润了。饭碗丢了，人还得活着。王新法摆过地摊、开过货车、跑过长途，还与人在陕北开过煤矿，在1995年就已攒下百万家产。说实在的，他已不缺钱用，可以安心地去享受生活了。可王新法心中这个"结"始终解不开，他要还自己清白。于是，上访成了他生活的一部分。2008年5月，薛家村人、石家庄市人大代表曾德美得知他的不幸遭遇，上下奔走呼号近两年时间，终于为他落实了相关政策和待遇。王新法感激涕零："大妹子，叫我怎么感谢你啊！"曾德美推脱不掉，开了句玩笑："您如果一定要感谢，就到我的家乡看看吧！"一句玩笑话，王新法记在心里，当了真。2013年7月，王新法正式来到薛家村帮扶。他告诉我们，当时村上的人包括村支书的第一个反应，就是不相信：世上哪会有这种人，为了一个感谢就千里迢迢地来到这里驻点扶贫。

但王新法对这些质疑视而不见，他要用自己的行动来证明。在踏勘薛家村六塔山的时候，王新法听到了一段悲壮历史。据说当年68名红军在这里被敌人偷袭而舍身跳崖，壮烈牺牲，遗体后来被薛家村村民偷偷就地掩埋了。还听说，当年贺龙元帅就是从这里死里逃生的。军人出身的王新法听后久久沉默不语。然后他做的第一个大动作，就是"请烈士回家"。第二年刚过完年，王新法就回到了薛家村，带来了自己受冤24年平反后补发的全部工资64万元，号召村民们把牺牲在家乡的先烈遗骨找回来，安葬到六塔山上。这个工程后续共计投入70余万元，建成了占地319亩的"山河圆"烈士陵园，这个陵园让80多年前壮烈牺牲的68名红军战士得到安息。

王新法的个人行动感染了一批退伍老兵。于是,他们便在薛家村组建了一个"与民共富"军人团队。他说,军人团队前面加上"与民共富"这个前缀,就是要体现团队宗旨,团结一切力量,做一点有意义的事。现在已经有20多名老兵战友长期在团队中活动,他们为方便王新法跑上跑下、联系工作,捐助了1辆长城越野车;还捐赠50台摄像机,分发给村里"我看是非我看美"活动小组,拍摄家乡的美丽风景,曝光村民的恶习陋行,引导村民崇尚真善美。这个团队还聘请苏州欧陆分析技术服务公司,测析当地茶叶微量元素,准备把产于高山上的优质茶叶统一包装推向市场。

王新法明白,要想脱贫致富,除了兴建基础设施,产业建设是关键。为此,王新法在薛家村大力谋划着茶叶产业。薛家村有茶园上千亩,就因为茶叶的生产质量不高,在市场上卖不到好价钱。王新法跟村民们说,只要他们合作,他愿意按一亩产茶50斤5000块钱的底价收茶,一亩地超过一斤就多出一百块钱,但条件是,茶叶不能打农药,因为打了农药的茶叶必然会极大减低茶叶的生态价值和养生价值,更是一种对消费者不负责任的行为。这个提议立即得到了许多村民的响应,并且按照王新法的要求来种茶交茶。王新法乘势成立了湖南薛家村(土家族)共同富裕合作社和茶叶专业合作社,进而又与茶叶专家团队合作成立了湖南五行缘农业科技公司,并且注册了"名誉村长"茶叶商标,拟将专家的研究成果推向市场。在这个基础上,他们改造并形成了有机茶园基地,创建了"一种体质喝一种茶"的"体茶"品牌和"名誉村长"品牌。这样,王新法及他的团队通过改造传统茶叶产业,以产业精准扶贫的方式,正在有效地帮助薛家村村民脱贫致富。此外,架桥修路、给村民免费发放节能灯等生活用品、对外宣传扶贫经验等等事迹不一而足,乡亲们都亲切地称呼他为"名誉村长"。

"燕人重义,一腔碧血肥湘土;楚天多情,满目红云载英魂。"追悼会上的这个挽联,让人看了心颤。今天,王新法的追悼会在石门县城和薛家村两地举行,"名誉村长"将长眠于薛家村他亲手修建的"山河圆"。王新法曾说过,他最大的心愿就是能留在薛家村看到当地的老百姓富起来。而如今,那一身迷彩绿已化为满山的青翠,红军崖下一个老兵的忠魂也与地下的英烈相聚。王新法这位来自河北的老兵,四年来,在扶贫攻坚的战场上像个战士一样冲锋在前,遇到困难不退缩,不拔穷根不罢休,为那些素昧平生的人们贡献自己的力所能及。呜呼,青山常在,精神不死。他的光和热,将永远留在薛家村村民以及这个国家的那些有性情的仁智者心中。

14. 湄潭经验的三层涵义

（贵州省湄潭县黄家坝镇,2017 年 1 月 7 日）

有一个地方因"生不增、死不减"的农地规制政策而出名,这个地方就是贵州湄潭。早在农村改革初期,对于农地家庭承包制未来该怎么走,中央组织有关部门在全国各地进行了一番密集调研,在这些调研中有山东平度的"两田制"经验、湖南怀化的"荒地拍卖制"经验、广东南海的"股份制"经验以及贵州湄潭的"生不增,死不减"经验等等。最终,只有"生不增、死不减"的湄潭经验上升为国家政策在全国推行。除了湄潭的这个经验外,其他地方经验因区域性局限而缺乏普遍推广性。而且,湄潭的做法还有和全国的不同之处,比如第一轮承包期限全国是 15 年不变,这里是 30 年不变;第二轮承包期限全国是 30 年不变,该地是 50 年不变。如果以"制度偏好"为向度,那么"完全集体化"和"完全个体化"则各立于这个向度的两端。全国绝大多数农村的情况是处于这两端之间,只不过,它们在这两端的具体位置会因村情多样化而不同。如果说华西村、南街村、刘庄村等位于最接近"完全集体化"的一端,那么湄潭的农村则处于最接近"完全个体化"的另一端。这是因为,一方面,相较于全国其他地方的农村,湄潭的农村在"个体化"向度上是走得最远的,这里的"最远"主要是指农地承包期限最长,产权固化程度最高,以及村组集体在农地产权的权利上被"架空"得最彻底;另一方面,走得最远的"个体化"不等同于私有化,至少湄潭的农户没有农地转市地的自主权利,在征地过程中也没有与政府讨价还价的权利。这意味着湄潭农户的农地产权是一种不完全产权,在这种产权中,不仅有着农户自身的因素,至少还含有着国家的因素。

其实,湄潭经验上升为国家政策在全国推广的过程中,各地农村对该政策的执行情况有着差异。笔者此番亲去湄潭调研,大致有了一个基本判断,这个基本判断至少有三层涵义。

第一层涵义:自改革开放伊始,决策层在制度偏好这个向度上将全国农村从"集体化"一端努力推向"个体化"一端,湄潭经验就是一个重要"推手"。从那时起,这个"推手"在理论上就备受争议,在实践中亦有阻力,近年来尤甚。我们觉得对此不必太过诧异,因为,无论是"集体化"偏好的制度还是"个体化"偏好的制度,农民对此都有极强的适应能力,以及在这个制度下进行创造的能力。他们对制度安排的承受底线,是不危及他们的基本生存。况且,现实社会已迥异于传统社会,大多数农民已不局限于土里"刨食"了,土外"刨食"已成为越来越多农民的收入来源和生存选择。这种趋势只会愈来愈显著,也就是说,纯粹以土地为生的"纯农民"随着时间往后推移,人数只会越来越少。这意味着土地承载着的农民的生存压力,不言而喻地大为减轻了。比如,农民打工一天的收入就可买一袋大米等等,诸如此类的生活实景便可证明以上推断。

第二层涵义:是农户对"生不增,死不减"的政策有着两种心态。一种是,当初分地时,因人多而多得地,现在因人少而地多了,那么,不管其表面态度如何,心里其实是赞同这个政策的;另一种是,当初分地时,因人少而少得地,现在因人多而地少了,那么,不管在"明里"还是在心里,一定都是反对的。这意味着多数农民对于政策的心态是一种费孝通所说的"差序结构"情境,也即是以家庭为中心由里向外推的,就好像一颗石子投入池塘而泛起的涟漪,也即是一圈一圈的强度递减的水波纹。这种情境含义着,多数农民对政策的态度是以家庭为中心来感受的,这种感受的强度会随着自己家庭受益或受损的程度往外推而逐渐减弱。也即许多农民感受政策以及由这种感受生成的态度,显然不是以国家利益或者公众利益为中心逐层逐级往外推的,家庭利益的中心地位始终是不可动摇的。尽管农民的认知模式大致如此,但从学术的角度看,纠结于"生不增,死不减"政策的优劣,其实是一方面期望借此明晰农地产权而推进农村土地市场化和增值发展,另一方面又忧虑这个政策诱致"土地分化",进而加剧农村的贫富分化,最终导致全社会利益受损。这两者之间,至今仍难以达成均衡。

第三层涵义:将农地打乱重新确权或分配是不现实的。协同学原理表明,一种趋势的形成往往取决于一种偶然性变量的加入或持续性变量的作用。就好比一壶水烧开了,它究竟向哪个方向翻滚是有其内在逻辑的。这个逻辑如果映射到农地确权也有类似的内在逻辑,主要含有两个因素及其交互作用:一个是农户的惯性心理;另一个是政策的着力方向。就前者而言,第一次分田到户的确权结果成为二轮延包的确权依据,"生不增,死不减"的政策在二轮延包时得到强调,但我们接触到的情况表明,直到 2000 年以后才真正得到执行,也即大致在这个时点之后,一般都不再"动地"了。当然,这并不意味着所有的农村都没有了"动地"的冲动和要求,只不过是在政策的压力下"不能动"了,也就是说,农村内部的某些农民被迫接受了这种事实。在这样一种情境中,如果非要追求当下的公平,而忽略"公平"的历史变迁,满足一部分当初因人少而少分地,而今却因为人多地少的农户的土地均分要求,则有可能造成另外一种困境,也即地分不下去,农村冲突也会因此而加剧。但忽略当下的公平,而满足于"公平"的历史变迁,甚或将这种历史变迁加以固化,将过去的"公平"等同于永远的"公平",如果当初因人少而少分地而今却人多而地少的农户的人数随时间推移而增加,那么农村矛盾加剧的可能性亦会加大。这就要求国家各层级的治理者有"社会均衡"的智慧了。

15. 征地、搬迁、安置模式与产权变动

（贵州省湄潭县黄家坝镇,2017 年 1 月 9 日）

湄潭的村域调研给我们的冲击是强烈的,感受是深刻的,这样一种感觉含有着一种复杂的认知。这种认知至少包含两个方面:一方面,无论是这里的城镇基础设施和大型商埠建设,还是工业园区建设与新农宅建设,皆有可圈可点之处,例如:和高速公路连为一体的宽阔的网状道路体系,与"湄潭茶海"相得益彰的气势恢宏的茶博会展中心和中国茶城建筑群,以及规划齐整和圈地而起的产业园区,与样式统一和风情别致的民居建筑;另一方面,这里的主官落马、官民冲突以及民间积怨之声也不绝于耳。比如:公之于众的从 2010 年至 2013 年主政湄潭的县委书记滕昭义因贪腐而落马;访谈所闻的征地拆迁过程中时常会出现政府各部门会同公检法带着医护人员和救护车齐出动,阵势骇人,随时应对"刁民阻工"以及由此可能出现的"伤害后果",而这种"伤害后果"是实有其事但因不准录像而难以查证的;村民反映的基于征地补偿、拆迁安置、失地保障、园区闲置(意即征地后未开发、动工了未完工和建成后未使用)等诸多问题导致的多年积怨不得疏解。这两种情景是如此的不和谐、不相容,居然共存并生了。这种有着心灵撞击力的景象的深层逻辑究竟是什么?我们觉得,它一定与产权变动的规则有着紧密关联。

解释这种紧密关联的逻辑线索无疑是征地、搬迁和产权变动。这就至少需要给"征地"、"搬迁"和"产权变动"下一个定义。所谓"征地",一般而言是指有征地权力的国家机关,也即县级以上政府,出于公共利益或者经济社会发展的需要,依照一定程序将农村集体所有的土地转化为国有土地的行为。而"搬迁"在这里是指农户迁移其住址的行为,这种行为既包含农户单方自愿迁

移住处的含义,也包含农户与政府对于"住处迁移"有共同意愿的含义。此外,对于"产权"的理解,学术界有着不同的认知甚至争议,这里暂不叙述,另辟篇幅阐释吧。但我们认为,"产权"是指一束权利,但更是指一束关系。这意味着,产权的深层内涵一定是生动活泼而非死气沉沉的,是"物"的,更是"人"的。"产权变动"则意味着产权转移,这个概念在此主要是指通过三种方式,也即通过货币支付进行的价值交换方式,或者"以面积换面积"进行的实物交换方式,亦或者"划地自建"进行的行政指令方式,实现产权转移。

这样一个概念其实含意着三种征地模式。第一种是"货币支付的价值交换"模式;第二种是"以面积换面积的实物交换"模式;第三种是"划地自建的行政指令"模式。依我们的理解,这三种征地模式的政策指向既是安排生活,也即分配住宅的,也是安排生产,也即分配门面的。而且,它们之间不是边界清晰、独立运行的,而是互相关联和交互作用的,也即是说,在实际征用农户的土地时,这三套规则根据具体情况既各自发挥作用,又相互连为一体。比如,有位被"划地安置"后以开粉店为生的农户告诉我们,他的老宅基地占地一分(60多平方),"划地安置"为120平方。他用这块地同其他被征地农户一起与开发商合作,建设带有门面的新宅。他分得两套合计120平方的住宅(每套60平方),外加一个120平方的门面。我们寻思着这样一种交换结果似乎不合常理,因为他被征收的宅基地只有一分,也就是60多平方。按照这里的交换规则,应该是分一套60多平方的住宅,外加10个平方的门面。我们一再追问,是否还有一块60平方的土地比如菜地被征收,他坚持说没有,却又对我们的提问闪烁其辞。这里面是否另有隐情或者潜规则呢?之所以有这样的疑问,是因为我们在访谈另一位曾经担任过村民组长的农民时,他告诉我们,这里"划地安置"的"明"规则是征用多少宅基地面积,就安置多少住宅面积,此外,再按照每户每人免费分配10平方门面面积。这位粉店老板最终的安置结果与上述规则似有不符。

至于那位曾经担任过小组长的村民,他的家正处于被征地测量——在当地被称为"印地"——而未搬迁的状态中。他家的农地、林地以及宅基地大都被征收了。据他讲,这一片地方的农地征收价格是每亩29025元,林地的征收价格是每亩 13500 元，宅基地的货币补偿是每平方 1400 元。这户农家的农地、林地一共有 5.3 亩，征收之后还剩五六分地，这一部分征收款他是分得了的。但他的农宅由于"印地"未搬，补偿款也就未分下来。而"未搬"的原因，总的说来，是开发商在与县政府签订协议之后，在工程处于建设的过程之中，双方有了矛盾，导致项目被中断和搁置。这个矛盾主要是指，县政府单方在产权已归属开发商的土地上建设用于厂方职工的住宅，意图获得项目投产以后的职工宿舍出租的收入。这里需要解释的是：县政府征收农村集体土地，而后转卖给开发商用于工业项目建设，其中土地产权的转移路线应该是清楚的，或者说，对于这块土地而言，它的产权从农户到县政府，再到开发商的转移路线，意味着县政府是无权单方使用产权已归属开发商的土地的。问题是，我们在这个工业园区的其他地方也见到过类似的事情。我们猜测，这个地方的产权规则是不太明朗的，这种"不明朗"不是真的不明朗，而是在它的背后存在另外一套潜规则，但这套潜规则是不便明说的。对此，这位曾经的村民组长也未必明了，但也有着他的忧虑。这种忧虑，第一个是工程"下马"之后，他远在杭州打工的两个儿子和两个儿媳不能在家就近打工，两个孙子也只能成为留守儿童了；第二个是农地、林地被征收以后，现今被弃用而无法耕种，看着实在可惜；第三个是他的农宅破旧，想重修但又顾忌搬迁而无法实施。

问题是，处于这种尴尬境地的农户不止这一户。另外一户农家的处境也不妙，据他讲，他女儿前些年在外地大学毕业之后，转出去的户口没有及时迁回或者是户口迁回时村组不收，导致她在城市没有正式工作而今征地又少了一份"地权"。对此他懊恼不已，并将怨气发向政府。看来，"农转非"热早已冷却，而"非转农"由于涉及地权的再分配，已是阻力重重。此外，我们注意到，他的住宅并非位于道路两旁，但样式却是门面住宅一体的结构。个中缘由为何？他解释道，按照原来的规划门前是通道路的，但现在改了。我们猜测，是否还有另一种情形呢？就是他把住宅修成带门面的结构，如果新建的道路从此经过，那么他的住宅就成了临街门面；就是到时因"挡路"而被政府征收，那么征地补偿的价格无疑也会高许多。就这位村民给我们的"活泛"印象来看，他应该不会对这种规划有如此的误判。也就是说，可能的情形是：他在打听到规划新建的道路要在此地通过之后,就抢先在这里修建了这种带门面的住宅。他的如意打算是:一是可以成为临街的门面兼住宅从而方便做生意,二是如果被政府征收也可以获取高额的征地补偿费。可没想到的是,在他将这种住宅修好之后,政府的规划改变了,也即规划的道路不从他建好的门面住宅这里经过了。于是,我们猜测这种情形是该农户有意而为之,但结果却未能如其所愿。

看来,上述事项中的产权确认更多的是按"个体化"规则而进行的,但有趣的是,这个在"个体化"向度上走得最远的地方的"集体化"规则不仅未泯灭,而且与"个体化"规则相互交织和共同作用。据上面提到的那位"划地安置"后经营粉店的老板讲,他是 1995 年由外地搬迁至此的,搬迁的理由是想让为其独子在这个镇子上一个户口。这户农家原是附近的山民,在那里,集体化时代有着一个 80 多人的村子。农村改革后,许多人因各种原因陆续下山谋生了,只剩下一户做木材生意的农家,以及一些行动不便的老人没有搬迁了。在这种情境下,村民的份地还是"物归原主"的,只不过有些农地被废弃后长成了树木,这些树木自然也归原来的农户所有,而且,这里的土地自 1980 年分田到户后再未"动"过。他告诉我们,1995 年他花了两三千元买下了民建村里的一分地,凭此给儿子上了本地户口,这样,他儿子就成了村里人了,也因此,就有了集体成员资格。让他儿子转变身份的这一分地,是村里一户农家的小孩因为考上大学,"农转非"而退回村里的。据他讲,村里把这一分地转让给他是经过该村民小组全体成员同意的,也即家家户户都是签了字,盖了章的。而后,村里将这两三千元土地转让款均分给了"组上"的每户农家。在我们看来,且不论这样一种土地转让的手续是否完备,就"经过村民同意"和"转让款均分到户"而言,这个过程充盈着浓厚的"集体化"味道。如果将这种"集体化"味道含意着的规则,与后来的"划地安置"含意着的"个体化"规则相关联,就是一幅"两种规则"共存一体和交互作用的图景。

需要指出的是,湄潭农村由于自第一次分田到户后再未"动"过地,"土地分化"是比较严重的。对于这一点,上述那位曾经担任过村民组长的朋友告诉我们,他所在的村民小组至少有 70% 的农户有"动"地的愿望。我们注意到,这里的农家大都有着两个或两个以上的孩子,一户人家有五六个孩子的也不少见。37年不"动"地,"土地均化"之景象已不在了。这种情况在我们去娄山关调研时,在景区摆摊的一位农妇那里也得到了印证。她告诉我们,她家有九口人,两个老人、两夫妻、五个孩子。其中,两个大点的孩子在外打工,三个小点的小孩在家读书。这九口人而今只有三份地。这三份地就是:两位老人两份地,他老公一份地。她本人是上世纪80年代初分地以后嫁入的,故而没地分,她的五个孩子自然也没有地。她还告诉我们,这里的林地有集体的,也有分到户的。景区征地的补偿款发放遵循这样一种规则:征谁家的承包地,就补给谁;征集体的地,则大家均分。至于谋生途径,则是下面一幅图景:脱离土地、外出打工谋生的年轻人,这里也和其他农村一样越来越多;山上山珍颇多,山珍采集亦是谋生之道;"娄山关"名声在外,景区建设"按部就班",经营"农家乐"和山珍特产也是"活人"之道。这或许意味着,当地多数农民亦愈来愈脱离土地,不再依赖种地为生了。故而,对于"土地分化"的担忧,这里的人们没有某些局外人想象的那么焦虑。

16. 外婆的洪门堂及其三次动地

（湖南省湘乡市翻江镇，2017 年 1 月 31 日）

每当听着意境优美的"外婆的澎湖湾"这首歌时，就不禁让我想起那魂牵梦绕的外婆的洪门堂。外婆是中国最后一代缠足女人，她那双步履蹒跚的小脚，是孩童时代的我感知新旧两个中国社会变革的象征物和标志品。对于幼年时的某些往事，我记忆颇深。至今都清晰地记得，第一次去外婆的洪门堂时，是大舅一根扁担、两个箩筐吱吖晃悠地担着我和弟弟一边一个走在中秋时节的田埂上的爽景；还记得，外婆来长沙小住时，我不慎掉入街边未盖的有着齐人高臭水的下水井，爬上来后担心母亲责骂，只好背着她无助地向外婆求援时的尴尬。也许，自从湘乡出了个曾国藩之后，这一片地方就开始"人杰地灵"了。在我的印象中，外婆总是那么勤快、精明和爱干净，这几点，母亲及她的三个姐姐就得到了不同程度的真传。听老辈人讲，外婆和在我出生时就已亡故的外公并非洪门堂本地人，他们都来自距此地几十里外的桥头河廖家大屋。由于桥头河那一带人多地少，新中国成立前，无地但有手艺在身的外公便带着全家人来到洪门堂谋生。应该说，他们是很早的一代"离农人"，只不过，他们虽然在职业上离了农，但安身之处并非离开农村到了城市，而是从一个农村到了另一个农村。正因为如此，土改时，"上无片瓦，下无插针之地"的外公一家，凭借着贫农身份是均分到了土地的。这意味着，他们除了靠手艺吃饭外，也可以靠种地为生了。这样，他们从离农人口又回到了"秥农"人口，在这种"轮回"中，外公一家的身份又变回了常识中的农民。对此，或许我那早已过世的外婆从未想过她的外孙会在天命之年提起这些往事吧。

农民与土地有着天然的关联，这种人地关联在不同时代有着不同的内涵，但也有着相同的特征。"人多地少"这个特征,历来就是制约中国及其农村泥泞前行的关键"瓶颈"。以"均分"为确权特征的土地革命和土地改革,在打破这个瓶颈的"政治局限"的同时,也衍生出了土地经营"零碎化"和"分散化"的"经济局限"问题。国家通过"行政化"的集体化,也即通过"去私有化"的集体化来化解这一问题,但由于农业组织的外部性效应,以及监督成本和交易成本奇高,最终不得已而放弃。伴随着这种放弃,以农地再确权为主要特征的农村改革开始了,这就是家庭承包或者分田到户,也即是通过"去集体化"的个体化来化解这一问题。这似乎也是一种"轮回",但这种"轮回"的始点和终点,除了土地经营"零碎化"和"分散化"等经济内容之外,其政治内涵并不在同一个层次上。因为,从互助组到初、高级合作社再到人民公社,是"去私有化"的集体化,而农村改革含意着的"再确权"却并非"再私有化",而是"去集体化"的个体化。这即是将纯粹以"人"为单元的集体化确权,转换到了它与以"户"为单元的个体化确权的交互作用状态。这意味着,这种确权方式并不是"非此即彼"、"非左即右"或"非社即资"的,而是位于有着张力的上述两者之间的某种不稳定的均衡状态。况且,由于集体化本质上属于共有化,所以它的真实情境,应当为在国有化的制度环境下有着共有化和私有化的双重因子,从而归属于介于共有化与私有化之间的个体化模式。我总以为这种中间模式是一种复杂状态,不可以简单观之。

大年初三,去满舅家拜年和村域调研一并进行。洪门堂也即而今的洪门村的这种"去集体化"的个体化农地确权,自农村改革以来总共有过三次,之后就再未"动"过地了。第一次是在农村改革初期,也即 20 世纪 80 年代初;第二次是在 1989 年;第三次则是在 1996 年,也即为"二轮延包"的时候。其中,首次和末次属于全国农村的一致行动,中间的这次只是在县域范围内进行的。也即是说,虽然首末两次有着国家规制的意味,但它们加上中间这次都是县域规制、乡村执行、以组为基础按人均分到户的,遵循的都是以个体化为取向的集体化规则。需要指出的是,在行政关系上洪门村隶属于岐山片,而岐山片与相邻的桃林片、大乐片则隶属于而今的翻江镇。这三个"片"的由来是:它们在公社时期是名称相同的三个人民公社,公社解体后改为名称相同的三个乡,再后来,在 1995 年的"撤乡并镇"中又改为名称相同的三个片,这三个片总共下辖四十七个村及两个居委会。之所以指出这种行政变迁,是因为公社时期建构的行政框架及其制度要素,始终是往后当地乃至全国农村历次农地确权赖以运行的规则或轨道,其中的某些成分,如果有些出入,那亦是源于公社时期的框架及其要素的制度变形。或者说,历次农地确权的规则,总是可以在公社的架构中找到它们的依据或影子。

譬如:当地第一次"动"地时,县里派了三位干部分别驻点指导上述三个公社也即岐山公社、桃林公社、大乐公社的"分田到户",公社和大队、小队的干部则全程到位和负责执行;1996 年的第三次亦是如此,1989 年"县改市"时,市里亦派了三位干部下片驻点,指导 1995 年"乡改片"的三个片也即岐山片、桃林片、大乐片的"二轮延包",片区干部和村组干部负责执行和协调。这种做法显然与第一次有着异曲同工之处,也即它是以公社时期形成的行政架构为基本轨道的。此外,这两次"动"地之所以有这样一种"阵势",显然是因为这种治理行为含有国家规制的意味。1989 年中间的这次与上述首、末两次的区别,主要在于县级市没有派干部下乡驻点,而是由乡政府自行主导的。不过,由于邻近的乡都搞了"小调整",也就可以判断出这种"小调整"一定是有着县级市的指示的。这三次"动"地的核心规则,就是以组为单位进行,也即是先统计出全组的土地总数和有集体成员权的人口总数,再算出全组人均土地数,又以每户农家有"地权"的人数乘以人均土地数,就可以得出每户农家应分的土地数。但其中也会有些小变化,对此我会在后文适当之处指出。后两次与第一次"动"地之规则的相异之处主要有二:一是"该出的出,该进的进"。农户人口和农地数量,都会随时间的变迁而变化,也即随着时间变迁,会发生"生增死减"和户口出入等因素变化会导致人口变动,村级道路修建和城市化征地等因素变化会导致土地减少,所以人口数和土地数都不是常量而是变量。这样,第一次"动"地的均分结果并不可能一劳永逸。于是,在地方规制和集体化规则的约束下,后两次"动"地就须分别以前一次"动"地的结果为依据,再结合上述两个变量的"时点值"予以调整,用以达成"再均分化"的愿景。也即占地多的农家要将多出的土地退回"组"上,这样,占地少的农家就可从"组"上"进"到与之相适应的土地。二是该地改革后的第一次"动"地涉及水田、旱土、山林三种土地，而后两次则只"动"水田、未"动"旱土和山林。这也许是因为，"动"地会触动农民的命根，"动"起来很麻烦，但水田是这三种土地中农民最为看重的，人口的变化使得它又非"动"不可。故而，这种"小调整"可以视为上述两种情境交互作用和互动均衡的结果。

再以满舅家和大舅家为例，尽可能细致地阐释上述三次"动"地中的农地产权之确认变迁。不过为简便起见，下文中地权的数据和情况仅指水田，未涵盖旱土和山林。

满舅家在农村改革后的第一次"动"地时，有五口人，也即满舅两夫妻及其两男一女三个子女。但这五口人只分了四份地，人均份地 0.93 亩，共 3.72 亩。五口人只分了四份地，是因为满舅没有集体成员权，故而没地分。满舅年轻时参过军，也曾是一名军官，后来从部队转业到了当地的邮电系统工作。按当时的规则，参军、考学和提干是"农转非"的三条路径。而一旦"农转非"了，则意味着"跳跃了农门"，身份随之转变，成了那个时代令人羡慕的"吃国家粮"的人，但同时也意味着集体成员权和农地权利的自动丧失，亦即"农有地、非农没地"。再后来，满舅从部队退役后并未如士兵一样复员回农村，也即是说他业已丧失的集体成员权及农地权利在退役后并没有自动续上，其间的判断标识是户籍之处。由于他转业后是城镇户口，所以没分地在情理之中。这种规则在公社时期几乎已成为常识，也是至今仍在运行的集体化规则中"农与非农"之转换的规则来源。在 1989 年的"小调整"中，由于"组"上的人口增加了，人均份地就降到了 0.9 亩。按规则，他家应退回 0.12 亩。但满舅家在这次"小调整"中并未"动"地，也即还是原来的四份地，共 3.72 亩。之所以如此，或许是因为需要"动"的地数很少，再加上满舅转业军人的声望及"人好"的口碑，"组"上其他农户对此也就乐见其成吧。但在 1996 年的"二轮延包"中，满舅家的"地权人口"就有了大的变动：女儿考上大学毕业后分配在县级市工作，小儿子也顶替父职"农转非"了，这两个户口的迁出意味着户内两份地权的丧失。然而，大儿子婚后却给这户农家"进"了三份地权，也即媳妇一份、两个孙子各一份，这样，满舅家的地权就变成了五份。受本组人口持续增加的影响,这时"组"上的人均份地只有 0.83 亩了,但他家却因地权的"出二进三"增加到了 4.15 亩。这也意味着,满舅家 1989 年"应动而未动"而多出的 0.12 亩地,在 1996 年的"动"地中被"平"掉了,也即他家最终并未占"组"上其他农户的便宜。此外,由于修公路征地的缘故,村上要求满舅家所在的三组划出七分地给相邻的四组,但由于四组的水田不如三组的好,三组的农户认为从四组"进"同样数量的田肯定会吃亏,所以没人愿意"出"地。这时,满舅家主动应允了此事,"出"了七分地。村上为表彰也是为平衡,就从四组"调"了八分地给满舅家。这样,满舅家在第三次"动"地后的承包地为 4.25 亩。

大舅家的情形则是另外一番光景。在 1980 年初的第一次"动"地中,他家有十个农村户口,也即大舅两夫妻及其五男两女七个子女,再加上老二媳妇共十人。依照当时"组"上人均份地 0.93 亩的数据,可以推算出,他家共分有承包地 9.3 亩。在 1989 年的第二次"动"地中,这户农家的"地权人口"则变动为 13 人,也即大舅两夫妻,老大两夫妻及一个男孩共 3 人,老二两夫妻及一男一女两个孩子共 4 人,老三一个人,老四两夫妻,老五一个人。这即是说,他家有 5 个新增人口需要"进"田。与此同时,大舅的两个女儿当时已出嫁,她们的份地自然要退回"组"上。这样,他家的"动"地格局就是"出二进五"。"出二",是指两个"出嫁女"的份地要"出"户,也即她们在第一次"动"地时分到的两个 0.93 亩共 1.86 亩的份地,要退回"组"上;"进五",是指五个新增人口的份地要"进"户,也即第一次"动"地没有分地的两个媳妇以及两个孙子和一个孙女,要从"组"上"进"地。但这次"动"地的原则是"大稳定、小调整",不是"打乱重分",所以"进"地的规则是:在原有份地不动的基础上,再根据"地权人口"的变动予以调整。而这种调整,首先是分别统计出全组在这次"动"地中应当"出"户的土地数和全组需要"进"地的人口数,再将两者相除得出这次调整的人均份地数,而这个人均份地的数值,当时是 0.54 亩。这样,大舅家"第二次"总的"动"地情况就是:"八个九分三的"加上"五个五分四的",共 10.14 亩,比第一次"动"地时增加了 0.84 亩。尽管如此,这也意味着,在第二次"动"地中,他家的田亩数并未在"组"上拉平,因为"拉平"的算法是:13 个"地权人口"数乘以全组人均份地数 0.9 亩为 11.7 亩。这样说来,他家在这次"动"地中是少"进"了地的,而应"进"而未"进"的田亩数为:应分的 11.7 亩减去实分的 10.14 亩为 1.56 亩。但在 1996 年的第三次"动"地中,这种未均分的情形就被拉平了。在这次"动"地中,大舅家的人口没有太大变动,只是老四家多了一个儿子,这样,他家有地权的人口就由 13 人增到了 14 人,依照此时的全组人均份地数 0.83 亩计算,确权于他家的土地变为 11.62 亩。这个田亩数比第二次"动"地时确认的 10.14 亩多出了 1.48 亩。其中之缘由,既有他家人口增加的因素,亦有"第二次"因少"进"而这次拉平的因素,还有全组人口增加导致的人均份地减少的因素。也即是说,这个结果是上述三种因素共同形塑的。

从中可以看出,农地确权尽管受制于集体化规则与个体化规则的交互作用,但是在既定的制度框架及其构成要素的互动均衡中,农民对于自己"命根"的确权,总是能创造出使他们自己都能接受直到满意的办法。

17. 洪门村的农地流转和农地征收

（湖南省湘乡市翻江镇,2017 年 4 月 6 日）

了解农村土地使用现状,以及农村土地流转与农地征收的真实情况,到乡村实地调研是获取一手资料的必要途径。因为调研时间难得,借此次清明节放假,2017 年 4 月 2 日,我们一行来到湖南省湘乡市洪门村进行实地调研。此次前往洪门村调研,我们打算不放过任何一个可以获取当地情况和相关资料的机会。为了保证调研顺利进行,我们在 4 月 1 号下午进行了一次沟通,包括确定调研的主题和目的、访谈需要弄清楚的问题等,另外还安排了食宿和调研具体日程等事项,并且为受访农户准备了一些纪念品。

4 月 2 日早上 9 点,我们从预定的会合地点准时出发。本来预计 2 个小时就可到达,但由于清明节放假,拥挤的出行车流让我们辗转了 1 个小时才出了长沙城,也因此比预计晚到了 1 个小时。中午 12 点左右我们到达了此次调研的目的地——湘乡市翻江镇洪门村。连绵几周细雨之后,这里迎来了难得的晴天,这就极大地方便了我们下乡走访农户。

到达洪门村后,我们直接到了预先联系好的村支委廖小兵家里,并且借住于此。此次调研主要由他带我们走访农户,两天时间一共访谈了 5 户人家,包括退休的村支书、两位种粮大户以及被征地较多的两户村民,初步了解清楚了他们的收入来源、农地流入和流出情况,以及农民对农地流转所持的态度等问题。对于这些情况和问题,且让我们徐徐道来。

首先,吃过主人家准备的丰盛午餐,以及在商量完相关访谈事宜后,我们一行四人去往最近刚退任的村支书家里。通过与他的交谈,我们了解到,现在的洪门村由老洪门村、园梁村、园艺村三个自然村合并而成,全村人口共计

2400 人,600 余户。老洪门村水田 960 余亩,旱地 110 余亩,山地 800 亩左右。当地农民大多外出打工,其家庭收入主要来自农外而非农内,农业对于农民的收入来源而言只是作为一种补充性产业存在而已。当地农地主要以小规模流转为主,流转面积超过 50 亩的农户只有两到三家。一直以来,这里的农地流转大都是采取口头约定的形式,而且相当多的是以支付实物作为补偿;少量有书面协议的则多以不高于 600 元/亩的价格转出。这里还有一部分农户不愿流转田地,其原因或许是嫌租金少,或者是其他。对于土地征收,这位退任支书说这里的土地征收原先的价格是 3 万到 4 万,现在是 5 万,征地补偿款直接发放到被征地的农户手中。但部分村民对于土地征收补偿格局并不满意,曾进行阻工活动。之所以出现这样的矛盾,主要是因为补偿价格区域不平衡,而由农地征收所引发的次生问题也是发生矛盾的原因之一。我们发现,一谈到洪门村的土地产权及诸多事务的治理现状,这位退任前支书就把头摇得像个拨浪鼓似的,直讲"搞不好的",但又不肯详细说明究竟是什么搞不好以及为什么搞不好。看得出,他似乎有难言之隐,又显得比较烦躁。见此情形,我们识趣地和他寒暄几句,便告辞离去。

晚饭后,廖小兵把全村两个种田大户中的一户请到家里与我们进行了两个多小时的交谈。这位受访者 50 多岁,看起来精瘦健康。他自家的水田有八分五厘,2016 年流入 8 户人家的水田共 37 亩,2017 年又打算流入 11 户共 51 亩,但其中有 10 亩他尚不能确认别人是否一定愿意给他耕种。为了细致分析并发现问题,首先,我们询问他流入每户农家的土地亩数情况,盘点后发现他流入的土地数为 44.3 亩。这个数字出现差异,可能因为两个原因:一是他自己估算的流入亩数,使用的是土改时确权的老数据,这种数据由于年长日久没有勘察更新,自然存在误差;二是因为每户农家的承包地在流转出去时,流入户会根据流入土地的质量好坏而计算其"截面积",也就意味着将土地面积打折计算。这样一来我们发现,第一,该村子山地、坡地较多,使用航拍方法无法准确测量土地面积,引入人工方法又成本太高,所以该村农地长久未能被准确测量,土地边界模糊,想要重新准确测量土地面积是一大难题;第二,种田户的实际耕种面积还是来源于土改时确权的老数据。

然后，我们对其土地的流入规则以及亩产收入等情况进行了询问。第一，该种田大户表明自己流转土地没有合同，都是乡里乡亲间的口头协定，也就是大多数土地流入户并不太愿意使用书面的流转合同；第二，他声称自己流入的土地必须是成片的，流入时间一般为3—5年；第三，该种田大户采用机耕和牛耕相结合的方式耕田，有机耕路就采用机耕加牛耕，这样可以提高产量，不方便机耕的地方，就只能用牛耕，还有就是他只负责耕种，不负责收割；第四，流入的土地每亩每年给对方100斤谷作为租金；第五，这些土地只种水稻，采用的稻种为"4418"，用插秧的方式，且每年只种一季，期间会打一次农药，50亩的耕种成本大约有3万，每亩的纯利为300—400元；第六，对政府出资修建的灌溉水渠，他表示很好用，计划来年再流入70—80亩水田。作为本村流转大户，他并不知晓政府是否有补贴。第七，在被问及为什么不采取一年种两季时，他说，早稻产量为600斤/亩，晚稻产量为1200斤/亩，种两季成本高不划算。此外，在问为什么不种植其他作物时，他表示除了水稻就只知道种油菜，但因种油菜并不赚钱而且没有销路，所以只能选择种水稻。我们追问，种田这么辛苦，赚的钱相对于打工又少很多，那为什么不去打工呢？他说："打工是赚的多，但不自由，现在的年轻人都不种地了，村子里的年轻人都出去打工了。"我们又问："除了种田您还有其他收入吗？儿女怎么看待您种田的问题呢？"他说："有啊，我还有副业，就是收废品"。他还告诉我们，村里有户农家的在外打工的儿女就表示：儿女可以供养父母，父母就不用种田了，如果父母种田搞坏了身体还会拖累儿女。

根据上述访谈，我们认为可以改进的有以下几个方面。首先，流转无合约，建议形成合约形式，向规范化靠拢；其次，尽量扩大规模，种植成了气候，才有可能争取到政府的补贴；再次，尽可能不要打农药，采取绿色天然套种模式，比如水稻田里养殖青蛙、泥鳅等价值高的产品；又次，尽可能引进除水稻外的种植或养殖技术，提升市场化的理念，寻找销路；最后，农业是很有前景的，强调这个方向没有错，要慢慢形成现代化的监控管理模式，走向"农场+合作社"的更加科学的发展模式。

4月3日一早起来，我们又访谈了该村的另一位种田大户。他表示家里有 4 亩水田,按肥料成本估算去年共耕种了 62 亩。但经过我们一一盘点,发现他共流入了 35 户人家的水田,造册数字为 105.05 亩,这再一次显示了测量数据与实际耕作面积的差异,也再一次表明该村的农地产权界定不清晰。而对于农地流转规则,该种田大户向我们反映了以下七个要素:1. 口头承诺、无合同,他表示想要书面合同也容易做到,只是没这个必要;2. 流转期限只有少数约定十年,大部分为一年,这是因为这些农户担心外面工作不稳定,要为自己留条后路,正因如此,他流入的土地几乎每年都会有换租的;3. 对于流入的土地,他负责耕种并收割,但不负责管理,其中有 2 家土地流出户为保证自己的口粮(因为种一年可吃三年),到第四年才会再次流转出去;4. 对于该地的农地流转,大部分的口头承诺都在秋收后春节前达成;5. 他家里有犁田机和收割机,但因土地不成片,机械化耕种比较困难;6. 他表示,就有关政策而言,当地政府的政务公开不到位,尤其是不透明;7. 农忙开始前,若有农户愿意流出土地,他表示非常愿意转入,也愿意签订书面合同。

4 月 3 日晚,我们先后访谈了两户被征地较多的农户。其中的一户农家反映,2012 年以来,当地开始征地,征地补偿的标准是:水田为 34650 元/亩,旱地是 1 万多/亩,再补偿一年的青苗费 2000 多元。这与上文中退任支书的描述相符。但对于征地中存在的问题,他表示:一是征地的补偿款标准不一样,征地早的只给土地补偿款,而现在征地不但给土地补偿款,而且每人还要补偿一部分;二是第二次征地时他的农地被划到征地红线内,但他不愿意自己的承包地被征收。另一户农家虽然对补偿标准没意见,但他的不满是:(1)建高速路没有处理好排水问题,导致洪水流入他家水田;(2)高速边的水塘的塘基被破坏后没有修整完善;(3)修高速路建有涵洞,导致他不方便上山种地。不过,他所反映的问题并没有得到有关部门的回应。

我们觉得,农村调研需要调查者懂得不同的方言,以便询问关切的问题。尽管这个过程有些枯燥,但只要细心地观察和思考,找到真实的问题及其原因,就会发现其中的有趣之处。

18. 凤形村、青狮村、长乐村的 农地确权和农地流转

（湖南省汨罗市三江镇，2017年5月7日）

2017年4月29日上午，我们组成调研小分队到达汨罗市三江镇，受邀在李梅同学家吃午餐，受到其家人的热情款待。在与其家人的交谈中，我们了解到了许多当地农地确权和农地流转的情况，并且决定在去长乐村调研之前，先了解凤形村的相关情形。

下午一点，调研小分队分成两组，对汨罗市三江镇凤形村9组和12组的农地确权和农地流转情况进行了调查。两组成员分别走访了许多户村民，每一户村民都热情地以当地最具特色的茶（含芝麻、姜、花生、茶叶等）相待，村民得知我们此次前来调研的目的，都非常耐心地回答提出的问题，也相当支持此次调研活动。为此，我们希望这次调研能够真正帮助到他们。

第一组成员在进行问卷调查的过程中，通过对农户的回答进行分析，发现部分村民对"增人不增地，减人不减地"的政策有意见，认为是不合理的。其中有些人表示他们一直都没有分到田，比如一对夫妇结婚十年了却一直都是无田户；也有村民因为土地纠纷没有分到土地，不知如何反映诉求；还有村民觉得上头政策是怎样的，他们遵从便是；等等。诸如此类的问题在调查过程中发现很多。

第二组成员在与受访村民的交谈中得知，凤形村现已与其他村合并成花桥村。对凤形村12组部分村民的访谈主要包括两个方面的内容：一方面是关于土地确权问题。调查中了解到，该村的土地还是20世纪八九十年代确权的，至今总共调整过两次。土地调整是以组为基础、以村为监督的。据说每五

年有意调整一次,但并不成功。其原因如下:一是已分到地的村民不愿将自家的土地分出去;二是有些村民在原本确权的土地上修建了房屋,不愿拆迁;三是未确权到户的土地被村上修筑的公路所占据。此外,据村民反映,村民与当地的某塑料厂因某种原因产生了土地纠纷,这种纠纷至今尚未得到解决。另一方面则是关于土地流转的问题。访谈得知,村中一部分农户保留田地自己耕种,但耕种的成本偏高,种子、化肥等需花费两百多,铁牛耕地花费两百,犁田机器则需花费三百,耕种的收益甚少。在这种情况下,一部分农户将田地流转给种田大户或小型农户,流转给种田大户的价格为 200 元/亩,流转给小型农户的有些未曾给任何形式的补助,有些则给一定数量的稻谷或大米。比如凤形村 12 组除自己耕种的农户外,少部分农户将土地流转给了自己的亲戚耕种,其余大部分农户将自己家的土地流转给了一位叫黄中铺的种田大户。在村民的联系下,调研小分队第一组的成员随同本人一起到这位种田大户家中进行访谈。

黄中铺家有四人,共承包有两亩多水田,人均七分左右。由于该村自上世纪九十年代调整过一次土地后再无变动,因而他的一对儿女未曾分到土地。他家除水田之外还有少量山地,基本无旱地。在初步了解黄中铺先生家里的基本情况后,我们开始询问一些有关流入土地、生产种植以及农业收入等方面的问题。他说:"距今为止流入土地已有十来年了,第一年流入四五十亩水田,流入价格为一年 200 元/亩,且流入的亩数逐年增加;所有水田种植杂交水稻,一般只种植两季水稻,即早稻和晚稻,因为种植两季水稻才有钱赚;早稻和晚稻的产量差不多,亩产均有 1200 斤,但是早稻的价格比晚稻少 10 元左右。到 2016 年共流入 117.5 亩水田,水田仍旧全部种植早稻和晚稻,并无其他套种,纯收入大概是每年 11 万—12 万元;今年又增加三四十亩水田。"

黄中铺家耕种的水田主要是从同村不同组的村民那里流转来的,所流入的水田都未曾与农户签订书面合同,均是口头协议,并且流入的水田大都没有明确的流转限期,就是说流转水田给他的农户可随时收回。他所有流入的水田均有一个特点,即都在他自家的水田附近,与自家水田隔得远的和分散的水田他均未流入。对此他解释说,连片的水田易于管理和机械化操作。此外,他还展示了一份2016年各流入户流入的具体数据,但这些数据均为土地改革时期所测量。据说政府会对种田大户有所补贴,尤其是对家庭农场或者专业合作社,条件是流转100余亩水田,一年补贴3万多元,还有就是双季稻每亩每年补贴100多元。但因多方原因,黄中铺既未办下家庭农场也未注册成功农业合作社。不过自流转土地以来,他也得到过政府补贴,例如2014年为13000元、2015年为7800元、2016年为8400元,而这些补贴似乎有逐年减少的趋势。黄中铺还谈到了凤形村的土地格局,即该村的农地多为水田,水田均平坦且连片,其中第8组和第12组的水田便有一百六十亩,而只有少量的山地和旱地。

晚上九点半,李梅的父亲邀请长乐镇青狮村大户黄求安来到家里,我们对他进行了采访。在采访过程中了解到,长乐镇青狮村对于合作社、种田大户、家庭农场的划分标准是:合作社一般是需要拥有100亩以上的农地;家庭农场一般是需要拥有20—100亩农地;种田大户则只需要达到30亩以上便可。进而,黄求安先生还对青狮村的基本情况进行了介绍:青狮村合并前有3700多人,共有2200亩水田;合并后变成6000多人,但他尚不能确定总共有多少亩地;青狮村的行政结构是村下设立片长,片长下辖管理组,黄求安先生任组长,他所管辖的片区大约有1400人。

作为合作社的五个合伙人之一,黄求安还给我们介绍了合作社的具体运营情况。青狮村合作社于2015年注册,2016年开始起步,共有864亩农地,到2017年达到900多亩,其中800亩左右的水田种双季稻,200亩左右的水田种一季稻。合作社进行土地流转时,与其关系好的不签合同,而是采用口头约定的形式;与其关系一般的则签合同,但并非直接与农户签约,而是每年以组为单位跟组上签,合作社直接把钱给组上,由组上按340元/亩分发给每户。合作社签合同的期限一般为1—5年或3—5年,而且会在每年春节期间与组上商谈来年要不要继续流转的问题。对于如何确定土地的数量和质量,该合作社有自己的方法。首先,对于田地数量,合作社会查勘组上打包来的所有田地加起来的测量数和账本数目是否相符,如不符,合作社则采用新型仪器重新测量,土地的数量以合作社测量的为准;其次,对于田地质量,合作社将其按成熟度分为 4 成、5 成、6 成、8 成、10 成五个不同的等级，不同等级对应不同价格。一般而言，旱地的成熟度最差，一般水稻田的成熟度较好，深泥水稻田成熟度最佳。不过，合作社去组上流转土地时是不分成熟度的，都是按 4 成算价钱，组上分钱到户时才会按成熟度分。此外据黄求安讲，合作社会对村上人口变化带来的农地确权变化做出详细说明。比如：去世的人和出嫁的人的承包地会收回来重新分给新出生的人；没人去世或出嫁则意味着没有多余的田地可分，那么就出生一个补 100 元。他还反映：他们片区 80% 的人都认为土地要及时调整，认为"增人不增地，减人不减地"的政策不怎么合理。最后，黄求安先生还道出了很多人不愿意发展合作社以及大户的原因。在他看来，这种情况主要是因为市场价格打不开、抑或自己找不到市场、或者种地太辛苦且没钱赚等原因导致的。而且，他以自己的合作社为例来说明。该合作社在去年除去早晚稻 100 元/亩、一季稻 30 元/亩来计算的政府补贴，去年亏了 3 万—4 万。这主要是因为劳力工资投入较大，有将近 9 万多元。同时，他还听说将来政策会变化，也即将来土地会归合作社管，取消大户。

次日上午 7 点 30 分，调研小分队来到长乐镇的汨长驾校，访谈土地流转大户汨罗大垅专业合作社。接待人是汨罗大垅专业合作社的董事长周迈辉女士以及她的先生黄凤仙。汨罗市长乐镇镇长郑义曾与我们介绍过这位巾帼不让须眉的周迈辉，也即在周迈辉提出要办大垅专业合作社的时候，镇长就明确提醒她可能会遇到各种困难，而且如果没有发展好，极有可能血本无归。当时周迈辉是这么回答的："这个地方是我生长的地方，我如果在这投了资、没赚钱，也没关系，我请了群众在这里做事，他们赚了钱，就是我赚了钱。"在合作社发展起来后，周迈辉领导的大垅专业合作社为振兴当地乡村进行了投资，开展了农村绿化、卫生、路面硬化、电力整改、宣传画和标语等一系列基础建设。汨罗大垅专业合作社的宗旨，是使资源能够得到充分利用，带动当地的村民富起来，从而带动当地经济的发展。

这家合作社之所以取名为大垅，是因为佑圣村（现合并为长乐村）原本是一个名为大垅的生产大队。汨罗大垅专业合作社在省里立项后，省里拨款 50 万元支持其建设。经过努力和探索，目前汨罗大垅专业合作社所走的道路既非集体化也非个体化的,而是合作化。也即它靠的是资本力量和市场带动,而不是靠行政带动,在某种意义上不同于贵州塘约道路,因为塘约道路是由农村党支部领导和政府推动的走集体化道路的初步模式化的典型。据周迈辉提供的数据显示,长乐村第8组、第9组、第14组这一片的土地(包括水田、旱地、林地)全部加入汨罗大垅专业合作社;第10组、第11组、第12组只有水田加入合作社;邻村50%—60%的水田也加入合作社,总共为200亩旱地,1600亩水田以及500—600多亩林地。为充分利用这些土地,这家合作社现今建有五条产业链。一是上半年在400多亩水田里种黑、红、白三种糯米一季稻,用以发展甜酒产业;二是下半年在400多亩水田里种油菜,既发展菜籽油产业又发展三月份的油菜观光产业;三是种植600多亩的双季稻(原计划种800多亩)和600多亩再生稻,用以发展大米产业,其中再生稻处于试点中,因为受地理位置影响,去年的试种并未成功,对此周迈辉表示,如果今年再生稻收成效果仍旧不好,将改种一季稻和双季稻;四是建立200亩的大棚蔬菜基地,用空架大棚种植反季节蔬菜,发展采摘产业和蔬菜产业;五是山上500—600多亩林地的林业开发,发展旅游业从而带动住宿和餐饮行业的发展,其中用13亩林地来进行花卉种植,争取建成春有色、夏有荫、秋有果、冬有草的观赏产业。

尽管同是土地流转,但汨罗大垅专业合作社与凤形村十二组种田大户黄中铺以及青狮村种田大户黄求安存在很大的差异。首先,黄中铺是直接与农户以口头协议的方式来流转土地的,而大垅农业专业合作社则是采用签订书面合同的形式。还有,针对同意以组为单位打包土地的农户,这家合作社直接同组上以集体的名义签订合同,农户间的具体分配则由组上决定,这和青狮村种田大户黄求安的土地流转方式类似。对于个别没有被组上收拢土地的农户,这家合作社则直接与农户以私人的名义签。一般而言,两种形式都是签订5年的租赁期。其次,黄求安是直接支付租金来流入土地,而汨罗大垅专业合作社则是以入股的形式来合作的,且采取先入社后入股的原则。这里的农户有两种入股方式:既可以选择资金入股,直接以500元/股来计算入股;也可以田地流转的租金入股,也即农户310元/亩的年租金可以不领走,权当作股份形式入股,同样以 500 元/股来计算。再次,农地确权的完善程度不同,也即汨罗大垅专业合作社对此进行了很好的处理。据周迈辉讲,土地承包 30 年不变,以及"出嫁不减地,新生不增地"的政策,让当地许多村民感到心理不平衡。大垅专业合作社配合组上对土地进行了重新确权,这种确权遵循"地随人走"的原则,采取"增人增地、减人减地"的做法,从而增进了村域和谐度,也大大提高了当地农民的生产积极性。

此时访谈已进行了约 5 个小时。为更好实现"理论与实践相结合"的目标,助力乡村振兴和新型农村农业合作社发展,总结新农村建设多样化经验,湖南师范大学科学社会主义研究所和县域发展研究中心与汨罗大垅专业合作社达成共识,致力于推动新农村建设和新型集体化农庄建设。经双方协商,湖南师范大学科学社会主义研究所和县域研究中心与汨罗大垅农业专业合作社达成共识,签订了校、社共建的战略合作协议。

赴汨罗市长乐镇和三江镇的调研之旅,给五一小长假画上了一个完美的句号。我们发现而今农村大多都面临一个普遍问题,即农村常住人口中大多是"386199"人群,农村土地闲置与荒废的现象层出不穷,农村如何把这些"确权到户"的土地连接起来,形成集体化、规模化的大生产,如何调解土地确权到户与土地集中生产之间的矛盾,如何把土地种植传承下去,这是我们最为关注的问题,也是乡村振兴和新农村建设中的一大难题。此外,农村的土地政策调整引致的土地纠纷等问题也持续不断,而"增人不增地,减人不减地"的确权政策,已然造成了很多社会矛盾与土地纠纷。调查结果显示,大部分农户都认为"增人需增地,减人需减地"。如何调配土地,如何化解土地纠纷,如何做到在集体所有不变、承包制度不变和承包关系稳定的原则下,家庭承包土地随人口的增减而变化,这些问题,需要不断地深入农村去寻找、去发现,不断地去总结现有的实践经验,才能逐步建立起一套完善的乡村振兴和新农村建设理论体系。新农村到底该如何建设,乡村又该如何振兴,这条路还有很长,我们会"不忘初心,继续前行"。

19. 报母村和田茂农庄的土地确权和土地流转

（湖南省长沙县开慧镇,2017 年 5 月 19 日）

  湖南师范大学公共管理学院行政管理学系 2014 级本科生调研小组在历经近两个小时的车程后,于 2017 年 5 月 13 日中午到达长沙市长沙县开慧镇报母村报母组周洁同学家中,开始了正式的调研之旅。

  听闻此次前来是为了解土地确权与土地流转的相关情况,周洁父亲特意邀请了报母村报母组组长和周洁伯父两位知情人士来家中详谈。报母组组长告诉我们:目前正在搞"合村",老报母村与别的村合并为一个新的行政村,所以他对这个"新村"的情况并不了解。但老报母村有七个组,村上共有 900 多人口,900 多亩地,人均有承包地 1 亩左右,总共大约是两百多户农家。其中,报母组的人口一直没有太大变动,一共是 33 户,130 多位村民,130 多亩地,并且主要是水田,基本没有旱地。当被问及最近一次土地确权是什么时间,周洁伯父向我们展示了 1983 年的林地证、2005 年的林权证以及 1996 年的集体土地承包经营权证。组长和周洁伯父告诉我们,2016 年进行过一次土地航拍,确认了土地面积,但是还没有下发新的集体土地承包经营权证。在确认了报母组人口、土地和土地确权等基本情况之后,我们接着询问了报母组的土地流转情况。根据组长的描述,我们得知报母组有 11 户土地流出,也就是说,报母组大约有 1/3 的土地流转出去了,2/3 的土地是自己耕种的。流出的 1/3 的土地都是流转到本村的不同组,并没有流转到外村的情况。由于土壤肥沃程度、土质好坏和耕作便利程度的不同,流转土地的租金每年每亩 400—600 元不等。周洁母亲也说,在 2016 年之前,她们家的三亩多地是给近处的熟人耕种,没有收过租金,但从 2016 年开始,她家的土地正式流转出去了,租金是每

89

年每亩 400 元。

同时,我们还了解到了一些有关种田大户的情况。流转到大户手中的土地一般都是种植水稻,并且一般都是种植两季,而农户自己耕种的一般只种一季。除去 170—180 元/亩/年的国家直接补贴以外,种植两季水稻还另有补贴。报母组组长认为,政府给大户的补贴金额存在差异很正常,这主要是因为两季补贴属于地方政府管理,因此,这项补贴的操作相对于中央政府管理的"直补"而言是不透明的,由此存在很大的操作空间。对此,他觉得这很正常,谁不想多捞钱呢。我们觉得他所要表达的就是这个意思。关于土地流转的合同,农户与种田大户签订的是手写合同,但合同还在流入户手中,并没有发放到流出户手里。周洁伯父告诉我们,因为大家都是同村的熟人,而且土地是不动产,因此有没有拿到合同是无所谓的。他还说,合同是 2016 年在流入户的委托人家里集中签订的,由流入户与农户一对一签订。由于担心收成不好,怕亏损,种田大户提出流转期限定为三年。我们认为,三年也算是不太长的合同。这种合同至少要受两个方面因素的影响:一方面,合同期限与流转成熟度有关,也即流转成熟度如果按流转时间划分,时间越长,成熟度越高,时间越短,成熟度越低。像报母村,土地流转从去年才发展起来,流转成熟度属于较低的。另一方面,流转期限也与流入户的承受能力有关,也即流入户承受能力越强,流转期限就会选择得越长。另外,租地合同未发放到农户,其实也体现了熟人社会的一个重要特征,也就是在熟人社会里,口头协议的信用甚至会超过纸面协定的信用。

为进一步了解报母村报母组的土地确权和土地流转情况,调研小组于下午两点,由周洁同学领路,来到了报母村报母组的一名组员孙老师家。了解了调研小组的目的和来意之后,孙老师十分热情地招待了我们,并为大家提供了热气腾腾的茶水和自家烘焙的蛋糕。访谈伊始,孙老师向调研小组展示了自家的林权证。林权证上显示的登记时间是 2005 年,这与我们在周洁同学家看到的是一样的。在接下来的访谈中,孙老师十分耐心地对调研小组提出的每一个问题进行了回答。从交谈中,我们得知了孙老师家的土地变化情况。他家于上世纪八十年代初期分到田地,当时总共有四口人,一共分到了四亩多地,人均大约一亩多。后来,孙老师的民办教师身份转正,户口也就被转到了社区,与此同时,他的那一份土地也被收回到了村组。据孙老师说,他是四十岁那一年转的正,也就是四十岁那一年他的土地被收回,我们推算出是在1992年。接着,孙老师向我们讲述了报母村的分地标准和原则。他说,最开始的分地原则并非是按面积划分,而是按产量来划分。谈及此处,孙老师给我们打了一个形象生动的比方:"假如这块田产量是每亩一千斤,一个人分得这里的一亩地;而那个地方的田产量是每亩八百斤,那么一个人就要分得这里的一亩多地。"也就是说,对于高产的地,村民得到的土地面积要相应小一些,而对于低产的地,村民得到的土地面积就要相应大一些,总之,要使得农户所获得土地的产量基本一致。通过孙老师的讲述,我们也了解到了一些报母村报母组的土地确权情况。这就是:除了上世纪80年代初和1996年的两次国家规制的土地确权外,老报母村报母组在2016年还进行了一次土地确权。孙老师说,这次是政府派人来航拍农田,重新测量和确认了村中每户农家的土地位置以及面积。此外,关于政府补贴以及种田收入的情况是:2016年农田直补价格是170元/亩,而2016年以前农田直补价格要更低一些,具体价格是多少孙老师表示记不清楚了。现在孙老师家中的三亩多农田种植的作物是一季水稻,每年水稻产量大约是一千斤/亩,现在粮食的价格大约是124元/百斤。孙老师说,他家是请人做事,这样一年下来,纯利润大约是每亩六百元。当问及为什么没有流转给别人时,孙老师告诉我们,由于他家农田所处的位置不利于处理农事,所以没人愿意承包。他表示如果有人愿意承包,自己是很乐意的。

当问及对"增人不增地,减人不减地"政策的看法,孙老师并未直接回答,而是先向我们介绍了自己家的人地关系。他家现在总共有七口人,女儿出嫁,儿子娶了媳妇,并添了一名孙子,但家中的土地没有发生变动和调整,也即女儿的地没有退回去,新出生的孙子也没有土地加进来,家里现在还是三亩多地。1981年,国家实施责任制分田,并规定一定期限内不动地,但是过了那个期限,土地依然没有变。孙老师说因为这个不动地期限的缘故,村组上曾实施过"三年一大调,一年一小调"的政策。而且,当时组上留出了几亩公田以供灵活调整,但这些只在早期起过作用,到后来,因为村中农户有好田的不肯让出来,而差田又没人愿意要,导致越来越调不动。他认为,"增人不增地,减人不减地"的政策是很不公平的,人少地多的不愿意让出土地,人多地少的又没有新的土地入户进来,土地调整关系到不同农户的利益问题。我们觉得,孙老师对于"增人不增地,减人不减地"的看法实际上是基于自家情况而言的。因为几十年来,他家从四口人增加到七口人,但是土地却没有变化,他自然觉得这种做法很不公平,因而跟我们讲述的时候甚至情绪都变得激动起来。

下午四点左右,我们来到湖南田茂现代农庄发展有限公司,受到了农庄老板娘、当地中学教师夏红霞的热情招待。由于事务繁忙,她委托当时负责签订租地协议的林主任,也就是当时的村委主任,领着我们在农庄内参观。一路上,我们看到了各种各样的果树,林主任也开始讲解起来:"他(指农庄老板范田茂先生)第一年种的是北方枣,可惜由于土质不符,那一年几乎全死光了。第二年改种布朗李,是一个美国品种,非常成功且供不应求,但基本上专供领导,一般人要预定才可能吃得到。再后来,慢慢发展到梨、杨梅、桃、枇杷,还有橙子。现在种植最多的应该是杨梅。"这个时节,杨梅和枇杷都已经挂果,但还未成熟。我们看到,山里的杨梅树上挂着颗颗青色的果子,密密麻麻,好似天上的星星。据林主任介绍,现在的李家山社区包括一个集镇和八个村民小组,这源于2004年在这边做的"并村"试点,又由于有一个集镇,因此这里被称作"社区"而不称为"村"。这种"社区"的行政设置,客观上也起到了为城里的一些非农业户口的退休干部将户口迁移到此处的作用。

关于农庄的起步与发展,林主任介绍说,2008年长沙县出台了一个"南工北农、一县两区"的政策方针,提倡南部发展工业,北部发展农业。他说:"当时我就建议他(范田茂)做这个项目,因为政府后来针对当时的白沙乡(现已与开慧乡合并为开慧镇)出台了小水果扶持政策,对本地一百亩以上用于种植水果的林地项目给予资金补助,但补助只针对小水果种植,种植景观苗木则没有补助。"当问及当时政府资助占了总投资的多大比例时,林主任给出了一个百分之五十的估计数,并且表示,尽管这个比值的基数主要是对山地整理的投资,并不包括小水果苗木的购置成本,但政府的资助力度还是蛮大的。当问到现在的租地情况时,林主任介绍说,现在农庄主要租了四块地方,最主要的中心地区也就是第一次流转的李家山社区这一块,大约有两三百亩;第二次流转了报母村两百多亩林地;第三次又流转了原大花村(现已合并到锡福村)约两三百亩林地;还有第四块是与平江县相邻的一块地。林主任说,那块与平江相邻的林地是那边农户请农庄接手的,而实际上对农庄来讲那块地就是一块鸡肋,因为这块林地的坡度太大,并且石头多,开发难度相当大,不可能像这边一样修得这么平整。总的来说,农庄目前流转的林地共有一千多亩。在提到签订协议的问题时,林主任说:"田茂农庄当时签协议是和社区委员会签的,实际上是社区委员会从农户手里租地,然后再把租到的地集中打包再租给田茂农庄。为此,当时社区也是到很多农户家里做了思想工作的,像那边有一块地一直没做通工作,到现在也还没谈妥,就做了标记,农庄绝对不动那块地。而租金则是由田茂农庄交给社区委员会,再由社区委员会通知农户来领。他表示,农庄支付的租金是完全交到了农户手里的。而对于价格,这位前村主任说,当时签的协议中规定,林地价格是每亩每年一百元,每十年增长百分之十,租地期限尽可能的按最长期限来计算,也就是到土地承包 30 年政策到期的2027 年。这样看来,我们觉得田茂农庄对于这个项目抱有很大希望,也是很有信心的。至于为什么会采取由社区委员会做中介这样一种方式,林主任解释说:"因为农庄的中心部分,也就是李家山社区部分,涉及到四个村民小组,但每个组又不是全部林地都出租了,每个组大约只租了百分之二十。如果农庄单独与每个农户签协议会很麻烦,并且对于一些不愿意出租的农户,由社区委员会出面去做思想工作会更合适一些。"从林主任的讲述中,我们了解到了一种特殊的租地协议的签订方式,即由村委作为中介,将多个农户的地集中,再通过一个协议整体租给另外的个人(此例中即田茂农庄)。不过,林主任表示,村委会在其中只起中介作用,并没有利益截流。同时他还提到,在该案例中,他和田茂农庄的老板范田茂先生是好朋友,并且在 2008 年开始做这个项目时,范田茂先生当时是村党支部书记,林主任则是当时的村委主任,当时签租地合同等事情都是由林主任一手操办的。

第二天中午大约十一点左右,在小组成员周洁的联系下,我们来到种粮大户余献球先生家进行采访。通过访谈得知,余先生家中有四人,共有四亩多水田，人均一亩三分左右，家中四人都有份地，但基本无旱地。如今他大女儿已经出嫁，但是由于户口没有迁出，所以土地并没有退回组上。这户农家除了水田之外，还有一些林地。但是，林地是余先生两兄弟和他父亲所共有，林权证上则写的是他父亲的名字，大概有十亩左右。在初步了解了余先生家中的农地情况后，我们接着询问了一些关于流入土地、生产种植以及土地确权等方面的问题。余先生回答说："我从2016年才开始办合作社，第一年流转的土地共有一百亩水田，今年又流入了五十亩，所有水田都是种植水稻，一年两季，即早稻和晚稻，没有套种的情况。农地流转租金要按情况而定，每年一变。像我们合作社给出的租金，去年是每亩400元，今年是每亩350元。"当被问到流出农户对于租金的减少有无异议时，他回答说："没有异议，他们知道我去年因为天气的原因收成不好，他们都是乐意接受的。"我们还了解到，余先生所流转的农地都与农户签订了协议，有书面合同，流转期限为五年。关于政府补助，余先生说，2016年上半年，他的合作社得到政府的育秧补助是5100元，下半年则增加到8100元，对于多出的部分，他自己也不知是什么补助。不过，今年到目前为止，他也没收到任何补助，据说是因为地方政府的补助资金被调整到精准扶贫项目上去了。在问及合作社的收入情况时，他说去年亏了几千块，主要原因是自己不种田不管田，所有的农事基本上都是请人代管，人工成本自然较高。

关于当地的土地确权问题，余先生告诉我们，去年县、乡、村三级共同组织在长沙县进行了土地测量（GPS定位仪器），所以图纸齐全，数据也齐全。现在是旧的土地确权证被收上去了，但新的证还没有发下来。对于上世纪八十年代初和九十年代中期的两次调地政策所定下的15年不变和30年不变，余先生认为是不完全合理的，因为这中间肯定会有人口变动。过去的3至5年调地的土政策，他认为会就比较好一些。可如今，农户之间这种人多地少和人少地多的情况普遍存在，如果家中有人去世了，地不退，他表示还能接受，因为毕竟承包的三十年期限还没到（2027年）呀，但是三十年过后还不调，就不合理了。他坚定地说，这个30年期限一到，那一定得调，况且现在还有政府的直接补贴，不调地就更不能接受了。至于如何调地，余先生也有自己的见解：

"组上不能动,但不动户是不行的,组与组打乱分田也是不可能的。当然,在各组的田不动的基础上合组是没有问题的。不过,而今的李家山社区却是合村没合组。"对此,我们认为:在公社时期,生产权和分配权就是"在组(生产队)不在村(大队)"的,这个确权规则还是当年党内顶层争论的结果;农村改革后重视"户"的生产功能和强调"村"的行政资源,"组"或者生产队这个行政层次被莫名其妙地漠视了,由此许多问题也就出现了。从纳什均衡的不动点理论来看,尽管农村改革后有将土地调整的"不动点"放于"户"的政策意图和政策行为,但实际上多数农民并不买账。他们的意愿或者说农村的"潜规则",是将这个"不动点"放在组上才是最合理的,而且,他们大都也是这么做的。

改革以来,农村实行家庭承包制已经有 30 多年了,家庭承包制确实激发了农户的生产积极性,但是,随着经济的发展和社会的进步,在土地确权上出现的各种问题和矛盾也逐渐显现并不断激化。我们认为,在实行集体土地的家庭承包经营基础上,如何发展适度规模经营和加快现代农业建设,如何充分发掘土地的价值且赋权赋值于农民,这是社会共享发展的重大问题,也是新农村建设的重中之重,更是振兴乡村的关键所在。不过,对于"增人不增地,减人不减地"的做法,这次调查显示,多数农民认为是不合理的,他们大都认为应该随着家庭人口的变化而调整。如果这些农民的想法是合理的,那么在二轮承包到期后又该如何调整土地呢?这无疑是一个重大的农村政策研究课题。为此,需要我们从现实中寻找问题的源头,不断地总结实践经验,在不断的思考中优化理论,在对各种情况的统筹分析中找到答案。

20. 新科村和王村的土地确权

（湘西麻栗场镇和芙蓉镇,2017 年 10 月 16 日）

  2017 年暑假,我们到湘西进行村域调研,第一站就是新科村。它位于湘西自治州南部,在行政上隶属于花垣县麻栗场镇。这个地方,历来是苗汉杂居地区。

  经朋友介绍,我们顺利地访谈到了该村的一位退任村支书。据他讲,新科村是在 20 世纪 90 年代"合队为组"的,也就是"一队、二队合并成一组,三队、四队合并成二组,五队、六队合并成三组……",他所在的二组即是由原来的三队和四队合并而成。不过合组之后,原先各个生产队的田地是没有"动"的,也就是说,是"地跟队走"的,是"合队为组但不合地"的。还有,湘西多数农村自 20 世纪 80 年代初分田到户后,一直没有"动"过田地。所以讲到分田到户,是指以队为单位,算出全队水田、旱地和林地的总面积,再用三者面积分别除以队里总人数,得出人均份地数,最后以此乘以家庭有地权的人口数,就是该农户可以分到的土地数。也即是说,这里和全国其他农村一样,是按生产队的人口平分队上土地的。但当地也有某些特点,以水田为例:首先是把队上的水田划分成三个等级,也即把秧田等灌溉方便、土壤肥沃和高产的田划为一等田;把灌溉不便、产量一般的田划为中等田;把河边或山脚新开垦的、耕作不便、容易受水患影响的田划为边缘田。然后,按生产队的人数把各类田平均分到队里的每个人头上,而且是先均分一等田,再分中等田,最后分边缘田的。每个人所得水田不仅在总面积上大致相同,而且在不同类型上也是大致一样的。这里的一等田最高产量约 1000 斤/亩,中等田有 600—700 斤/亩,边缘田的产量则不稳定。不过,这是指一般情况而言。

这位退任支书所在的四队有些特殊。在 1980 年分田时,他们并没有经过严格测量,也没有考虑到田地类别和人口变化,而是用估算的方式进行。之所以这样,是因为他们认为这次分地之后很快会再次集中起来,集体生产不会被废除。但经过一年之后,集体生产并未重来,而先前分地考虑不充分的矛盾却来了。于是在 1981 年全队又重新测量土地,按人口和类别再次"均分"土地。当时四队的标准是:水田人均 0.8 亩、旱地人均 0.55 亩,林地则没有测量,通过估计分配。

再次调整土地后,这位退任支书家三口人共分得三份地,也即水田 2.4 亩、旱地 1.6 亩、林地 1 亩,此后就再没有"动"过地了。1996 年"二轮延包"时,他家里的田地也没有变化。原因也许是,一方面由于家里的人口并未减少,所以不需要"出"地;另一方面,"二轮延包"时,整个湘西地区并没有像 1980 年一样均分,只是在原有承包地的基础上再签一次协议。看来,政策层面上的"不准动",是一个压倒性因素。

当被问及现在重新分配土地是否可行时,这位退任支书没有马上回答,而是为我们讲述了近些年出现的有关人地关系的矛盾现象,这些现象笔者会在后文提到。通过这些现象可以看出,这里有三部分人:一部分人想"动",因为他们现在是人多地少;另一部分人不想"动",因为他们现在是人少地多;还有一部分人地关系变动不大的农户则表示中立。这位退休支书认为:"动一下还是可以的,因为(农户)添人之后需要土地,最好是十到十五年动一次。"

为了解更多情况,我们又走访了另一户龙姓流转户家庭。这是一个大家庭,属于新科村三组,现在家里有 11 个户口在本村。当初他们队上分地的标准是:旱地、水田均是 1 亩/人,这户农家当时有 7 口人,共分得水田、旱地各 7 亩。具体的分地方式同二组一样,先是将田地分为三个类别,再依次把各个类别土地均分到每一个人头上。这样均分虽说大家都没意见,但是村里的土地被切割成一小块一小块的,碎片化十分严重,很不便于耕作。所以在分田之后,部分关系好的农户私下里进行协商,相互调换了土地。也就是说,在队上平均分配之后,农户之间不计土地类别进行了自主调整,以获取耕作上的便利。后来,村里修路占用了他家的部分土地,所以目前这户人家的水田还剩 4

亩，旱地还有 6 亩左右。据龙先生介绍，这里修路时（村级公路），每家都需要出地，也即家家户户都被占用了一些土地，这一部分是没有补偿的。修路不仅减少了农户的承包地面积，而且还减少了组上的耕地总面积。其中，有的人占得多，有的人占得少，这是不可能平均的，但村民对修路占地这件事都没有意见。

由于当地正在测量土地，我们就问在场的众人是否晓得土地确权这件事。龙先生的老父亲说："分好了，就没必要动了"，龙先生却说："动比不动好。就我家来说，现在按人口可能要'进'地，但是如果组上把土地回收之后又分不出那么多，那么（是否进田）就不肯定。（表面上）看起来要好一点，到底好不好就不清楚。"我们知道他的意思是：如果要"进"地，那么他肯定是赞同的；如果要"出"地，那么他就不会赞同。

龙先生告诉我们，这里的土地流转包括有合同的流转和无合同的流转两种情况。有合同的流转主要是和"承包商"也即农业公司之间进行的流转，流转水田价格为 500 元/亩/年，旱地 400 元/亩/年，5 年以后每亩各加 200 元，之后不再增加。对于签署的合同，农户、"承包商"、村组各持一份。其间的交易往来直接在农户与"承包商"之间进行，村组作为"承包商"与农户的中间人，相当于一个见证者。无合同流转则主要发生在村里邻居和熟人之间，也即如果农户外出打工无人耕种，便以口头协议让与别人种，而无需租金或粮食补偿。这户农家今年就从熟人那里以口头协议流转了六七亩地种植烤烟。

走访了两户农家之后，此时天色已黑。由于这里地处偏僻，没有旅店，于是我们只好来到朋友家。朋友的父亲龙桂长对于我们的到来很是欢迎，言谈举止中透着一股湘西汉子的豪爽味道，不仅安排我们在他家住宿，而且还准备了一顿可口的晚饭。

龙桂长是新科村二组的村民，今年 53 岁，现在新科村一家果园做工。他家现在有 9 口人，户口在本村的有 6 个。不过 1981 年分地时，参与分地的是他的父母以及他们三兄弟，按照当时的标准，共分得水田 4 亩、旱地 3 亩以及部分林地，自此，他们家的土地再没有调整过。龙桂长三兄弟分家时，他分得了水田 1.5 亩、旱地 1 亩，其余土地便尽数归其二弟。其中的原因之一是，他的三弟后来在常德桃园县某中学任教,户口转居民,其地权自然取消。龙桂长坦言,现在如果仅仅只靠土地为生的话,那是不可能养活一家人的。正如他现在一样,尽管三个儿子已有收入来源,但他和妻子仍然需要通过务农兼务工获取生活收入。

对于村里正在开展的土地测量和土地确权,这个自认为从未离开过农村,和土地打了一辈子交道的农民认为:土地三十多年没有调整,现在应该重新分一次,这事关公平。他表示,三十多年来,农村的人口发生了很大变化:有的村民通过升学、工作等途径脱离了农村户籍,有的外迁到了其他地方,但他们原先所分的土地依然在各自名下,按照我国相关法律规定,这是不合法的;此外,有的或已离世、或已外嫁,而一些家庭增添了新人,这些新增人口都渴望获得一份属于自己的土地。龙桂长说,中国讲究"耕者有其田",没有田地可耕的农民算不得真正的农民,即使现在可以租种或者免费耕种别人的土地,他们依然觉得像过去地主老财把土地借给佃户种一样,借给他们种只是暂时的。还有,种子补贴、直接补贴等各种补贴都是别人拿的,种地人拿不到,这是不合理的。对于村里出现的"荒地"现象,他认为,我们国家人口多,田地放荒必然会使粮食产量下降,影响到很多人吃饭。中国有句老话:军中无粮,千兵逃散;家中无粮,妻离子散。为了保住国家粮食产量,如果有人放荒土地,国家可以收回,把它们分给没地可种的农民。

龙桂长要求"动"地的态度无疑是坚决的,但被问及村是否"动"得了时,他又说难度很大:第一,有其他经济收入的村民就不想"动",而其他经济收入少的则想"动"也动不了。估计有"五分之二支持,五分之二不支持,还有五分之一中立。这些中立的,不管是'动'还是'不动',反正对他都没影响"。第二,就目前来看政策是支持不动的,"生不增,死不减"的政策还在用。对此,我们觉得,"动"地难度如此之大,那能否在"不动"的基础上解决农地占有的矛盾和问题? 比如不是在户上不动,而是在组上不动。新科村二组是两个队合并的,合并时队上的土地是不动的。其他地方的农村在合村合队(组)时,队(组)上的土地也是不动的。这就证明土地在队(组)上可以不动。这样,既能为土地市场化创造条件,也可以化解土地在户上不均的矛盾。总之,放在户上"不动"，人多地少的农户就有意见；如果放在组上"不动"，那么所有农户就都没办法反对。

次日早晨，我们在村口遇到三位在此休憩的村民：一位是在县城打工的34岁村民龙先生，另一位是务工返乡的51岁村民龙先生，第三位是原村委会计73岁的麻先生，他是返乡龙先生的舅舅。在访谈中得知，34岁的龙先生家里有七口人，包括其父母、他们两夫妻、一个小孩以及其弟弟和弟媳。1981年分地时，全家只有他父亲分得了0.8亩水田。龙先生及其弟弟由于都是在此后出生，便没有分得土地。也因为1996年"二轮延包"时村里没"动"地，现在全家七个人只有一份地。因而，他特别希望通过此次土地确权，获得他认为自己应得的土地，但他又感到希望渺茫。返乡的51岁村民龙先生说，像这种人地关系极不平衡的情况，几乎每个寨子（组）都有，他家不是个案。并且，这种事情现在是没办法解决的，主要原因有两点：其一，受现实约束。如果向村里提出"动"地要求，村干部会说上面没有政策，况且就是有政策，现在他们也没办法收回那些外迁、去世的人的土地。其二，受关系制约。有三种难以平衡的人地关系：第一种是过去人少地少的，现在人多地少了，比如这个34岁的龙先生家；第二种是过去人多地多，现在人少地多了，比如当年分地时，有户家庭人口比较多，有好几个女儿，只有一个男孩，他们家分了七八份地，后来女儿都嫁出去了，老人也去世了，最后男孩一个人享受七八个人的田地。这种极端情况共存于一村之中，每个寨子（组）里都有，但他们有顾虑，不愿把事儿挑得更明白，因而我们也未能具体了解到相关的农户。第三种是把自家的承包地私自出售给他人，从而导致自家耕地不足，但他们又希望分没有出售过土地的人的土地。在这三种情况制约下，"动"地无疑是难以实现的。

这位51岁的龙先生，还满怀愤懑地给我们说起了新科村村委落实相关扶贫政策的情况。据他讲，国家相关扶贫政策下来后，需要在村内进行民主投票，谁被选上后就可以享受政策优惠。当初，他舅舅麻先生的父母在世时，家里小孩多，劳动力少，而且麻先生父母都身患残疾，家庭境况比较贫困。故而，村里进行贫困户评选时，他家被评上了，但后来被工作队以"家里有房子就不给"为由取消了资格。麻先生认为这个房子是他父亲在分地前贷款修的，并不能说明自家不困难。这位 51 岁的龙先生自己也有相似的情况,他父亲在分地后,向信用社贷款买了村里废弃的指挥所,把它作为新的宅基地修建了一栋两层楼的房子。就因为此事,村里把他父亲本已享有的扶贫指标取消了。像这样的事村里还有很多,比如,以前有的人家里确实比较穷,父母年纪大,而且小孩多,因此他们享受了相关政策。但是 30 多年过去了,现在他们的小孩也大了,劳动力也多了,有的家庭现在已经脱贫了,甚至比以前富有的人还要有钱,可是他们依然享受低保,甚至还有人享受了多个扶贫政策。他认为自己以前没有评上,现在也不可能被评上,所以对这些事的态度就比较冷漠,"眼不见,心不烦"。

转眼就到了中午。我们按照约定来到了花垣县城,找到了事先联系好的从事农业规模化经营的农户龙明跃。龙明跃出生于 1973 年,是麻栗场镇各鱼村 4 组的村民,现在为明跃农机专业合作社理事长。龙明跃以前做过蔬菜种植、金银花种植,但是蔬菜生意一直亏损,后来又在一家玫瑰园担任总经理。2014 年他合股成立了"明跃农机专业合作社",但 2016 年才从玫瑰园辞职,出来后专门经营该公司。从目前情况看,这个合作社已经初具规模。而且,他说自己喜欢搞农业,对于未来和前景,看得出,他信心满满。

龙民跃告诉我们,合作社是十几个人一起投资的,他是最大的股东,占了60% 的股份,里面的成员都是具有一定实力的村民。2016 年合作社的正式职工是十二人,今年增加了五个,往后还要增加更多的人手。现在,合作社主要从事农机服务和规模种植两块业务。

就农机服务而言,主要有两种形式:第一种是委托或者"托管"。也即别人种田,合作社从耕田到收获全程为别人服务,并且从中收取一定的服务费。比如打田、打谷子、深耕等,从育秧、整田(耕田)、施肥、抗旱一直到收割为止。这种形式是和村民签有书面合同的,里面具体规定了服务的年限、面积、费用、类型等,其中托管周期一般是五年,全套服务是 450 元/亩。目前合作社在花垣县已经有一千亩左右的委托面积。第二种是"托管"的一种,只是不签书面合同,农户有需要就随叫随到。其服务内容包括:开荒、深耕、起垅、收割、烘干、伐木运输等,这种类型是当前最主要的业务。以打谷子为例,现在江苏、河北等外面来的服务商要200元/亩,合作社则只要150—180元/亩。具体说来,合作社的业务收费标准为:水田的稻谷收割180元/亩,干田150元/亩,起垄是50元/亩,保护林田150元/亩,玉米收割100元/亩。目前,合作社的这项业务有两万多亩农田,涵盖了本县、外县以及贵州部分地区。

就规模种植而言,该合作社在新科、江堰、各鱼、新桥、沙科、马鞍山等村庄以水田500元/亩、旱地300元/亩的价格共流转了近800亩土地,夏秋种水稻,冬春种油菜。流转都是签了正式合同的,租赁的周期是十五年,租金则分为两种方式结算:第一,要钱的就用钱结算;第二,不要钱的就用粮食等实物来结算。他乐观地盘算着:合作社前几年都是以委托和"服务"为主要业务,从今年开始就要重点发展产业了。因为委托和"服务"都是季节性比较强的,在农忙的时候业务量比较多,农闲的时候,就找不到业务,农机就闲置在仓库,而自己发展产业就会有业务保障。不过,不同的业务也会有不同的特点。以前做蔬菜时,必须要在短时间内把蔬菜全部卖出去,不然就一定会亏损。而一旦市场饱和,蔬菜肯定是卖不出去的,所以规模种植蔬菜的风险很大。但现在做粮油,就没有卖不出去的问题,而且可以把粮食储存起来慢慢卖,因而它比做蔬菜的风险要小很多。他给我们算了一笔账:一亩地打一千斤谷子,给土地流出户五百斤,他自己拿五百斤。这五百斤水稻的种子要40—50元、机械油耗要60元、肥料也要几十块。总共的成本是200—300元,按照当前的市价,五百斤水稻可以卖到650元左右,他还赚了200—300元。而且,搞得好还会有增值收入,比如200斤绿色大米卖到长沙就是3000多元。在委托、服务和规模自营这三种经营方式下,龙明跃在慢慢实现自己的创业梦。比如去年服务收入有190万,除却机械投入等费用,还有几十万利润。他一直强调,过去亏了很多年,现在开始搞出点希望了。我们隐约感觉到,龙民跃及他们的事业,代表着中国农村的一股强劲力量,这股力量如果不夭折,就一定会再造农村社会。但这幅再造的图景又是怎样的呢?这至少在目前还是朦胧不清的,因之也就意味深长了。道别之前,我们交换了手机号码,又互加了微信,以便保持长久的合作关系。

花垣县调研结束后,我们在吉首休整了一天,接着就直奔芙蓉镇,也就是此次调研的最后一站。芙蓉镇位于永顺县境内,这里世代居住着土家族人。芙蓉镇的"前称"叫王村,这个称呼,也许是因为这里在古代是土司王府的所在地吧。人民公社时期,王村属于太平公社,当时叫太平公社王村大队,后来又因为此地专门种植蔬菜,便改名为蔬菜大队。公社解体后,太平公社便更名为现在的王村。20世纪80年代名噪一时的《芙蓉镇》电影在此取景,得此机缘,当地为发展旅游又再次改名为芙蓉镇,并一直沿用至今。

到达芙蓉镇时正值中午,天气炎热、酷暑袭人,不过任务在身,也就顾不得那么多了。但这里与花垣县不同,没有熟人导入,又该怎样进入调查场景呢?我们边寻思边来到街边的一家饭馆。这虽然带有随机取样的意味,但也并非盲目而为。因为它符合两个要素:一是午饭时间,作为客人与店家聊天,人家不会感到突兀,访谈就会比较自然真实;二是这位店家正值壮年,似乎也精明,可以判断出其表达无碍,也就不会有言语不清之类的沟通障碍。

饭馆老板姓符,今年五十多岁,原来是芙蓉镇双桥村五组的村民,现在属于芙蓉镇双桥社区。1981年分地时,他家里父母、三兄妹共分得四亩田地,此后一直没有再调整。符老板是兄妹三人,妹妹出嫁也就出户了,兄弟有两个儿子,均未结婚。他自己有一个儿子、一个女儿,儿子已经结婚并有两个小孩,女儿已经外嫁。不过,他们兄弟两人至今没有分家,全家十一口人共同居住在街边这栋八百多平米的房子里。

在明白来意和彼此聊上之后,这位符姓老板开始向我们表达他的诉求。他说,2010年政府以新区开发为名,大面积征收附近乡村的土地,征地价格是2.3万/亩,并且一次性买断,征地共涉及六个组一百多户村民。此后,政府再没有给予他们其他的补助。符老板认为自家的地被征收后,家庭生活便没了保障,所以政府应该对他进行安置。为此,他和部分村民一起向政府提出要求,但政府并没有回应。符老板很气愤地表示,当初对于征地他是持反对意见的,政府就天天找人上门做工作,自己迫不得已才同意。现在自家缺地少田,政府应该再次给予补助。况且,被征收的土地并未得到开发,他估计现在至少还有60%的土地处于闲置状态。今年芙蓉镇又开始征地,这次他和很多村民死活不同意,但是政府依旧把他剩余的口粮田征收了,而且征收款已经打到了卡上。但由于反对征收，所以他不打算取那个钱。这样做，自是为了表明他反对征地的强硬态度。对此，我们不会贸然下结论，但深感现在基层工作中的简单、粗暴风，的确是普遍盛行。而且在这种感觉中，不禁又会揣测它的形成机制。试想，在这些涉及村民重大利益的事务处置中，干部如果不能和群众交心，不能互换角度思考问题，甚至将私心渗透于公务，在公务中总想占点便宜、捞点好处，同时又无精细化的制度和程序约束，那么民怨就总是有的，是不会断根的。

午饭后道别店家，我们进入景区游览，并且希望从中发掘出访谈机会。通过"市场决定"的方法，这个机会果然出现了。不过，对这个发掘过程的叙述就免了吧。总之在晚上，我们辗转找到了芙蓉镇的一位退休村长，而且对方很乐意接受我们的采访。这位担任过王村村长、支书等职务的老者姓田，今年七十岁，是这里人地关系变化的亲身经历者。据这位老者讲，1981年分田到户时他家里有五口人，由于这里的标准是水田人均九分、旱地人均一亩，所以当时全家共分得水田4.5亩、旱地5亩。不过对于分得的茶山5亩，却是挂名的。因为政府在荒山造了林，并没还给组上，所以也就一直没有分下户。有鉴于此，后来各组就形成了一条"潜规则"，就是"谁开垦出来就是谁的"。不过，组外的人是不允许开垦的，而且这部分土地向组外流转时，也要经过组上同意，而在组内流转则不用。20世纪70年代土地征收时，他的儿子获得了一个农转非指标，因此其户口就不再是农业户，儿媳的户口也在工作单位上。这意味着，他家有两份地权要收归组上。为此，他将两个孙子的户口落在村里，正如这位老者所解释的，如果孙子的户口和他们父母在一块，那么家里在组上的两份土地就可能会被收回。从80年代开始，芙蓉镇逐步建立了柑橘产业园。当年芙蓉镇的柑橘畅销全国，在收成好、价格好的时候，柑橘收入几乎占到农户家庭收入的绝大部分。老者解释说，如果柑橘价格稳定的话，感觉产业会一直发展下来。但后来柑橘价格下跌至两三毛，柑橘种植就会亏钱，于是村民纷纷砍掉橘子树改种其他作物，也因此，柑橘产业就此没落了。受此影响，芙蓉镇的村民便开始外出谋生，有些靠近山边的土地白给人种也找不到人接收了。对此，我们认为还有以下几点原因：首先，这里的地形主要为山地，梯田纵横其间,灌溉极不方便;其次,农地不连片,不能通过集约化、规模化生产提高生产效率;再次,种粮食本身并不赚钱,但又不知道种什么赚钱。90 年代调整土地时,芙蓉镇只是照原样再签一份协议,土地没有再动过。但三十多年过去了,这里也出现了一些人地关系失衡的现象,很多人都想调地。其中的缘由之一,是由于过去分地比较急,没有考虑到土地搭配是否合理。有的分得了近处,有的分得了远处,有的则分到了山上。分差田的就想调,分好田的就不想调。对此,当地村委只是将农转非的、绝户的以及户口迁走的人家的土地收回组上,再分给后来的新增人口,并未有对策来应对这种纷争局面。不过,这并非这一届村委懒政不作为,而是多年淤积的矛盾相互纠缠,实在难以理清。比如,对以前分得好的和分得差的如何处置,就是一个难题;再者,有的家庭,多数人口搬到别处去了,在当地只留下一两个人,就不会同意调地;还有,土地被征收了或者私自把土地卖了,所得的钱也用完了,现在要重新分地,那么那些没有动过地的农民肯定不会答应。老者还表示,如果所有的土地一点都没动过,还是以前的老底子,那么就好办些。只不过,时光不会倒流,这种困局或许就是过往缺乏远见的代价吧。

此次调研对于我们而言,无疑是印象深刻的。我们关心的是,农地政策该如何调整才能为振兴乡村注入新活力。为此,开展持续的实地调查研究,一定是不可或缺的。

21. 塘约村"确权确地确股"及蝶变的五个逻辑

（贵州省安顺市乐平镇，2017 年 11 月 5 日）

农村土地产权治理无疑是国家治理中的一项基础性内容，而这项内容的核心就是土地确权。但为什么要开展土地确权？土地确权与乡村振兴之间又是什么关系？土地确权能否为乡村振兴注入强劲动力？如果能，那么它是一种简单的因果关系还是有着复杂的局限约束呢？如果有，那么它们又是什么？听闻贵州塘约"横空出世"，一跃成为中国农村改革的最新典型，又从王宏甲的《塘约道路》一书中读到"七权同确"的经验，不禁对这个落后村庄的"蝶变"之路产生了浓厚兴趣，并且希望通过实地"一睹"而后释疑。

其实，"村域中国"是我们这个研究机构近年来着力建设的一个项目。这个项目重在调研，而调研要取得实效，关键又在"精准访谈"。其目的，就是要获取真实的表达，以及得到准确的信息。而这些，又取决于怎样进入调查场域，以及如何寻觅知情者。为此，采取"微服私访"的微型模式可能比较好，而人数太多和太过热闹的调研模式要力戒。此外，通过政府有关部门安排的模式也非首选。因为在我们看来，即便是条件允许，这两种模式也很难获得"精准访谈"的效果。对此，费孝通先生晚年就有精辟评论，这里就不赘述了。但个中之缘由，只要稍有人生阅历，应该是不难懂得的。故而，以往我们都是先组成调查小组，再通过熟人引路或者"市场决定"的方式进入调查场域，而从中所认知的，事后也都可以确认为真事实情。

不过，我们在塘约村并没有相熟之人，要如何才能进入调研场域呢？恰好有一位在湘省某镇当过多年党委书记的朋友愿意同行，我们觉得他的基层党务和行政经验或许会有助于化解这个问题。于是便决定一起先到塘约村所属的平坝区乐平镇,再相机抉择。2017 年 7 月 21 日晚,一行三人抵达平坝南站,酒店派司机来接我们。闲聊中得知,27 岁的司机小郭的妻子就是塘约村人,他表示可以帮忙联络该村村民,还答应在第二天做我们的访谈向导。所以说,人算就不如天算,很多事情不是事先就能"算"出来的,而是取决于机缘巧合抑或偶然性。也因此,许多时候与其坐地冥想,就不如沸腾一下血液起而行之来得靠谱。次日上午,我们如期来到塘约村。塘约村位于贵州省安顺市平坝区西部的山沟里,地处偏远。这个地方,在 2014 年连续遭遇过两场洪水,这使得这个省级二类贫困村更加雪上加霜。不过令人振奋的是,三年过去了,这里变成了一个洋房成片、道路平整、广场宽阔、鸟语花香的地方,不仅一举摘掉了贫困村的帽子,而且还成为贵州省"深化农村改革和率先实现小康示范村"。最引人注目的,还是矗立在北面山坡上的"穷则思变"四个大字,仿佛告诉人们,这就是塘约蝶变的思想机制。

这种思绪被小郭的话打断了。他说已托亲戚联系好塘约村的一位村干部,不过这会儿他正忙,所以先带我们去自己的岳父家。跟随他在塘约村穿行,很快就到了村尾。在一个显得有些杂乱的院子里,有两栋农宅,一栋较小,另一栋较大的则是新修的,但外墙尚未完工,里面也未搞装修,家里有一位老者和两个孩子。小郭介绍说,这里住着他妻子姐夫一家人,这位老者便是她姐夫的父亲。原来,小郭的岳父已过世,岳母改嫁了,家里剩下姐妹三个。其中,老大和姐夫常年在外打工,老二随小郭住在平坝,老三则在重庆上大学。那栋小些的房子平时没人住,只是老三放假回来住一下。还有,小郭妻子的姐夫是入赘的,也是本村人。而贵州对土地大都有 50 年不动的规则,所以我们推测,不管小郭岳父家三姐妹还有几个户口在本村,按年纪推算,她们三姐妹都是没有土地分的。或者说,这户农家只有已逝的父亲和改嫁的母亲这两个人的田地。当时,让我们想不明白的是,为什么这位老者对我们的询问总是含糊其辞、躲躲闪闪的呢?事后猜想,可能就是为占有这两份田地以及宅基地吧。因为"入赘"在农村不是件小事,是不会随便而为的。况且,小郭妻子姐夫的父亲在小郭岳父家边上新建了一栋住宅,目的就更加明显了,也即他儿子入赘是真的,但他伺机兼并亲家的宅基地和承包地恐怕也是真的。对此当时还想不明白,现在似乎就恍然大悟了:哦,原来老者是不想让我们看穿他的意图罢了,因为这在农村毕竟不是一件什么光彩的事儿呀。尽管这还是一种推测,并未证实,但从中可以体会到,这种家庭关系也真够复杂的。不过,当时这位老者还是简单地给我们介绍说,身旁是他的两个孙子,家里还有自己老两口、儿子和儿媳妇也即小郭的姐夫姐姐,以及两个女儿一共8个人8个本村户口,其中女儿都已出嫁,但户口没迁走。之后,就径直回到他那栋新建的房子里,再也没有出来。既是如此,小郭就继续带我们向之前联络好的村党总支支委兼第三支部书记杨定忠家走去。

此时离下班时间还早,于是我们便循声来到村委会门口。在这里,村党总支副书记正对着宣传栏,给前来参观学习的人群讲解塘约村的基本情况。这些情况大致有"党建引领、改革推动、村民自治、合股联营、七权同确、扶贫攻坚"等内容。其中,他特别强调村规民约在村民自治中的功能和作用,也就是法律不好管的,就用村规民约来管。为此该村制定了"红九条",违者必惩。比如,过去这里很多村民越穷越好吃,经常"不是在吃酒席,就是在去吃酒席的路上"。对此村里规定,"除婚丧嫁娶外,其他任何酒席都不得操办。村民也不得参与除婚丧嫁娶外任何酒席的请客和送礼,以及为操办酒席者提供方便",加之村党政领导有方、执行得法,硬是刹住了村民这股习以为常的吃喝风。诸如此类的讲解,让我们隐约觉得,实践中的土地确权应该是一个系统工程,而"七权同确"与乡村振兴之间也绝非一种简单的因果关系,塘约之所以能够"蝶变",一定还有其特定的内在逻辑。

听完宣讲,来到杨支委家。这户农家位于村中央,正对着村委会。杨支委此时还未下班,他父亲得知我们的来意后,热情地邀请我们进屋去坐。杨父说,1980年分田地时,家里一共分了7个人的田地,共计水田3亩、旱地4亩、坡地10亩。而参与分地的这7个人分别是:老人夫妻两人,两个儿子,两个女儿,以及老人的母亲。需要指出的是,老人有三个女儿,他说其中一个女儿因出嫁户口迁走了,言下之意可能是这个女儿的份地被收回组上。但贵州农村的土地大都是50年不变的承包期,所以是否还有两种可能呢?一是这个女儿是1980年以后出生的,本来就没有分地资格;二是这个女儿在1980年以前就出嫁了,故而她的份地是落在夫家的,不在娘家。总之,当时因疏忽没问明白,后来短信求证又未有回复,只好就此了了。此外,杨父有俩兄弟,当初分地时,他自己承担对母亲的抚养,他兄弟则承担对父亲的抚养,故而,杨父的母亲也有一份地在家。后来,杨父的两个儿子分家,自己跟大儿子杨定忠过,老伴则跟二儿子过。而今,杨定忠家里有 8 个户口,也即他父亲、他俩夫妻、儿子儿媳,以及三个孙辈。家里的土地因为和兄弟分家而一人分一半,也就只有 3.5 个人的份地了,也即水田 1.5 亩、旱地 2 亩、坡地 5 亩。这种情形暗含着,杨定忠的姐妹们不论婚嫁和户口变动与否,她们的份地都是不能从家里带走的。再后来,杨定忠的兄弟因故去世,杨母思儿过度病倒卧床,住在大儿子家。但她的户口还在二儿子家,二儿媳也未改嫁,两个儿子一个上大学、一个正在高考,所以杨定忠还要接济两个侄儿的学费生活费,负担确实蛮大的。不过,分家后的另一半田地,仍然落在这户还有着 4 人户口的农家。

杨父很健谈,还讲到了村里的一些情况。他说,塘约村有 3300 多人口,总共不到 1000 户,他们散居在 10 个自然村寨,分为 11 个村民小组。与之相适应,村里成立了党总支,下属三个支部,支部下设 11 个党小组。关于土地确权,他说塘约村原来的丈量数据为 1000 亩,这次丈量确权后变成了 4000 多亩,硬生生地多出了 3000 亩。我们寻思着,这种情况不光这里有,其他地方笃定也是一样的,可以说就是一种常态。因为几千年来农民种田要交粮纳税,而缴纳的赋税与田地占有数量呈正相关,所以少报田地数就可以少交赋税。切不可简单地认为农民脑袋糊涂,这反而是他们精明的表现。但现在则不同了,种田不仅不要交税而且还有各种补贴,而补贴的多少自然也与田地使用数量呈正相关。正因如此,两者差距如此之大似乎也好理解。而今,杨家和其他农家一样,把承包地都交给了合作社。但这种合作社属于综合性合作社,由村集体主办,它与其他农村普遍存在的由农户或自然人主办的专业性合作社不同,是两个类型。而农户承包地的交付方式是入股,这种入股是按照水田 700 元/亩、旱地 500 元/亩、坡地 300 元/亩的价格折算股份的。至于这 3 类土地的基数,自然以重新丈量的数据为准。

到了中午,但杨支委有事午饭后才能回家。杨父及其家人热情地留客吃饭,我们觉得实有不妥,但村里似乎又没有饭店,于是就说吃饭可以但要付费,可主家硬是不收,只好客随主便了。山里人就是豪爽,反显得城里人矫情了。午饭中,杨支委回来了。杨定忠,51岁,黝黑的脸庞和匆忙的行色透着一股精明强干的气势,却含有一种诚恳暖人的味道。坐定之后,就着上面未完的话题,顺着我们的询问,杨支委开始说道。农户向合作社入股的土地,是按照重新丈量和确权的土地面积来算的,也就是说,是按照合作社重新确权后实际使用到的土地面积入股的。这意味着,合作社对村里的田地使用有规划,所以对农户入股的土地要重新丈量并以此为准。对于用到的田地,则按照上述的标准入股。这个标准还可以清楚地表述为:能入股的土地,是新丈量后使用了的农地,这些农地按水田700元/亩、旱地500元/亩、坡地300元/亩的价格折算后,再按500元/股入股,而入了股的土地,需要到年底有产出效益再分红。对于没用到的田地,也就没有入股的资格,农户就自己种。因此,确权是确权,入股是入股,两者是分开进行的,是先确权再入股的。或者说,确权就是要每家每户重新丈量土地,而入股是在确权清楚以后,土地要在合作社的规划范围内才可以。实际上,该村采取家庭种地模式的已经很少了,大多数农户都入了股,估计有80%。以他家为例:新的确权面积为,水田2.2亩(原来是1.5亩),旱地2.7亩(原来是2亩),坡地5.4亩(原来是5亩),这三种土地类型的新测数量都比过去多了,但它们并没有全部被合作社用上。此外,有些家庭会留一些地种菜,还有一些位于山沟沟里的或者合作社不好管理的土地,农户也自己种上了。目前,每户农家都重新丈量了土地,但重新确权后的证书还没有发下来。不过对于具体数据,村组都有登记档案,或者说,每户农家占有土地的详情,都可以在村电子档案中的确权地图上查到。对于此事,村里有村委成员专人负责,而且村民大都很信任他们。在我们看来,塘约村的这种新集体化与其他老集体化农村有很大不同,这种不同从确权角度看,塘约是确权确地确股到户的集体化,而其他农村的集体化则大都为确权到人但不确地也不确股的集体化。说到这里,杨支委对塘约村总支书记左学文很是认同,一再说如果没有左书记的实干、勤奋和谋略,塘约村就不会有现在的局面。他夸赞了一番村书记后,表示有要紧村务需要去处理,便同我们约定晚上继续访谈。辞别杨家人,我们一边游览村里的农地产业以及旅游资源,一边把之前的调研及访谈内容梳理出了一个大体框架,便于一层一层深入细致地感受农地确权及乡村治理的变化。

转眼就到了下午,我们来到一个粉面摊吃晚饭。摊位上,只有摆摊农妇一人,此时时间尚早,生意还不多,于是我们便跟她攀谈起来。这位农妇说,她家一共有 3 个人的田地,也即两夫妻、加一个老妈,但老妈现已去世。而今户口在村里的家里成员已增加到 7 个,也即两夫妻、一个儿子(还有三个女儿户口不在家)及儿媳妇,三个孙子。继而,我们问了她第一个问题:你认为现在调地好不好。这位农妇说:"感觉好啊,我们地少啊。要调就要大家平均一点。人家四川一年一次,我觉得(我们这)是上面不让调。"她还推测村上现在大约有一半人是愿意调地的。由于农地涉及农民生活收入来源问题,于是我们又问了第二个问题:集体化后的塘约村劳力的集中和自由状况。她说,自家的土地给了合作社之后,可以在村里打工,工资是 80 元/天,自己也可以决定是否去。至于土地入股的分红,由于家里总共只有不到 5 亩的田地旱地山地,在2016 年底总共分到了 4800 块。她认为分红不仅少而且要到年底,所以这个钱根本不能维持生活。如今,还要照顾孙子上学,囿于在村里打工时间不自由,于是就摆个摊子一天赚四、五十元维持日常开销。接着,我们又问了第三个问题:你认为土地是生产队的还是每家每户的。她说:"田土是国家的呀,农民要生活,所以分给农民。"此外,关于征地补偿的情况,她只知道修路占用过农地,但由于补偿款没能及时下发,也曾有过阻工事件,不过最后都被那位能干的村总支书记平息了。看她很乐意同我们聊天,于是又谈到村里几乎到处都在新建房屋的现象。她说,这些新房子都是村里要求建的,看得到的(地方)就建了新的,里面看不到的就没要求建。因为会有领导来参观,所以要把"外衣"穿漂亮,这样就会(得到政府支持并对外宣传塘约村)吸引人家来参观、来旅游。对于家里没钱建新房的,村上就动员他们贷款来建,银行会提供专门的小额贷款,合作社则给予担保。还有,政府负责给刷漆盖瓦(农民和政府共建),还负责带地基给起三尺高,自家只负责往上建就可以了。我们寻思着,用这种方式盖新房,有银行给钱,有政府给力,还有合作社担保,真是塘约村民们的福气。这种近似于免费建房的模式，要是让全国多数农村的那些分散单干的农民知道了，不知作何感想。

天色渐暗，我们来到村委边的塘约书屋门口休息，遇到一个主动与我们攀谈的图书管理员。这位外地男孩受聘于一个来自遵义的"遵义阳光"建筑公司和北京的一个旅游规划公司。他说，村里的房屋建筑规划、旅游资源开发、农业公园、未来的民宿设计和培训管理，以及蔬菜种植的产业规划连同外面市场的融资，都是由这个旅游公司来做的，而旅游公司和村委则是合股联营关系。当谈到村里劳动力情况时，他说自己对现在村里青壮年人数具体不清楚，只知道自己来了半年，看起来村里做事的年轻人比较少，故而推测他们大都还在外面打工。但村上开了动员会，动员农户叫年轻人回来。我们觉得，只要在村里打工的工资比外面不低，或者说，只要在村里工作的收入和外面基本持平，那些在外面打工的青壮年就有回来的动力。因为这里毕竟是他们的家呀，在村里就业还可以照顾家人，赚钱和顾家两不误，何乐而不为呢。这个年轻人也觉得，塘约村生活环境不错，水质很好，由于依靠政府修了民宅、道路以及其他基础设施，这里会有更多的投资和更好的发展，在这里工作还是会有前途的。我们也觉察到，塘约的集体化模式中有两个要素，是与其他集体化村庄相同的，这就是政府的关注和扶持，以及能人的领导和带动。这时，信守承诺的杨支委，刚一下班回来就主动找到我们。这一次我们根据调研情况，大致从五个方面展开了访谈。

第一，党政引领改革发展和村民自治。2014 年以前塘约村也像多数农村那样"散"，并没有搞集体化。但就在这一年，村庄连续遭受两次洪灾，村民的贫困问题愈发严重。安顺市委领导很重视塘约村的救灾和扶贫工作，市委书记就来塘约村考察过好几次，至少有一次是没打招呼悄悄来又悄悄走的。这位市委书记的用意，是要把塘约村作为一个脱贫样板来搞。后来，连省委书记都来视察过。加上村总支书记左文学又很有能力，还有谋略和魄力，才把塘约村建设成现在的样子。在这个过程中，村里的经济建设大都是通过村集体的"金土地合作社"来开展的。它其实是一个总社，下设有多家种植农产品的分社，还有一些非农机构比如运输公司、服务公司、妇女联合会等，也是作为总社的分支机构而存在的,且有一些产业是通过政府引进或者合资的。合作社各个层次的负责人都由村集体委派,并且村两委有比较精细的制度来激励和约束他们。不过在我们看来,这些产业的赢利能力建设可能还处在起步阶段,在这个阶段,政府的扶持和引资固然是不可少的,否则,塘约村的产业建设要上规模、成气候,就要花费更多的时间。杨支委认为,村委在推进集体化时,最难之处是如何组织群众把土地集中起来。但这年遭灾后反而有助于解决这个问题,因为很多村民由此想通了,就是都已经穷到底了,还有什么好计较的呢。再就是在推出乡规民约这件事上,他也提到之前很多村民"不是吃酒就是在吃酒的路上",对此村委设立了"红九条",用以规范过于泛滥的红白喜事,以及解决一系列村民的大吃大喝问题,并且规定谁触犯规则,就不给谁家办理生产生活的相关手续。他认为,对于村民之间的纠纷应该有理可依,而不是放任村民自己扯皮打架解决,但这些上不了法庭的事只能用土政策或者叫派出所来帮忙。还有,对于村里搞基础设施建设所涉及到的土地或者房屋权益问题,大多数村民都是理解村委的。因为这些事情都是经过村委讨论后一致决定的,是以全体村民的利益为出发点的。但即便如此,也存在钉子户问题,全村大约 50 户里就有 2 户,不过,现在他们也开始慢慢转变了。至于类似装电表和小孩上学这类生活上的事情,家家户户也都需要依靠村委解决,单个家庭自己是办理不了的。

第二,村民建房贷款的抵押担保。这一工作是从 2015 年开始的,村民建房的贷款用的是自己的名义,由合作社担保,即便是土地权证没到手,只要"金土地合作社"给农民提供相关担保手续,银行也可以给农户贷款,而土地的所有权属于金土地合作社,抵押担保也有专人来负责。

第三,对调整土地的看法。他认为应该重新调整划分土地,比如他所在的组,分田地的时候有 92 人,而现在有 140 多人了,人多了而土地没变,人均地少了。但是,有的人 1 个人"吃"9 个人的地,他自己种不完,还撂荒土地,这样的人家就应该把土地拿出来给集体,让集体重新分配,不能浪费宝贵的土地资源。与此相对照的是,有的人家很多人"吃"一份地,虽然不够"吃"还可以打工,但是"能打和想打是两回事",不是总有机会可以打到工的,而调整土地可以为农民的生活留下退路。

第四，林权、水权和宅基地确权。塘约村林地重新确权的结果，如同田地一样，都确多了，因为确少了农民就要退还之前退耕还林的钱，而且这两年退耕还林的钱已经越给越少了。同时，因为航拍的林地边界很难确清楚，所以林地测量难度很大。至于水权确权问题，村里生活用水的水权在组上，山泉水从哪个组的地面上流出来就归哪个组，加之用水的管道都是组上自己安装接通的，所以水费也是由组上来管理收取的。虽然村里也有用电机抽水的，但各个组需求不一样，也就都分别归组上管理了。但是，河水是国家的，不是村的，如果村上要用到河水，按理就要办水权相关事宜，不过这个暂时还没有确权。再者，村子里宅基地的所有权是集体的，但地上房屋的所有权归属于农户。

第五，农地确权后流转到集体及折价入股的方式。对此，杨支委带我们来到了他的办公室，一边向我们提供流转和入股的资料，一边说，由于产业风险不好控制，流转入股的合同一般都是签的5年。而土地确权后折价的钱，村里并没有付给农民，而是全部直接折价入了股。通过杨支委提供的流转入股合同，我们发现，果地流转期限签的是10年，水田的流转期限签的是5年，而且每种确了权的农地都有流转和入股两种合同。这是两件事，但又是有联系的两件事。对此我们认为，相较于先入股再入社的方式，塘约的入股就是入社；而相较于先入资再入社的方式，塘约的入社无需入资。但塘约的这种入股即入社又无需入资的方式，需要政府扶持和党政带动，光靠农民自发而为恐怕不行。

第六，农地确权工作的开展。这种工作的开展大致可以分为三个阶段：首先，村两委开会明确集体化方向，继而由每位村委回去说服家人，以自家的承包地向银行贷款，作为全村土地确权的启动资金。在干部带头的基础上，通过反复开会的方式，动员村民配合村委开展确权工作。对于那些不敢把土地拿出来的农户，村上成立了矛盾排解中心，由经过培训的专门人员为问题农户讲解集体化的好处，以达到为农户释疑解忧的目的。其次，聘请专业测量公司测量需要确权的土地，为了让农户放心和满意，测量时请农户来现场监督，并且将测量结果反复地和农户进行确认，最后将测量结果进行公示。再次，确权之后的土地,会颁发土地确权证书,而且会建立电子地图档案,以方便村民随时查阅。

总之在我们看来,塘约村农地确权的最大亮点,就是在重新确权确地又确股之后再集体化。就是说,确权本身并非目的,搞集体化并以此振兴村庄才是目的。而这种新集体化与老集体化不同,因为相较于同样是政府扶持、党政带动的河南刘庄村、南街村等农村,它们的模式是确权(成员权)到人但不确地到户的集体化,而塘约村的模式则是确权确地确股到户的集体化。不仅如此,我们还总结了塘约村蝶变的五个逻辑。它们是:穷则思变,是塘约蝶变的观念逻辑;党政驱动,是塘约蝶变的动力逻辑;"七权同确",是塘约蝶变的确权逻辑;农工并举,是塘约蝶变的发展逻辑;"红黑有约",是塘约蝶变的村规逻辑。不过,对这五个逻辑的深度阐发,还需要有更为细致的调研取证,才能充分展开。

22. 小岗村承包地经营权分置困境与鸽子笼村"征地补偿 3.0 版"

（安徽省凤阳县和肥西县,2017 年 12 月 22 日）

安徽小岗村这个地方,对于关切中国改革的人们来说,恐怕是没有不知道的。从这个地方所引发的改革浪潮,汹涌奔腾了三十多年,直至今日,它不但没有平息的迹象,反而被赋予了动力意涵而愈益为举国上下所重视,成为持续驱动国家发展的动力源,甚或是解读中国道路的密码。不过,如果"朦胧化"它对城市改革的启发和影响,而主要讨论它对"三农"发展的意义,那么三十多年来学界对小岗的各种褒贬争议之声,也从未停歇。持支持意见的认为,起于小岗的联产承包继而家庭承包也即"大包干",在向全国农村推广之后,使得粮食连年丰收增产,不仅解决了农民温饱问题,而且似乎也"一下子"就解决了全国人民的吃饭问题,或者说,中华人民共和国成立后长期困扰人们的粮食短缺难题终于得以解决,故而,其功莫大焉。持不同意见的则认为,小岗经验就是一种"短见"。这种"短见"的意思就是,分田到户的"大包干"立竿见影地解决了国人的吃饭问题是不错,但它的制度绩效也消解得很快,也即这种制度解决温饱问题可以,但再往前走一步就难了。

事实上,众所周知的"三农"问题就是从此时出现的,也即从 1985 年左右开始萌芽而后生发进而爆发的,新世纪以来以国家之力抚之,虽得以缓解但至今"余音缭绕"。这即是说,分田到户的制度生命力如果能够撇开工业和城市有自我完善和自我前行的可持续性,那么"三农问题"就不会出现。而那些未分田到户、坚持走集体化的村庄如华西村、南街村等,不都成了致富明星村吗?当初这些村庄要是也分田到户了,那么它们会有今日之耀眼成就吗? 还有,如若沿着改革前的思维逻辑推演,那么可以说,所谓分田到户,就是政府向那些人数众多的"落后"农民让步,以换取他们的生产积极性。只不过,其代价不仅是经济上的"短视",在其他领域的代价可能更大。这突出地表现在利己主义思潮的猛然回归,让毛时代"斗私批修"的成果(如果有的话)瞬间灰飞烟灭。此外,还有一种来自西方产权经济学的观点,认为任何财产必须界定清晰,不然就会"租值消散",也即这项财产就会贬值,直至无价值。其中所暗含的假设,就是人是理性人,这种理性人是追求利益最大化的,再往宽广处说,是追求效用最大化的。将这样一种假设嵌入市场制度的逻辑就是,如果财产权利界定不清楚,那么就会引致"搭便车"和外部性,于是财产的交易费用就会持续增加,直至整个社会都不堪重负。这样,财产因无法交易而无法识价,终而导致价值消散甚或归零。

不过在我们看来,如果事物可以随意切割,继而可以将切割部分置于显微镜下观察,那么这三种观点都有道理。问题是,事物被切割之后就不是原来的"事物"了,如同人被截肢后,就不能用截下的肢体来说明原来的"人"本身一样。所以,要辨识一件事情,就要持一种整体、全面、有机的观点,才有可能看到事物本来的样子。但事物的这种"本来的样子"很可能就是多面的和结构性的,因而也很可能是难以达成共识的。在如此情形之下,倘若再不亲临实地体验,而只是满足于"坐地冥想",那么事物的这种"本来的样子",恐怕就更加依赖于主观猜想了。而"猜想"的靠谱性有多少,就只有天知道了。不过,这种实地体验往往需要有比较"厚重"的理论素养作为支撑,否则即便是"亲临"了,可能也就只剩下采风赏景了。其实这也意味着,有理论呵护的田野调研固然重要,而可以"活化"心灵的采风赏景同样也重要。

安徽小岗村调研在经过长时间准备后终于启动了。本着去一次安徽不容易,去一次凤阳小岗村更不容易的想法,在与安徽有意陪同我们调查的老朋友商洽好访谈事宜之后,调研小组把行程排得满满的,除了最重要的小岗调研,还有一些途经之处的人文风情和历史名迹的体验安排。也即沿着从安徽的北部到南部,计划由蚌埠经凤阳县到达小岗村,在小岗村暂定两天的调研时间,然后往南去合肥的肥西县调研,最后继续往南,体验一把"黄山归来不看岳"

的秀美,也算是不枉去安徽的迢迢之途。

2017年8月20日中午从长沙出发,到达蚌埠已是下午五点多。蚌埠这个地方,历史上很长时间都是属凤阳县管辖的,20世纪初这里修建了火车站,1947年正式设市,是一个名副其实的火车拉来的城市。蚌埠境内相传有大禹治水的涂山、发现和氏璧的荆山以及楚汉相争的鏖战之处——垓下古战场,这些蕴含人文历史的古迹来了不去瞻仰实在可惜,但由于行程紧张只好作罢。次日早上吃过早餐,便赶往蚌埠汽车站坐上了去往凤阳县的汽车。由于凤阳到小岗村的车每天只有早上9点和下午3点两趟,早上9点的是赶不上了,所以只好坐下午3点那一班车。这样算起来,在凤阳可以停留四五个小时,于是我们决定抓紧时间,去凤阳的主要历史遗迹逛一逛。说起凤阳县,首先想到的便是,它是明太祖朱元璋的家乡,有举世闻名的明中都皇城和明皇陵,有朱元璋出家礼佛的龙兴寺等等。我们按照龙兴寺——明中都皇城遗址——明皇陵——鼓楼的顺序去参观,可以最大限度地节省时间。一圈走下来,龙兴寺的幽静,明中都皇城遗址的破败,明皇陵的肃穆,鼓楼的沧桑,无不让我们感慨:物是人非啊。历史上的人都已经逝去,只有这些建筑还在,传说还在。

下午三点,准时坐上了开往小岗的小巴车。在车上的时候,心情还是有些激动的。毕竟小岗村开了改革之先河,是名副其实的全国知名甚至世界知名的乡村。我们觉得,小岗村20世纪70年代末的包产到户其实就是包产到人,只不过是把人打包成了一户。现在看来,小岗包产到户的历史功绩是毋庸置疑的。例如:调动了农民的生产积极性,从当时的困境中走了出来;启发了城市的产权改革及其他改革;突破了对苏联模式的认识结构等。不过任何事物都有两面性,"大包干"也不例外。这种负面性包括:包产到户把人心搞散了,人们又开始自私自利了,思想返祖了;基层政权的执政力弱化了;这种做法,吃饱肚子可以,但致富无望。这或许是一种跳出当时的情境,以客观心态作出的判断。但同时我们也告诫自己,即便是这种判断,也不能将其形成一种"成见"而带入调研场景,继而成为实地调研判断的约束。就是说,"不要带着自己的成见进入一个新的调研场景"应该成为一项调研准则。

经过将近一个小时的颠簸之后,终于到了小岗村。我们下车的地方就是小岗村的乡村旅游区,南北向的改革大道十分气派,望不到头。第一眼对小岗村的印象就是,好整齐好干净,不过想来这本就是一个旅游区该有的样子。安顿好之后,我们就去游客服务中心,打算坐车去参观几个纪念馆,结果被告知今天要下班了,只好明天一早再去。于是我们便在村子里随意走走,看看是否可以寻到访谈对象。出了游客服务中心,看到的第一个建筑景点便是沈浩同志纪念馆,继续往前走,就到了一个十字路口。这条东西向的路叫友谊路,是小岗村的主路,它是江苏长江村援建的。友谊路上矗立着一个大大的牌坊,上书"凤阳县小岗村"六个大字,落款是"费孝通",很是气派。这条路两边的建筑都是灰白色的,好似皖式格局,看起来还是很"有型"的。道路两旁都是一些商店、饭馆,应该是条商业街,不过路上冷冷清清。虽说这个时节游客可能较少,但当地的村民也没见几个,这和我们以前调研过的农村有些不同。

走了一段路,便见到离主路较远的地方有一座小房子,门口坐着两位老人,像是俩老夫妻。我们觉得,这可能是一个进入调查场域的机会。看到有人过来,两位老人从房里拿出了两把小凳子,很热情。我们向对方表明来意、自我介绍之后,老人也自我介绍说,他是严俊昌,"大包干"带头人。我们心里顿时肃然起敬,那个在各种书籍中见过多次的名词"大包干",就是面前这位老人带头做起来的吗?这位老人转身从房里拿出来一些证书,还有国家领导人来访时拍摄的纪念照片给我们看,让人顿时觉得这位老人就是一位影响历史的人物。于是,我们就请他讲讲过去的事情,以便重新了解一下那个时候的小岗村、那个时候的小岗人。

不难想象,作为"大包干"的带头人,老人这些历史已讲过多次了,但他给我们讲起来还是那样有条有理、头头是道。他从20世纪50年代末到60年代初的"人民公社"、"大跃进"和"大食堂"讲起,具体内容在相关访谈录音稿中有详述,这里只做简要说明。他说,当时小岗饿死了67个人,死绝了6户。穷则变,变则通。在穷到极致的情况下,70年代末小岗生产队秘密地按下了红手印,开始了联产承包和包产到户的变革。虽然当时大家说好不准泄密,但没有不透风的墙。那时的县委书记陈庭元、区委书记王郁昭、省委书记万里先后都注意到了小岗。幸运的是,这几位地方三级主要领导对大包干的行为皆表示赞同，而这种赞同，在当时可以说就是和政策对着干的。直到后来中央承认了包产到户，严俊昌心里才不再担惊受怕。还有，据这位老者说，大致从90年代初开始，农村存在乱摊派、乱罚款现象，因此他写信向此时已是国家领导人的万里反映，中央派调查组来小岗核实，继而在全国取消了"两粮"也即征购粮和订购粮，取消了粮食征收部门，直至于2006年免除了农业税。

正聊着，另一位同是"大包干"带头人的严美昌过来串门，看到我们在搞调查，他也很感兴趣地参与进来。据两位介绍，刚开始搞大包干的时候，这里叫小岗生产队，当时的大队叫严岗大队。1993年春天，小岗队和大严队从严岗村分离出来，单独成立了小岗村。2008年初，在全县村域行政区划调整时，小岗村又与石马村、严岗村合并成立了现在的小岗行政村。由于土地确权和土地流转是我们这一系列调研中比较关注的问题，而且在路上就听说小岗村有4300亩土地流转给了外地人，于是就这个情况询问两位老者是否属实。但令人诧异的是，一提起这4300亩流转土地，两位老者顿时显得义愤填膺。于是，他们的介绍和随后的观察也就慢慢颠覆了我们来此地之前对小岗村的印象。

据他们讲，小岗村的这个4300亩流转土地的承包人（经营者）已经换了七个了，每一个过来都是搞一下就不搞了。个中缘由，初步估计是承包人（经营者）付不起这么多地的租金，但农民如果拿不到钱又不会罢休，所以每年都是县财政拿钱出来，补上这个口子的。而今，这个4300亩的流转地，总共只种了300多亩，其他几千亩都荒着。近年国家领导人来小岗视察时，当地就在车队途经的路边，全都种上从车窗往外看时能遮蔽人视线的树木（这些树木在国家领导人视察之后就被撤走了），并且将车队带到庄稼种得比较好的田间去参观，还说流转后的4300亩农田基本都长得这样好。两位老者说到这里都很气愤，表示这不就是弄虚作假、不就是腐败吗！听到他们这样说，我们心里暗暗吃惊，甚或简直就不能相信，连十八大后的国家领导人都敢这样明目张胆地忽悠，感觉小岗村的"水深不可测"。问题是，要不要趟这趟"浑水"呢？这是一个让人纠结的问题，安徽的老朋友也劝我们不要管这些"闲事"，免得被动。我们思虑着：如果"不趟"，风险的确可以避免，但有违我们这次调研的初衷,从而让此行变得无甚意义;若是"趟了",意味着可能有风险,但守住了职业精神和个人价值。权衡再三,最终还是决定将此事尽可能地"和盘托出"。因为人活着总是要有些担当的,不能总是畏首畏尾,不然就是活过百岁也枉然。这种权衡思量,也是此次调研的访谈通讯稿推迟刊出的原因之一。

据两位老者介绍,小岗村没有集体经济,也没有村民小组。村里的旅游设施是"县建县有"的,街边的饭馆商店是各家各户的,培训中心大楼(宾馆)是外地私人向村里买地自建的,等等。由于没有村民小组一级的制衡,故而村级主官的权力大且无约束。或许因为如此,小岗村的村级班子有一个省派的第一书记职位,同时还设有村书记和村主任及其副职。对此,我们深感现在的小岗村不简单,基本的判断就是,现在的小岗已经不是原先的小岗了。小岗村,这个中国农村改革的明星村,它始于 70 年代末的出名,对它自身来说到底是好还是坏呢?这个村子的出名,的确给它带来了很多商机,许多投资人看中它的名气,看中社会对它的关注,看中国家对它的扶持,但这些似乎都与小岗村民的关系不大。从这两位"大包干"带头人的角度看,不知从何时起,小岗村开始成为了一个复合着多种有待开发资源的共同体,说得糙一点就是一块肥肉,那些有权力有门路有背景的人纷至沓来,不就是想借小岗的名头,从小岗这个地方分杯羹、捞些好处吗?

8 月 22 日上午,按计划我们依次参观了"大包干纪念馆"、"当年农家"、"沈浩同志纪念馆",不到三个小时就全部逛完了。其中:"大包干纪念馆",是由曾任人大常委会委员长的万里同志手书题名的一家以纪念"大包干"为主题的纪念馆,馆中所展示的,是有关"大包干"的详实资料或者是那个年代凤阳县和小岗这个地方的"三农"情形。"当年农家",就是当年小岗生产队的成员按红手印、甘愿冒坐牢风险也要分田单干的破屋子。只不过,现在人们见到的这栋"破屋子",是后来移位重建的,或者说,它不是"原装"的。两个现代化的纪念馆里都很整洁干净,工作人员大都是县里派驻的,一看就知道它们含意着"国家意志",而非小岗村所为。"沈浩同志纪念馆"里所纪念的,是一位由安徽省财政厅派驻小岗村的第一书记,不过听讲解员介绍说,这位第一书记是累死在这个岗位上的。来小岗参观的人也大都是由单位组织集体来学习和培训的,像我们这样"微服私访"过来调研的尚未遇见。此时离午饭还有段时间,于是我们决定先去看看距离小岗旅游区比较远的似乎是新建的一片农宅区。这片新建的农宅区,其实是将离此地不远的一个村庄整体移民过来后重新建设的。所以,这边的住房几乎都是一模一样的,看起来很有规划感。不过走来走去,倒是没见几个人,只碰到过一位老妇。据她讲,自己是原石马村的人,这些住房是自家出钱换购的,政府也给了一些补贴。我们猜测,这可能是当地政府推出的一项集中居住措施。其好处在于,一来可以用小岗的名气带动这个村庄的发展,二来可以把迁村腾出的土地加以整理后更好地利用起来。

此时已是午饭时间,于是我们随意走到小岗村的主路也即友谊路边的一个饭店就餐。没想到的是,店主人也是当年"大包干"的带头人之一——严立华。而且,当年的红手印就是在他原来的老宅按下的,也就是如前所述的"当年农家"后移十几米处,但这个地方现已改做他用了。在与严立华聊天的过程中,我们发现他不像严俊昌、严美昌那样情绪容易激动,感觉就是一个和蔼的、与世无争的老者。他家里摆满了历届国家领导人到访时的照片,看上去挺壮观的。对此,他也没有如常人般见谁都炫耀,给人的感觉,似乎有一种心如止水的味道。我们觉得,尽管他是一介农民,但这样的农民应该是见过大世面的。所以,人是否成熟懂事有定力,是与其人生历练的广度和深度正相关,而与他所从事的职业的相关性就没那么明显。

由于惦记着下午与严美昌的约定,吃罢中餐后,我们没有过多地在严立华家停留。此时正是下午两点,艳阳高照。我们坐上严美昌驾驶的农村特有的小三轮,开始环村一周,听他讲解。首先是到了小岗干部学院,干部学院后面还在施工,据严美昌讲,这是个几个亿的工程。再往前,则是小岗村以前的蘑菇大棚所在地,但现在已经破败不堪。他说,这个蘑菇大棚刚开始搞的时候,有一些大学生过来创业,国内的媒体也争相报道,然而却在上级视察完毕、支持资金拨付到位之后,就戛然而止了。其中有一对大学生情侣,女的在受到当时国家领导人的询问和表扬后不久,就被提拔为县委干部,男的后来也转为公务员了。在经历一番田埂小路的颠簸之行后,映入眼帘的就是大片大片被荒弃而长满野草的农田。这些废弃的农田和产业项目,还包括我们继续前行所见到的 4300 亩流转示范田、金小岗项目、葡萄合作社、从玉项目、洪张健康产业园等。

外地公司来小岗村搞项目的理由大同小异,无非是借搞现代农业和特色农业之名圈地牟利,不过这种牟利机制目前还不能都说清楚。大致的推测是,土地经营者有从中央到地方的各种农业政策项目套利,估计这种项目的套利空间很大,所以"荒地"也能赚钱。否则,这种情形的出现就着实让人难以理解,总不能认为这些土地经营者是脑子进水了,便跑到这儿来"烧钱"的吧。不管怎样,实际结果就是农地大都被闲置,或者农田大面积被抛荒。严美昌带我们走的这一圈,从洪张产业园到从玉项目,没有一块土地上是长着庄稼的,最多不过是种了几棵树。而严美昌说种那些树是为了遮丑的,因为各级领导来视察的时候不能太难看。但拿了土地,不搞农业生产,那用来做什么?严美昌说,外面来的项目是为了骗取国家补贴,"每亩国家补贴 400 元,当地政府补贴 400 元,'从玉'每亩 800 元从农民手里拿土地,他根本就是不花本钱做买卖。对于大型农业项目,国家还有项目补贴,大约三四千万呢,他就骗这个钱"。如果严美昌所言属实,那么从玉项目便是空手套白狼招数的"典范",千亩荒地上只立着一个光秃秃的"现代农业示范区"标志牌。不仅如此,从玉项目地里的十来个玻璃蔬菜大棚,也是靠着相关部委的补贴建设的,但现在也全都空置着。严美昌认为,这些外来的经营者与上到有关部委、下到基层官员必定有关系,否则他们就拿不到这么好的项目,或者就算是拿到了也做不成。在这个过程中,这些官员获得的利益自然也是这些经营者留下的。他还说,这些项目的负责人早就跑路了,"补贴拿到手,跑路是迟早的事,他们本来就不是真来种东西的"。问题是,公司跑了,村民的土地租金怎么办?据严美昌讲,这就得由政府财政来"背锅"了。因为不同于其他农村的是,小岗村土地流转的中间人是村镇两级政权,村民并不和项目开发公司或者流转土地的经营者直接接触,都是村镇从农民手中把田地收上去,再打包流转给外来公司的。所以在村民眼中,项目公司并不是第一责任人,上门跟他们拿地的小溪河镇人民政府才是,所以镇政府才是"债主"。故而在公司跑路之后,政府只好用财政拨款补上小岗村流转土地的租金缺口。不过,还有个问题要重申一下,就是这大片的农田似乎也不是荒弃一两年了，难道当地政府每年都要替土地经营者"背锅"而向村民支付租金吗？可能的情形是，政府会找其他经营者来顶替，如前所述就换了 7 个经营者，但每个经营者都搞不长久。如果我们没猜错的话，这是当地政府在玩"击鼓传花"的游戏，就看是哪个倒霉的经营者接最后一棒了。

其实，此前我们对小岗村的荒地数目并没有多少概念，直到严美昌开着他的"小三斗"带着我们去田间转了一大圈，才真正觉得触目惊心。小岗村广袤的农田里几乎全都是杂草丛生的，这种情形估计约占了小岗农地的四分之三。不过，少量没有流转出去的农田里大都有长势喜人的庄稼，而那些流转出去的农田虽然也有少数种着庄稼，但长势明显地就不如农户自种的好，这显然是由于缺乏精细的田间管理所致。此外，小岗村也吸引了一些培训机构和非农企业入驻，但这些入驻小岗的非农企业中，有一些却是建有标准厂房设施却弃之不用而空无一人的。

在经历这一番实地观察所带来的头脑风暴之后，严美昌带我们回到他的家里，接着就给我们拿出一沓资料，说这是他实名举报小岗村村委会主任关友江（也是"大包干"带头人之一）的材料，以及一些自家的利益被村委侵害的证据。他说这些材料曾递交给多个部门，但是都没有回应。至此，我们真的感觉到，在小岗村的政治光环背后，是一个放大了农村问题的普通农村，它同样面临着和其他农村一样的困境，诸如田地的重要性弱化、村民之间利益关系纠缠不清等等，它更有着小岗名气带来的双重后果，也即财政支持与投机捞钱。可见，小岗的实际情况并没有表面上的那样风光，而且这些情况所牵涉的，或许就是一大批人的既得利益。这即是说，小岗的"水非常深了"。至少，当年作为一个整体的"大包干"带头人已经分化了，分化为不少于两派的利益群体。不过我们也观察到，小岗在反映农村问题上是有代表性的，也即小岗所反映的问题，往往就是全国农村问题的缩影。只不过，这里的问题总是显得更为突出罢了。在这层意义上说，如果能够治理好小岗，那么这种治理经验可能就会有全国性价值。与此同时，我们还察觉到，此次小岗村调研似乎已经引起与严美昌等人对立的另一派的注意。由于人生地不熟，为以防不测，我们决定尽快离开小岗,按计划前往合肥。

在合肥稍作休整之后,我们在安徽的老朋友亲自开车,送我们到肥西县鸽子笼村,以便了解当地人地关系的基本情况。我们对该村的毛书记进行一次访谈。据她讲,鸽子笼村有 21 个村民小组,500 多户,2000 多口人;耕地有 2260 亩,山地有 10600 多亩;村里有两个大水库,面积有 700—800 亩,有一百多口水塘。最近一次农地确权,鸽子笼村的程序是这样的:县国土局、测绘局等有关部门把田地确权委托给第三方公司,这家公司首先会拍一个航拍图;然后确定地块的承包人,也即用一种仪器测量航拍图上对应的田地,制出相应的表格;公示出来,让村民确认是否正确。不过,村民觉得重新测量土地也没多大用处,毕竟生活的主要来源不是来自种地抑或"土里刨食",所以土地测出来多一点少一点,很少有人质疑。鸽子笼村这次确权的土地面积还是比较精确的,至少,在承包地确权过程中把田埂、水塘等的面积都去掉了。

鸽子笼村总共流转耕地一千多亩,林地一百多亩,流转价格主要是水田 600 元/年亩,旱地 500 元/年亩,林地 150 元/年亩。流转户主要种植水果、观赏树等,流转期一般为 10 年或 15 年。流转土地时,确定地块面积用 GPS 工具测量,这样测量出的结果比之前确权的面积要大,所以农户很乐意将田流转出去。对于土地承包期限的问题,毛书记表示,对于现在的农民来说,田地已经不是生活的主要来源了,因此田地在期满之后动不动、调不调,还是继续维持现状,只要是国家政策,农民都不会有大的异议。相比于其他地方,我们感觉到,鸽子笼村的村民更好的践行了"农村土地是集体的"这样一种制度内涵。就拿征地补偿款分配制度来说,我们去过的大多数农村,征地补偿款都是直接补给土地承包户的。这种"征谁补谁"的制度,在我们看来,就是一种只考虑承包权益、不考虑所有权益的做法,因而可以视为"征地补偿分配制度 1.0 版"。对此,有些村组已在自我升级,譬如湖南衡山城郊的一个"组",为了抚平征地补偿给"组"内成员带来的利益纠纷,就将所有承包地从农户那里收回,继而将征地补偿款按"人"平均发放。此外,该"组"还将剩余的约 20 亩田地全部出租,所得租金亦按"人"平均分配。于是该组成员也就拥有了集体土地的平均份额权,也即征地补偿的平均分配权和土地出租的平均收益权等成员权利。不过,这种做法在我们看来亦有"矫枉过正"之嫌,故而将这种只考虑所有权益、不考虑承包权益的做法,视为"征地补偿分配2.0版"。

而在鸽子笼村,他们发明了一套自己的分配方法,也即为平衡那些承包地恰好被征收但未得到相应补偿款之农户的利益,该村将征地补偿款至少分两部分发放。一部分以每年每亩600元的流转市价乘以二轮延包的剩余年份数再乘以实际被征地亩数,发放给承包地被征农户,视同他们将承包地流转给了村组集体。剩余部分则以"组"为单元按"人"平均发放,其中也包括被征地农户。这种区分所有权益与承包权益的做法,可以视为"征地补偿分配3.0版"。这个版本的制度内涵可以再详述为两种情形:(1)假设二轮承包期限2027年到期后,田地会重新调整,那么征地补偿款则分为两部分发放。一部分是按照当年的土地流转价格(例如:600元每年每亩),乘以实际被征收的承包地亩数,再算出至2025年共有多少,付给承包地被征农户;另一部分则按照全组的人头数平分。这种分配制度意味着,等到2025年,如果"组"上重新分地,那么之前被征收土地的农户也有资格分到新的地块。在我们看来,这是一种有前瞻性的考虑,也就是说,如果当时承包地征收款全部付给了相应的承包农户,那么到调地时这户农家就一定会丧失分地资格,从而也可能就丧失了集体成员权。(2)假设二轮承包2027年到期后,田地没有重新调整的政策,还是维持原状,那么征地补偿款则分成三个部分发放。第一个部分是按照当年的土地流转价格,算出至2025年共有多少,付给承包地被征收农户,其步骤、含义与第一种情形的相应之处都相同;第二个部分留下来不动,以防承包到期不调地,届时再作为补偿付给当时被征地农户;第三个部分,全组按照人头数平分。我们觉得,这种征地补偿分配制度,是我们在村域调研中所见到的最能体现"均衡构造"意涵的制度了,因为它既落实了农民集体的所有权益,又保障了被征地农户的承包权益,还具有前瞻性,也即避免了今后可能会发生的纠纷,可谓是实践出真知。

通过这几天的安徽村域调研,我们获得了深刻感知、获取了丰富资料,收益颇丰。但正所谓"生于忧患,死于安乐"。我们觉得,小岗村可能为盛名所累,或者说是困于成名所衍生的利益纠葛和利益争夺。其虽有光鲜之外表和耀眼之光环,但在农业农村现代化道路的探索上,在精神层面似乎已经滞后了,甚至落后于全国许多名不见经传的农村了。当然,这并不意味着它从此不再重生,不会再有转机了,而是期待这种重生和转机能尽快出现。但情形究竟会怎样,我们只有拭目以待。

23. 华西新市村的集体成员权益

（江苏江阴市,2018 年 2 月 28 日）

华西新市村由原来的华西村或者老华西村合并周边的 20 个行政村而成,因而这个"新村"由 21 个行政村组成。所以,它至少在中国是名副其实规模最大的村,用当地人的话来说,就是"天下第一村"。这样一种村级行政规模,在中华大地上确实难觅二处。有心人可能会问,为什么这个"新村"中间要加一个"市"呢? 这就体现了该村已过世的老书记吴仁宝的"农民式智慧"。据说,政府有意将这个辖有 21 个行政村的新村升格为县级市,但吴仁宝没说赞成、也没说不同意,他的意思是,既然如此,那就将华西村改为华西新市村吧。这即是说,华西还是一个村,但是一个新市村,也即一个新的城市模样的农村。在我们看来,这样一个有着中国农民的狡黠或者说均衡智慧的名称,恐怕只有像吴仁宝这样的"顶级农民"才想得出来。坊间传言这位老书记信奉"宁为鸡头、不当凤尾"的格言,但我们认为,这种传言只停留在表象,而未触及本质。试想,如果华西成了一个县级市,那么这个村两委也就成了县级党委政府。这样,级别规格是上去了,但是,在这个体制框架中吴仁宝要施展拳脚无形中就多了不少掣肘。至少,在现行体制中村支书是可以亦政亦商的,而县委书记则只能从政不能从商。如此一来,他还怎么亲自掌舵华西集团这艘巨轮。而执掌华西集团并借此带领村民共富,这才是这位老书记的人生要义。所以说,吴仁宝是一位胸有大格局的"顶级农民",是不能用一般的农民思维来揣度他的。

想当年,邓小平同志在长期审视中国及其他国家的社会主义实践之后,首提社会主义本质论,从而耳目一新地突破了"社会主义特征论"的认识格局,一下子就把中国的社会主义理论和实践带入了一个全新的境界。在这个全新境界中,"共同富裕"作为社会主义目标,一直为"庙堂江湖"或者"朝野上下"所关注和讨论。不过,"共同富裕"指的是一种普遍富裕的状态,而这种状态既不是指空间上的"同样富",也不是指时间上的"同时富",而是指普遍富裕基础上的"差别富"。虽然这种"差别富"中的"差别"界线究竟在哪、可以允许的"差别"程度又是多大,以及诸如此类的问题尚且未置可否,但它既是指物质生活上的不同富裕程度,也是指精神生活上的不同富裕程度,这是需要引起注意的。这也就是华西人所说的"口袋"和"脑袋"的富裕问题。但人们可能更为关注前者,甚或醉心于炫富晒财,也或者忧心于贫富分化,只怕是只有少数人会对后者用心,而这少数人无论贫富与否,可能就是这个社会有思考力的人。也因之,以"物质"维度为基础、以"精神"维度辅之,应该可以较为全面地观察和解读"共同富裕"的内涵。这即是说,"物质"终究是一个判断"富裕"的基础维度,也是人们最为关注的一件事物,故而更多地从此来观察和评价"共同富裕",或许可以得到更多的认同。

然而于我们而言,关注华西则另有意图。华西抑或华西新市村属于"集体化⁺确权不确地"制度类型,这里的"集体化"是指偏好集体化制度,"确权"是指确认集体成员权,"不确地"则是指不确认承包地也即不分田到户,总结起来意即走传统集体化道路。毋庸置疑,华西是这种制度类型中的"领头羊"。而我们的意图则是:这只"领头羊"的成员权益究竟好到了什么程度?尤其是听闻华西近年来在搞股份制改革,这是否属实?倘若如此,华西又是怎样改革的?这是否意味着"集体化⁺确权不确地确股"制度类型的横空出世?诸如此类的疑问撩起了我们的好奇心,故而非得亲临探究一番不可。

2017年12月29日下午,我们从长沙出发去往华西。晚间高铁到达无锡市,这里的夜晚繁华喧闹固然吸引人,但华西距离无锡只有二十几公里,我们觉得往程没必要在此地耽搁,返程时若有时间再来,所以按计划即刻去往华西。来无锡接站的司机是我们入住华西旅店的老板娘帮忙联系的。他虽然不是华西人,却已在华西生活了十几年之久。在车上,我们问他可否引荐一些华西村民进行访谈,他却说,华西村对来访者和旅游者有专门的收费接待流程,只说第二天带我们观光式地游览老华西村。后来我们根据种种迹象确认，他只是一个专门揽客的无证导游而已。不过，我们还是从他那里馈入了一些感兴趣的信息，比如老华西村的村民、后来并入华西新市村的周边村的村民以及像他这种生活在华西的"体制外"的外地人，待遇差距十分明显。这意味着华西的福利待遇有许多等级，而这些等级有明显的甚或是很大的区别。对此，我们的初步判断是，生活在华西的人的权益，可以分为成员权益和非成员权益，成员权益中又有核心成员权益和非核心（一般）成员权益，核心成员中也有不同的分级，例如高层、厂长、车间主任、班组长或者普通村民等等。这些层级下不同的福利待遇和利益差距，都将是未来几天我们在华西村需要搞明白的，也即是说，集体成员权益是我们观察华西的重要视角。

第二天早上吃过早饭，我们开始参观老华西村。坐车前行，首先映入眼帘的是华西幸福大桥，大桥的不远处弧形排列着两层小白楼，上有"高高兴兴上班，平平安安回家"的标语。司机向我们说明这是华西龙希国际大酒店的员工宿舍，也即在大酒店还没建好的时候，这里曾是华西为外来务工人员安排的住处，酒店建成后，这些外来务工人员就全部搬入了工厂宿舍。华西的标志性建筑之一，是龙希国际大酒店。对此，只看一眼外在，给人的感受就可以用两个字来形容："高"、"豪"。走进酒店内部，可谓是金碧辉煌、富丽堂皇、财气满满。事实上这个酒店建设的高度是有讲究的，也即华西龙希国际大酒店高328米，建于2008年，而2008年北京最高的楼是国贸，也是高328米。对此，司机说，吴仁宝书记的意思就是要和"北京"，也即党中央、国务院保持"高度一致"。而且，老华西村的村民可以一年四季在此免费入住，也可以算作是核心村民的一种身份性成员权益。说到华西村的标志性建筑，除了这个奢华的大酒店外，还有华西的九座金塔和龙西湖。先不说龙西湖的风景优美，单是这九座金塔就有它自己的由来典故。据司机讲，起初华西村只有一座金塔，后来有中央领导来参观，看到这一座金塔和这一汪湖水，就和吴仁宝书记开了个或许是有着深意的玩笑，说这一塔、一湖，就是"一塌糊涂"嘛。老书记记在心里，说要建就要建它个"十全十美"。后来的九座金塔就是这么而来的，加上老金塔和那龙西湖，正好凑成"十全十美"。这九座金塔的分布排位也是有讲究的:中间的金塔是华西的金融银行,也即华西人自己的"小金库";八座金塔分布四周,象征着华西村"八方进财",蒸蒸日上。仅仅是了解了这些建筑的由来和它们含有的独特含义,就能让人感受到这位带领华西村民发家致富的老书记的不简单。

参观了华西村的地标性建筑,我们去往村委会。行进途中,司机向我们透露,老华西村的村民每年的分红奖金差别悬殊,根据职位的不同分为班(组)长、车间主任、厂长等不同层级,奖金抑或分红从几万、几十万到上千万不等,比如去年华西法兰厂的一位厂长,奖金(分红)就高达3000多万。不过这些高额的奖金(分红)不能全部拿出,只能拿出30%,剩下的要留在村里继续供华西村投资发展,但权利人可以获得利息,至于利息具体是多少,当时还不能确定,需要继续了解。有趣的是,这个"新市村"的村委会不在龙希国际大酒店里,也不在那十座金塔的任何一座里,而是在离村域中心不远的一个显得有些偏僻的角落里,办公用房就是通走廊的老式楼房,而且显得有些破旧。在我们看来,这种格局样态一定是含有某种政治用意的,也即是有意做给华西村民和所有来华西的人看的,这就是要让所有人看到,华西的村干部是干事在前、享受在后的。到了"华西新市村"的村委会,我们拿出相关证明、表达了我们的诚意。负责接待来访的工作人员让我们"随大流",也即听取讲解员的收费讲解、跟随旅行团参观。但我们不愿走这种旅游流程,表示想与村委干部聊一聊,但未能如意。个中缘由,也许是她们把我们作为一般的游客对待从而想以此增进华西旅游部门的游客收入,也或许是我们介绍信上注明的单位及其人员的级别不够,够不上这里的接待规格,更或许是因为华西受到太多瞩目,是非太多,每个人都"噤若寒蝉",一言一行都得小心翼翼,"不敢高声语,恐惊天上人"。在村委会"碰壁"后,我们意识到这条路走不通,只好另辟蹊径。

从村委会出来,我们随意走到华西众多别墅区中的一个建成较早的别墅区参观。这个别墅区中的别墅就是很早就听说的在每个村民的家门口都建有相连接的长廊,可以"下雨不打伞、出门不湿鞋"的那种别墅,这种别墅建于1996年,是华西最早的别墅。这种在村民家门口建有长廊的别墅,据说是受北京颐和园长廊建筑的启发,但怎么就给我们一种"东施效颦"的感觉呢,也就是说,这种仿造的简陋长廊,是不能与颐和园的长廊相提并论或者等量齐观的。需要说明的是,从这里开始,我们分几天围着华西村域绕了一大圈,有意识地对华西的别墅进行类型考察,发现它们是可以被分成许多类型和等级的。比如:从新旧程度看,有老式别墅、半老半新式别墅、新式别墅;从样式等级看,有高档别墅、中档别墅、普通别墅;从成员类别看,有核心村民住的别墅区、外村村民并入华西后所住的千栋别墅区、连排别墅区等。如果从综合各种因素的视觉印象来分类,则大致有七八种不同类型的别墅区。对此,就是拿全国城市中的所有别墅小区来比对,这里也是我们见过的规模最大、类型最多、社区人口入住普及率最高的别墅集群。在这里,只要是华西新市 21 个村的村民,都至少拥有一栋属于自家的别墅。只不过,入住别墅这种为外人所关注的成员权益,在此是分层级和有结构的。但据说老书记吴仁宝直到过世前,还是住在 1996 年最早建成的别墅里,这也可以被认为是体现了他有效治理华西的一个侧影。这个侧影似乎在说,老书记都住这样的老别墅,其他村民无论是谁那还有什么话说呢? 在我们看来,村里的顶级人物住最早最老的别墅,同时又到处体现着层级或者说含意着不同的成员权益的别墅集群格局,这其实映射出一种有着中国特色的乡村治理样态,甚或是对"共同富裕"的一种实景诠释。也就是说,就算是华西这种走集体化共同富裕如此成功的典范,所谓的共同富裕也不可能是一样富裕,还不可能是同步富裕。这是利益使然,更是人性所趋。其实一路走来,我们发现华西的商业化气息十分浓厚,比如领我们参观的司机就充满着商业气息,宛如一个正规导游,再比如去村委会接洽,让我们走旅行团那种商业模式,都与我们之前调研其他农村的感受完全不同。也许这是因为华西经济发展成熟,自身产业链条比较完善的缘故,故而有着这个城市化农村自身的独特风格吧。就未来中国甚至全世界的发展走势而言,这种过于商业化的发展模式,到底是福焉? 还是祸哉? 好像也不能轻易评判。

午饭间,坐在我们隔壁桌的那两位,上世纪九十年代就从河南来华西打工了。从他们的口中得知,这家牛肉面店的老板娘也是他们的同乡。当时一道来到这里打工的,还有二三十号人,后来这二三十号人陆陆续续帮带了两三万老乡来这里谋生。刚开始来华西时,这两位在华西村办的厂子里搞销售,一年可以挣到十几万。不过,他们说近几年来华西企业打工的外地人少了许多,原因主要有两个:一是周边 20 个村的村民并入华西后,工厂需要的劳动力明显减少,这样一来,这里的好多外地人就去了浙江等地;二是不少外地人由于子女上学等原因,在华西打工几年后又不得不返乡。这两位在华西工作了将近30 年,已经在这里安家置业,其中一位花了 60 多万元购置了新盖的别墅,另一位则住在老别墅区,但他 2018 年想搬进新别墅,估计还要补 50 万元。我们提到司机说的外地人购买老华西村户口的事情,问他们有没有买老华西村的户口? 这里的老板娘告诉我们,刚来的时候这个户口是可以买的,只不过有老华西村户口的人是不能在华西自己做生意的,只能去华西的工厂里上班。目前在这里做生意的,都是外地人或者没有老华西村户口的人。在他们看来,进入华西的工厂打工,如果没能拥有华西本村户口或者职位做不到中高层,那么收入水平不一定会比自己做生意高。这也许就是这两位河南人在华西工厂打工多年,但最终还是离职自己干的主要原因。

吃过午饭,我们来到另一个看似新建不久的别墅区,走在一幢幢新潮的别墅间,同行的两位年轻的研究生感慨道,自己什么时候也能住在这样的别墅里,能够体会到老华西村民吃喝不愁的感觉,恐怕永远也想不到那是怎样的一种滋味。这种滋味或许十分幸福,因为每天醒来不用为了生计奔波劳命;或许单调乏味,因为缺少了拼搏的动力,奋斗的乐趣。其中的五味杂陈,恐怕只有老华西村人才能参到。因为更多的人生来就在充满竞争的社会里,成长中的每一步路都要加倍努力,一不留神就被会社会"赏"一记响亮的巴掌,教会我们什么叫生活。

这天晚上,那位熟谙华西风土人情的旅店老板娘接受了我们的访谈。这位老板娘说,她家文革时属于路桥公社 13 大队,被老华西村合并过来后属于华西 3 村。老华西村一共合并了周边的 20 个村子,加上华西本村一共是 21个,想来这面积和人口已经具备了一个城镇的规模。华西村掘到的第一桶金要归功于钢铁,现在华西的各色产业都已有可观的成就,但钢铁业仍然是华西的支柱产业。说到华西的产业发展,这位老板娘自豪地告诉我们,华西不论轻工业还是重工业,产品质量都是有保证的。俗话说,"没有金刚钻,不揽瓷器话"，华西生产的产品，如果发现质量问题或者假冒伪劣都可以去老金塔的15楼领取15万奖金。我们也觉得，一个最初几百人的小村子能够发展到现在的样子，除了睿智的领导、村民的团结，诚信买卖恐怕是华西多年不衰的最大秘诀了。华西的睿智领导者无疑是当地村民口中的老书记吴仁宝。老板娘说，老书记的威望很高，不论是本村村民，还是后来并进的周边20个村的村民，对老书记都是很敬重的。老书记去世时，吊唁的长队排了至少有5公里以上，其中有位香港同胞也前来吊唁，哭着说老书记生前帮助了他太多。我们从前只听说香港同胞帮助大陆人民，没想到一个农村的支书竟然令香港同胞如此悲伤，想来确实是老书记让很多人的生活有了很大改善。就拿这位老板娘来讲，她属于华西3村，并不是华西村本村人，但华西已经为这1、2、3村50岁以下的人买了15年的社保，50岁以上的人每个月有800多元的生活补助。华西不论是本村人还是"并村"人，每人每年春节前都会发300斤米、10斤油。由于村民们提出吃不完，所以近几年折算成现金，每人950元，发给每个村民。华西的许多别墅对村民来说价格也并不昂贵，如果有老房子交换就只需要十几万就可以住进400多平方米的别墅，这是他们自身的成员权益。外地人想要住进华西的别墅，可以向华西村民购买，但要高昂的市场价格才能买到。

老华西村村民也即有华西本村户口的目前大概有5000多人，他们作为核心成员，其权益更是优厚。首先，华西本村已无农业，土地都被用作发展各种工业、商业和建设别墅，本村村民在这诸多企业和部门中一般充任管理者。这是一种重要的成员权益，因为他们的其他成员权益大多以此为标准分配。就拿分房子来说，本村村民的别墅一般是按级别分的，厂长入住高级别墅，车间主任入住中档别墅，班组长入住普通别墅，分为3个档次。在华西村发展初期，老书记为"招兵买马"，制定了一个延揽人才的政策，也即大概分成高中学历、大专学历、大学学历3个等级，高中学历者交5万块钱可以分到5个人户口加一套房子，大专学历交8万块钱可以分到5个人户口加一套房子，大学学历交10万块钱可以分到5个人户口加一套房子。这种看似不合逻辑的"倒置"分配模式，其实是因为学历越高工资奖金分红也越高、待遇也越好的缘故，也即"多拿钱的多出钱"，这似乎也在情理之中。

这位旅店老板娘作为并入华西的村民,当时是可以买到华西本村户口的,但她当初没想到华西会发展得这样好,现在只有不停地说着后悔的话,羡慕当时买了华西本村户口从而成为华西本村村民的人。华西本村村民在厂里的职务最低是班组长,大部分都是车间主任,或者厂长级别的。班组长一年的奖金(分红)有三、四十万,厂长则可达上百万。需要指出的是,华西本村村民在工厂里的工资并不高,一个月大概只有800—1600左右,所以每年高额的奖金(分红)是他们收入的主要来源。而不是华西本村的人在工厂上班,收入来源则主要为每月4000—5000左右的工资。以前老书记在世时,本村村民可以将这些奖金(分红)放在村里生息,利息率很高,年息有10%。

当我们提到之前司机跟我们说的,本村村民必须把奖金(分红)的70%放在村里,然后收取利息的事时,旅店老板娘说这个制度已经是前10年的事了,现在并不是强制性的,但村民们因为利息高都愿意将奖金(分红)放在村里。不过,新书记也即老书记的第四个儿子上任后,于近年来开始改革,对于奖金(分红)这块成员权益,主要的改革有两点,一是不让村民把奖金(分红)放在村里了,而是按照奖金(分红)多少折算成别墅,所以有华西本村户口的人家大都有几栋别墅;二是奖金(分红)减少许多,但工资相对提高了一些。此外,华西本村村民还享有许多在外人看来关怀备至的成员权益。例如:(1)在华西诸多企业和部门上班的华西本村村民,每个月发放饭票可以在2号金塔的备有丰盛菜肴的专门食堂就餐。非华西本村的村民以及外地人也可以在此就餐,但没有这种成员权益,也即可以去吃,但要自掏腰包。(2)前几年华西还为本村村民每家分配了一辆别克轿车。(3)对于到了退休年龄的华西本村人来说,华西每年会组织他们出国旅游,并且每年可以免费去4号金塔体检。(4)本村村民的婚丧嫁娶,华西会承担一部分费用,而且外村女嫁给华西本村人,满三年后可以获得华西本村户口,外村男入赘到华西本村村民家,三年后也可以获得华西本村户口。

不过在这位旅店老板娘看来,老书记与新书记是两种不同的做派,也即老书记要面子,新书记要实效。例如:其一,老书记在世时,他们父子二人就在合并周边村的问题上有很大分歧,新书记认为老书记合并的村子太多,会对华西今后的发展不利，因而他主张合并几个村子就足够了，可老书记执意不听。其二，老书记出门公干时总有一些车在前面开道，后面则跟着许多保安。但私底下老书记的吃穿用住其实很简朴，上文就提到，他直到过世时还是住在最早建成的老旧别墅区里。而且，据说老书记过世后，他名下的5000万成员权益全部捐给了华西集体。其三，与老书记好面子、讲排场相关联的，就是他"整治"人的手段也是"快、准、狠"。上文也提到过，不论是生活在华西的外地人还是本地人，似乎都有程度不同的敏感和谨慎。对此，这位老板娘为我们解开了谜团。她说，这里的人遇到外来者都不敢乱讲话，不过现在稍微好些了，因为来华西的记者少了许多。而在四年前，几乎每天都有各地媒体的记者来华西挨家挨户采访，其中有一位村民因为说错了话，就被老书记狠狠"整治"了一番。据这位老板娘描述，事情大概是这样的：一位记者在一户村宅门口看见一位老者端着一碗稀饭，便走上前问道：华西村如此富裕，为何您只吃一碗稀饭啊？这位老者面对着记者的镜头说：家里没有米啊，我只能吃稀饭。他这样说，本意可能是自谦，并非有意自损。但就这么一句话，在电视台滚动播出后，各方舆论风起云涌。对此，老书记勃然大怒，新闻播出的当晚就到这位村民家中质问："我每年给你发那么多米，你怎么说没米啊你，你面对镜头你怎么说话的啊你！"第二天清早，老书记派人运了5卡车共25吨米面肉鱼等食物，统统倒在这户村民家门口。炎热的夏天，25吨生鲜食物在太阳暴晒下，很快就变得臭气熏天。对此，这户人家在一个月内都不敢清理，邻居们也认为这家人是咎由自取，所以懒得管。后来，这家村民的华西本村人的成员权益统统被取消，可谓是"虽是华西人，已没华西权"。有鉴于此，老书记还指派一些便衣人员暗中监视村民，一旦某位村民有"不当"言论，就会被老书记叫到办公室"喝茶"，"聊一聊"。以至于到现在，我们都感觉到这里的人很敏感，警惕性特别高。不仅如此，据这位老板娘讲，华西虽然归江阴市管辖，但在华西做买卖不需要办理任何手续，因为没有江阴市的人下来检查，想必是江阴市的诸多行政管理部门也被吴仁宝的"通天本领"和"憾人事迹"所威慑。在我们看来，华西其实已在多个方面实现了"自治"，例如有自身完备的治安管理系统，以及自身独特的经济建设系统等等。吴仁宝作为华西的"集一代"领导者，治理方略确有特色、治理方式也很强硬,尤其是能把周边的 20 个村子都并入华西,而且能把这些村民都安抚妥当实属不易。不过这位老板娘又说,新书记意在改革,只想将华西 1、2、3、4、5 村纳入华西本村,而有意将其余 15 个先前并入华西的周边村剥离出去。虽然我们不能确认她说的这些是否属实,但如果属实,新书记这个思路实行起来可能有很大难度,因为怎样与这 15 个村交涉就是最大的难题。

第三天早上,我们来到一家早餐店就餐,这家店的老板娘是华西 5 村的村民。她也向我们证实了华西 21 个村的每个村民每年春节有 300 斤米、10 斤油的成员权益的事实。不过,她认为这本就是华西应该给的,因为华西征用了他们的土地,所以这是补偿,并非福利。这个老板娘似乎并不太满意华西的治理状态,说她及一些同村村民的老房子被华西占用后,没经允许就租给外地打工者居住,后来老板娘等人十分不满,强行将自己的老房子又都锁了起来。这时来了一位华西 2 村的老者,这位老者似乎是个“钉子户”,因为他的“要拆而未拆”的老房子就在早餐店的后面。我们顺着他指的方向看去,在一片显得有些杂乱的空地上,孤零地竖立着两座破旧房屋。这种场景与我们看到的华西繁华格格不入。早餐店老板娘说,“华西村怕影响美观,把这些房子都圈了起来”,所以外人如果不是机缘巧合也不会看到这些。老者说,他为了这个房子在 11 年前就跟老书记产生了矛盾。他认为华西拆迁没有标准,如果有,也是华西单方决定,不会跟你友好协商,而且专挑“软柿子”捏。早餐店老板娘在一旁也说,她家的老房子就是 1 平方米只补偿了 180 元。这位老者生气地接着说,老书记出尔反尔。据他讲,原来他有 4 处门面房,拆迁的时候老书记承诺,新房子建好后可以 1050 元 1 平方米卖给他。但拆迁完以后,老书记就把价钱抬到了 2800 元 1 平方米,并且说如果要买,两天之内钱必须拿出来。1050 元变成 2800 元,他说他不能接受老书记的“欺骗”,以至于现在他这边的老房子要拆迁,任由华西如何交涉,他就是不同意。我们寻思着,这块地方可能并不急于建设,不然华西肯定会有手段来应对。这时老板娘接过他的话说,这种情况很普遍,老书记拆迁前承诺一个价格,拆迁后又以另一个价格卖给村民,碍于老房子已被拆掉,村民们有苦说不出,只能吃哑巴亏。这位老者好像看出了我们的心思，跟我们说，华西有多种手段"逼"你自己搬家，断水断电先不说，还可以封了你家门口的路，直至让老房子卡在新建的楼中间出入不得，最后你不得不让步。

尽管这两位华西"并村"村民的申诉不由得我们不信，但我们也无从证明他们所言一定属实。而且，总聊这种"争斗"话题会让人产生焦虑感。于是，基于"确权不确地"的集体化理论类型，我们转而询问村里是否还有村民小组。这位老者说，并入华西的周边 20 个村都还有村民小组，只有华西本村没有村民小组。比如他所在的华西 2 村就有 4 个村民小组（生产队），每当华西分发东西时，会先通知村（大队），村（大队）再分给各村民小组（生产队）。对于这些被并入华西的村民，他们基本的成员权益是：华西每年会给每个村 800 块钱 1 亩田的口粮钱，这些钱最终会平均分给每位村民。有的村田多人少，每个村民分到的相对多一些，而有的村田少人多，每个村民分的就少一些。这意味着，华西给予"并村"村民的这种成员权益，是按地算而非按人算的。在我们看来，这种成员权益其实是一种市场化的成员权益，也可以说是集体成员权益的一个变种。这位老者说，他家有 1 亩 7 分的口粮田，还有 1 亩 1 分的公粮田，一共有田 2 亩 8 分。1994 年并入华西村后，华西每年都会按上述标准发放这 2 亩 8 分田的口粮钱。另外，并入华西的每个村还有河田、荒田、自留地等，对此，有的村算进去了，有的村就没算，想来也是一笔"糊涂账"了。

不知不觉聊了一个多小时，由于想着还要去华西的厂区看一看，于是和老者就此道别。跨过华西幸福大桥，我们来到华西工厂区，相继观摩了钢铁有限公司、塑料管业有限公司、华西棉纺厂、华西特种冷轧厂、华西华新针织品有限公司、华锦塑纤有限公司等等，亲历了华西庞大而成熟的产业链条和产业集群。不过我们也得知，这些传统产业近年来的发展势头有明显的减弱趋势，华西的未来发展不可能再像初期那样依靠它们了。所以，华西正在致力于产业转型，向新兴产业、朝阳产业和高盈利产业转型，甚至大举向海外拓展。我们感到，想要一直保持华西的辉煌，想要一直捍卫"天下第一村"的荣耀，新书记吴协恩任重而道远。

从华西的厂区回到华西的街道上，我们发现街道两边诸多的宣传牌上满是老书记吴仁宝那充盈着农民式智慧的警句,还有一条专门的宣传长廊用来介绍华西的文化,以及介绍吴仁宝的事迹,不禁给人一种毛泽东时代的那种领袖崇拜的视觉感。回到旅店后,旅店老板娘主动向我们补充了一条华西新市村也即本村加另外 20 个村的村民的成员权益,也即在每逢过年前,华西还会给每户人家发一些类似于年货的东西,一般每人有五六样,大致有糖果、花生、香菇、鱿鱼等吃食。而老书记在世时,每年还会发衣服、鞋、布匹等穿用。对此,这位老板娘说,每年过年发愁的是,一下子发这么多东西吃用不完又没处送。这对于我们而言,也算是对华西村民的成员权益的一个补充吧。由于旅店老板娘先前答应我们,在这个时点让她那个在华西工厂担任车间主任的弟弟回来接受我们的访谈,于是我们向她询问此事。但她奇怪地说,人已经来了,就在里屋,但他怕丑、怕见生人,不敢出来。我们觉得,她的这个解释着实令人费解。因为一个大男人,在华西还是个中层干部,怎会有如此做派。不过即是如此,只好说没关系,只是随便聊聊,我们可以等。但一个小时过去了,人还是没出来,于是就请老板娘进去催催。令人大跌眼镜的是,她进去后回复我们说,他已经走了。对此,我们觉得事情可能没这么简单,更为可能的情形有两种:一是这位老板娘没能请动她的这个弟弟,但碍于情面只好忽悠我们,也让自己有个台阶下;二是她的这个当车间主任的弟弟一直在里间听我们谈话,权衡着要不要出来接受访谈,最后本着"多一事不如少一事"决定不惹这个麻烦而走人。因为上文已经谈过,基于过往的经验教训,华西村民对媒体记者和调研人员的警惕性都很高,核心村民就更是如此,担心稍有不慎就会让自己的成员权益受损。对此,我们这几天所接触到的诸多事例可以互证。正因如此,我们觉得后者的可能性更大。而这位旅店老板娘能够敞亮地和我们交谈,也是有原因的:或者是因为她虽为华西村民却不是华西核心村民,更不在华西体制内工作,所以对成员权益的得失顾忌不多;或者是来此地之前两位年轻的研究生与她有贴心互动,让她放下了警惕性;亦或者是出于揽客动机而图个口碑,希望外地来华西调研的人选择入住她的旅店。但无论怎样,对于此行调研,她给予我们的帮助颇多,所反映的情况也让人觉得基本可信。

华西调研已接近尾声。驻点华西的这几天,我们感受到了华西的干净整

洁和富裕祥和,也感悟到了这个村子的乡风文明和思想统一。老书记的精神
弥漫在这个村庄的四周和上空,让人觉得华西有着自身独特的村域文化。吴
仁宝虽已过世,但他对这个村庄的影响太大,这个村庄浸盈着他的心血,也处
处有他的影子。虽然我们也听到了一些对老书记的"负面"评论,但金无足
赤、人无完人,华西的成就是有目共睹的。不过,华西的"确股"可能是网络上
的误传。尽管此行未能听取到详细的信息、接触到详实的资料,因之不能深度
阐发,但我们觉得华西在某个范围内搞的那种类似于"股权激励"的"确股",
至多是一种激励手段,或者说也是一种成员权益的变种,而非将全部华西资产
折股量化到全体集体成员的那种股份制式"确股"。

24. 狮山镇及其谭边社区和白沙桥社区的 "确权确股不确地"

（广东省佛山市南海区，2018 年 7 月 17 日）

改革开放以来，中国农村的发展道路或者说社会主义道路到底该怎么走，理论界一直有争议。直至今日，这种情形不仅未见平息，似乎还有愈争分歧愈大之势。至少，有两种观点存在严重对立倾向：一种是主张回到过去，回到过去那种权利确认不清和干好干坏一个样的"大呼隆"式的集体化道路，或者说，是反对农户家庭的生产经营主体地位，力主农村土地不仅集体所有而且还要采取党政一体的集体统一经营模式，认为这样才能真正实现共同富裕；另一种是主张在集体土地农户承包经营的基础上继续往前走，不排除土地私有制，认为只有这样才能彻底厘清农村土地产权关系，才能真正发挥市场在农村土地资源配置中的决定性作用，才能有效唤醒农村土地的财产功能，从而让农民很实在地增收致富。只不过，持这两种观点的人似乎都满足于各说各话和自唱自嗨，而不在乎相互屏蔽或者相互厌恶而陷入沟通无效的情境。更不幸的是，这两种极端的观点都与大多数农村的真实情境不相符或者相脱离。不仅如此，它们看似迥然不同甚或势不两立，其实在方法论上却同出一辙，也即都有懒人说之嫌疑。或者说，它们似乎皆以由复杂因素形成的个人偏好为前提，以历史上存在过的经验事实为依据，意图以一种简约式和统一性的模式来框定中国农村未来的发展道路。殊不知，这样可能会犯下两个错误：一是现实与历史或许会有惊人的相似之处，但往往不会简单重复，也是说，未来的事物在过往的经验中也许就是找不到的。这种判断好似美国历史学家欧立德有言："历史不会循环，但它会押韵"。用"押韵"替代"循环"，无形中为解读历史增添了奇妙的意境,也是提醒人们可以通过比较异同,来理解处于不同时代的相似事物之间的区别性和关联性。二是中国农村地域辽阔、各地情形复杂、人文条件迥异,需要因地制宜和多样化发展,除开大政方针性的顶层制度不论,其他层面上的"一刀切"式的做法,都有背离实事求是之精神的可能,实际上往往也是行不通的。也许正是有此顾虑,自农村改革伊始以及很长一段时间,中央层面尤其鼓励各地农村积极地和独立自主地探索适合本地的发展模式。时至如今,尽管国家已经进入新的时代,各地农村发展普遍也有一种规模化、集约化、生态化、现代化的冲动和态势,但这种方法论原则依然具有极为重要的意义,是断然不可轻易舍弃的。

正因如此,广东南海及其土地股份制改革,作为邓小平南巡之后的一个农村改革和多样化发展的试点,其经验,一直为关心农村未来的人们所注目,自然也一直在笔者的调研计划之中。只不过,若要真正进入这个调查场域,一定得有熟人引路才行。如果循着以往"市场决定"的路径,也即通过市场买卖的方式访谈村民,在这个"土豪"遍地之处,可能找不到合适的访谈对象。因为,确实有财而又认同"财不露白"的国人,一般是不愿同别人谈论自己财产问题的,更何况陌生人呢。恰巧,广州大学一位硕士生知情后愿意为调研访谈牵线搭桥,且帮忙联系到了南海狮山镇政府,该镇有关领导则指派狮山镇城乡统筹局陈副局长协助我们完成此次调研。

于是,2018 年 7 月 17 日我们从长沙启程,并且在第二天早上 9 点钟,在狮山镇政府二楼城乡统筹局即负责全镇土地股份制改革的机构,对该局陈副局长进行了访谈。为回应我们的访谈询问,这位副局长就以下五方面进行了颇有深度的介绍。

一是关于狮山镇的行政建制。狮山镇是南海区乃至作为地级市的佛山市经济最为发达的乡镇之一。早在 1993 年,佛山市就在其所辖的县级市南海的狮山规划了一个高科技开发区,当时又称佛山市南海狮山西部开发区。1995 年狮山建镇,2004 年狮山镇整合了周边四个镇,扩展了行政区域。2013 年,它又将罗村街道管理处以及大沥镇的五个社区吸纳融合,并且在原来佛山高新区所在地建设镇党委政府的办公场所,从而形成了今天的狮山镇。所以可以这样理解,佛山高新区与狮山镇是一套人马,两个牌子,但业务有分工,也即佛山高新区负责经济发展统筹,狮山镇负责社会管理和公共服务。狮山镇有一个社区公共服务中心,由政府按照面积、人口给狮山各个社区发放专项款。专项款的项目包括村委会干部和社区工作人员的工资以及一些日常的行政支出。对于村和社区的基础设施建设,如果符合规定,镇政府可以拨款资助,以保证整个狮山镇的日常运行。

二是关于村委会(社区)、经联社和经济社三者的关系。狮山镇主要有村委会(社区)、经联社(经济联合社)和经济社(股份合作经济社)三种组织结构。村委会(社区)是行政组织,其余两种属于集体经济组织。其中经联社是隶属行政村(社区)的一个经济机构或者叫村级集体经济组织,生成于 20 世纪 80 年代末 90 年代初。在那时,广东省推行社区合作社,将乡、镇的生产大队的经济成分联合起来建立经联社,村委会和经联社是上下级关系。在这种关系中,经联社负责发展经济,保障村委会日常的行政支出、基础建设和村民福利。经济社是由生产队或者村民小组演变过来的,亦可视为组一级的经济组织和机构。而今,在南海区的 1200 多个经济社中,狮山镇就占了 600 多个。笔者觉得,由于村民小组继承了生产队的衣钵,而生产队的土地产权规则以公社时期"三级所有、队为基础"为依归,所以村民小组实际上成为了农村土地产权的主体,意味着农村土地尤其是农地的所有权是归村民小组的。也由于村民小组的实质性成分被剥离出来形成了经济社,故而村民小组在当地大都有名无实,甚或无名无实。这个过程在当地即是说,狮山镇在 2013 年将村民小组全部进行整合,一个村只保留一个名义上的村民小组以方便与村民沟通,也是说村委会和村民小组是一套人马,其实是说村民小组基本已为经济社所替代。依据广东省出台的相关规定,经济社是自我管理和自我发展的集体经济组织,具有独立法人资格和地位,所以村党支部和村委会对它们只有监督权和指导权,并无实际上的经营管理权。同时也意味着,尽管广东省于 2011 年实行政经分离政策以来,要求村委会(社区)和经联社相互独立运行,也即村委会(社区)主要负责行政事务,经联社负责经济事务,但实际上,由于经联社属于村一级的资产管理机构,所以村委会(社区)对经联社不可避免地要进行直接的经营管理。在这个关系框架中，村一级的经联社也可以向组一级的经济社租用一些土地发展经济，但二者之间更多地不是等级的上下级关系，而是平等的经济协作关系。

三是关于狮山镇土地股份制的改革历程。这里的土地股份制改革截至目前可以分为三个阶段。

第一阶段是"按人头分红"阶段（1993—2004年）。1993年是邓小平视察南方的第二年，也是珠三角乃至全国新一轮改革开放的伊始。正是在工业经济蓬勃发展的大背景下，这一年狮山镇被选择成为以土地经营权为中心的农村股份合作试点镇，也即不是像大多数农村那样普遍采取分田到户的做法，而是将土地集中起来，外部统一出租给外来工业企业使用，内部则成立经济社和实行土地入股。但这种入股主要是指按人头分红，而非后来的确股到人和确股到户。而且，从这种股份制改革开始，经济社就是具有独立法人资格的实体，也即自主经营、自负盈亏。显然，成立经济社以整合土地的这种模式，打破了以往的分田到户模式，实现了将土地集中起来的规模经营。只不过，这种规模经营的产业不是农业，而是工业。

在治理模式上，组一级的集体经济组织也即经济社对外招商引资，需要通过具有村一级行政功能的村委会（社区）的同意。如果达到一定资金额度时，还需要通过镇一级的行政审核，且主要是审核土地出租的租金、年限、面积，以及是否经过村民大会的表决。如果表决同意，则可以备案去签订合同。此外，组一级经济社的财务核算也是由村委会来监管的。不过到了2012年，南海区每个镇成立了财务监管中心，因而改为由狮山镇聘请会计事务所的会计师对经济社的财务进行监管。

1993年时，除了搞土地股份制以外，每个村还成立了一些集团公司。成立集团公司的目的，就是想以公司化的模式推行股份制，也即由经济社或者经联社将土地集中，再交由集团公司进行运作。正因如此，集团公司的主业，就是以土地入股的形式兴办村级企业或者直接以土地对外招租。但一段时间过去之后，有的集团公司运作起来了，有的集团公司却是有名无实。所以在2007年左右，狮山镇将那些有名无实的集团公司清除了，只保留了那些运作得好的,且大都作为村一级集体经济组织也即经联社下属的一个机构。

第二阶段是"确股到人"阶段(2004—2015年)。2004年,狮山镇对集体的土地和物业以及集体成员进行了核查和确认。就清产核资而言,它是指核查和统计每个组一级经济社下的资产总额。这种资产总额的核查不包括宅基地,只包括建设用地和农地。除土地之外,还有一种是物业比如店铺、厂房等。对这些资产进行核查后的价格确定,都是由狮山镇或者是南海区按照当时的物价水平进行评估而给出的一个指导价。按照这个指导价对相应资产进行统计后,可以算出每个经济社的资产总额。将这个资产总额平均摊到相应经济社的每个集体成员,就可以得出每个成员持有多少集体资产,进而再将这些人均资产股份化确股到每个集体成员。这意味着,从这年开始,狮山镇的股份制改革是确股到人的。这种"确股到人",尽管也是按成员权分红,但不是直接地按成员的人头分红,而是间接地按成员的股权分红。正因如此,确认集体成员也即成员权确认则成为当地政府头痛的问题。对此,南海区原本打算在整个区域都推行"生不增,死不减"的模式,但是许多村民对于"生不增,死不减"模式的抵触很大,所以在2004年,南海区就决定让各个镇自由地去推行股份制改革。于是,也就产生了两种集体成员权的确认模式:一种是上文所说的"生不增,死不减"模式;另一种则是与之相对应的"生增死减"模式。在后者的模式下又有两种"增减"调整方式,一种是"三年一调整",另一种则是"一年一调整"。只不过,在当时狮山镇所辖的村委会(社区)中,大部分都是采用"生增死减"的模式,只有少部分实行"生不增,死不减"模式。对于调整方式,也是"三年一调整"的多,"一年一调整"的少。

第三阶段是"确股到户"阶段(2015—)。狮山镇在2015年正式提出"确权确股不确地"的确权模式。这种模式是指,集体经济组织也即经济社和经联社将集体资产的股权"确权到户、户内共享、社内流转、长久不变"。这项改革的意图,是想把股权一次性量化到人、确权到户,以户为单位进行股权调整,从而将之前的两种成员权确认模式全部打破。其具体做法是,以2015年12月15日为界限,对所有在册的股东进行重新界定,这种界定是根据各个经济社的章程进行重新确股。在已确认集体成员的基础上,有的经济社是一人确认十股,有的经济社是一人确认一股,但不管"确十股"还是"确一股",每个经济社内成员权的含金量其实是一样的。然后,再确定股权户以及每个股权户的代表。这里的股权户,大部分都是按照户口本来组户的,但也可以是自由组户。这意味着,如果到了分红的时候,就要按照股权户来分配,并不是直接分配给每个集体成员。新增成员只能享受股权户里面的股份,也即体现户内共享的原则。而户内的股份既可以流转,也可以继承。如若一个股权户内只剩一个人的话,则由一个人享受户内的全部股份;而倘若一户内的人全部去世了,则按照最后一个人的遗嘱为准继承。股权继承是分两种的,一种是可以继承股权户里面的股权,另一种是可以继承由经济社提供的股权赎回金。所谓股权赎回金,是指经济社可以按照上一年度每股分红的三倍赎回。如果继承人是社内的集体成员时,可以继承股权;而如果是社外人员,只能继承股权赎回金。当一个股权户的股份为经济社赎回之后,可以再进行公开交易,用意为想将它分配给那些达不到每人一份股权的股权户。不过,这种股权只能在社内流转,并不允许在社外进行交易。

四是关于成员权确认规则。狮山镇的土地股份制章程里面,有一章是专门讲成员资格界定的。这种资格界定规则,赋予经济社在不违反大章程的前提下,可以根据自身情况做小幅调整的权力。所以,对于同一人群,每个经济社的规定可能是不一样的。一样的是,只有符合具体章程规定的才是经济社成员,否则就是户籍在此也只能是村民。这意味着,村民不一定是成员,但成员一定是村民。只是作为村民而非成员的那部分人,可以有村委会的公共福利享受权,以及村委会的选举权和表决权等政治权利,但没有附着在成员权上的经济权利。那么到底那些村民不属于成员呢? 对此,至少有以下四种情形:

(1)户口回迁,但不符合成员条件的。这些人包括一些读书、当兵以及自理粮人口,当初他们的户口迁出而今又已回迁,但不符合相应经济社章程规定的集体成员确认条件。例如,原先大学生的户口必须迁到其所在的学校,学生毕业之后,户口及档案如果放在人才市场,那么一年之内迁回村里可以确认为集体成员,超过一年就意味着自动放弃。而且,如果这种户口要迁回村里,必须经过村委会同意,这样人才市场才放。有些人正是因为大意错过了时间,或者与村委会、人才市场交涉不成功,这样就不能获得成员权。

(2)男成员的配偶为城镇户口的。多数经济社规定,男成员的配偶必须是农业户口(可能也有少数经济社没有这个规定),如此一来,一些是城镇户口的男性成员的配偶就没有成员权。

(3)家里已有一个入赘郎有成员权的。入赘的男子若要有成员权,则要求女方必须是独生子女或者是独女户。家里有两个或者两个以上女儿的,如果她们都选择与入赘男子结婚,那么只有一个入赘的男子可以享有成员权。这个名额给谁,由家庭内部商议。定下之后,其余的入赘的男子也就没有了成员权。

(4)男性成员的再婚妻,但前妻没有放弃成员权的。一般而言,男成员初婚的配偶可以享有成员权益。但为了防止一些女性利用和男成员假结婚骗取成员权益,现在制定了一项规定,也即如果再婚,除非初婚的配偶放弃了成员权,现在的配偶才能享有成员权。也就是说,不管男成员娶几次妻,也只有一个妻子可以享受成员权,其余与他结婚的女子是没有成员权的。

五是关于狮山镇土地股份制改革中的突出问题及其解决方案。据陈副局长介绍,狮山镇土地股份制改革中的突出问题,主要有以下三个。

第一个:外嫁女及其子女的成员权确认问题。由于狮山镇在 2004 年对人员、资产和土地进行了比较清晰地界定,所以现在土地股份制中出现的问题不是很大。如果非要提出有哪些突出问题,那么这个问题主要是外嫁女及其子女的成员权确认问题。这里的外嫁女,是指持有本地户口,但远嫁外地的女子。从 2009 年南海区政府发文要求落实好外嫁女及其子女的股权以来,到目前为止,已经快十年了,但这一问题还是没有得到很好的解决。究其缘由,主要是外嫁女及其子女的人数太多。截至去年年底,狮山镇有 9000 名多外嫁女,还有 4000 多名外嫁女的子女。面对有可能极大地稀释成员权含金量的众多外嫁女及其子女的成员权诉求,各个经济社的成员一直没有形成一致意见。也即是说,成员们大都同意外嫁女享有成员资格,但对赋予其子女成员权则抵触很大。这种抵触的理由是,成员们认为既然外嫁女的子女享有成员权益,那就应该履行赡养义务,但实情却并非如此。当然,这种抵触情形并不意味着,外嫁女的子女如果选择跟随母亲的户口,也一定不可以享受成员权益。只不过,外嫁女新出生子女的户口必须第一时间落在本地。如果外嫁女子女的户口先是上在父亲那边,后来才迁回到母亲这边来,那么这些子女有没有成员权,就得根据各经济社的章程规定来界定。对此,这些外嫁女及其子女为了获得成员权益不惜将一些经济社告上了法庭。而法院的判决则大致为,享有成员权益和履行赡养义务是两回事,各个经济社必须赋予外嫁女及其子女以成员权。这样看来,情理与法理之间的矛盾凸显,两难面前,又孰是孰非呢? 无奈之下,许多问题最终只能通过司法途径解决。

不过,这个问题也在从另一个方面逼迫制度改革。2015 年狮山镇开始实行确股到户和长久不变的政策,这样就有可能有效解决外嫁女及其子女的成员权问题。因为确股到户之后,新增成员的股份分红是在户内共享的,并不会牵扯到其他成员的权益。这样一来,外嫁女子女的成员权问题不就自然得以化解了吗? 可问题在于,如果从长远来看,将股权固化在户也并非没有局限性,似乎也不太可能一劳永逸。因为在长远的时间框架中,每户人家的人口变动不可能均等化。如果多数家庭的人口分化得厉害,那么那些因人口多了而造成户内股权的含金量少了的家庭人口,是否又会仗着人多而提出增加股权的诉求呢,如果这种诉求得不到满足,他们是否又会将经济社告上法庭呢。实际上,尽管现在整个狮山镇已经实行确权(股)到户和长久不变的模式,但是如果有群体性的诉求,狮山镇可能还是会调整政策,也即会在保持原有股权数不变的基础上继续扩股。更何况,将来也可能又会打破2015 年这次的确权模式转而形成一种新模式,这也不是不可能的。到底狮山镇的土地股份制改革之路接下来还要怎么走,这都是以后的问题。从以往的经验看,这些问题会由政府引导经济社自行解决。

第二个:因读书和当兵迁出户口以及自理粮人口户口迁到城市,而今这些人口的户籍已回迁但没有成员权的问题。有一部分人原本是村中户口,但由于当年政府鼓励农村人口进入城市发展第三产业,也即户口迁入了城市、但粮食必须自理,所以这部分人群也叫自理粮人口。一个时期以来,土地升值很快导致成员权益丰厚甚或巨大,而在城市谋生则日益艰辛,故而,这些自理粮人口又想以将自身户口迁回农村来获得本来可以享受的成员权益。诸如此类的情况还有,因考学把户口迁入学校的学生,以及当兵入伍将户口迁出的退伍军人等人群,后来他们又将户口迁回而要求有成员权的问题。这个问题的实质在于,这些人群的成员权诉求,与众多经济社的章程相违,现有成员也因顾忌成员权益稀释大都持反对意见。正因如此,在股份制改革过程中,这种情形确实很难兼顾:一方面是经济社成员不太愿意接纳这些人口,因为毕竟涉及到分红和利益问题,另一方面是面对这些特殊人群的诉求该如何处理。权衡之下,为了安抚这些人口的情绪,同时又能够照顾到经济社现有成员的利益,区、镇政府在充分调研的基础上,指导经济社对这些人口的成员权诉求设立一定的门槛,也即允许这些人口出资购股。其中,极少数经济社是免费的,而绝大多数经济社都要求出资购得股份。至于怎样出资购股,南海区则出台了一个指导意见。其大致意思是,这些人口可以按照相应经济社前三年每股分红平均数的十倍至十五倍来出资购股。至于具体的出资也即门槛价格,由于每个经济社的资产总额肯定会不一样,所以这些经济社可以内部协商。协商出的方案交由本村18周岁以上的村民进行表决。如果表决通过,则交由相应社委会也即经济社委员会成员制定实施。

第三个:村民对"生不增,死不减"的态度问题。2004年南海股份制改革确定的两种成员权确认模式,一种是"生增死减"模式,另一种则是"生不增,死不减"模式。对于前者,村民的意见不大,而对于后者,村民的意见则不一致,反对的声音甚至很大。因为在"生不增,死不减"模式下,新生儿和新加入的人没有成员权,老人死后却还有成员权,这与许多村民认同的观念不相符。所以,在2015年重新确认成员权时,许多经济社都出台了一个折中方案,也即对2004年以后新加入的成员,包括新生儿、新嫁入的持有农业户口的女子,以及户口迁入的入赘的男子,都可以出资购股。至于怎样出资购股,每个经济社皆有区别,也就由各个经济社根据自身情况处置。也因此,截止到目前,狮山镇还有十个经济社没有确权(股)到户。由于这十个经济社在成员权确认上的历史遗留问题比较多,于是这些村民要求政府先解决他们的诉求,然后才会配合政府完成股改。这似乎是一些村民与政府的博弈,也即一些村民用履行自己的义务来"交换"政府相应的权力，最终让自己受益。在陈副局长看来，与这里的村民大都享有比较丰厚的成员权益相比，他们的义务只是局限于村规民约的规定。换句话说，他们的权利比较多，而义务承担的比较少。所以，在这种村民的"权利与义务"失衡的情况下，政府往往只能被动妥协，经济社的监管也会受到影响。

在我们看来，访谈如果只是停留在镇一级层面，还是"悬在空中"和"流于表面"的，也即是比较粗糙的和不够细致的。于是，就提出能否去村委会（社区）看看，也即实行"生不增、死不减"和"生增死减"两种模式的社区都去作一次访谈。由于有镇领导的指示，陈副局长爽快地安排我们先去实行"生不增，死不减"模式的谭边社区，而且狮山镇实行"生不增，死不减"模式的似乎也只有谭边社区。

下午两点半，陈副局长如约开车来接我们，陪同我们一同去访谈谭边社区。在他的引荐和陪同下，我们和谭边社区党委谭书记、经联社谭社长进行了一次愉快的访谈，并且从中获取了更为具体的信息。这些信息大致有以下四个方面：

一是谭边社区及其股份制改革历程。谭边社区原本为谭边村。由于当地工业化迅速发展使得村里的土地要么被征收、要么被改变为非农用途，故而村里的耕地所剩无几，村民们也基本不以种地为生了。在这种情形下，或者说2011年"村改居"政策实施后，谭边村便更名为谭边社区。这一年，狮山镇"村改居"的社区包括谭边社区在内，总共有38个。谭边社区在2005年有10个经济社，但后来发展合并成一个总社。所以现在谭边社区只有一个经济联合社，经联社每年收入两千多万，扣除经营成本、日常支出以及维护村委会（社区）的支出和20%的发展基金，剩余的分配给成员。

谭边社区至少进行过两次确权，一次是在2005年实行"生不增，死不减"的模式；另一次是在2015年12月25日重新确权。后面这一次确权的背景，则是为响应"股权固化，确权到户"的南海区大政策，推进集体经济组织股权"确权到户、户内共享、社内流转、长久不变"的改革工作。在2005年的第一次确权时，谭边经联社所做的一项主要工作，就是确认成员权或者说是股民人口。这种确权就是确认户籍在本村的在世的人口也即股民人口,当时的股民人口是 2300 多人,以后的新增人口就没有股权或者不再授予股权。而对于在 2005 年以后去世的在籍人口,他们的股份依然保留,由他们的亲属代为享受每年的股份分红。此所谓"生不增,死不减",也即把股份确权到人,企图从此不再变动,本质上也是一种股权固化行为。不过,在 2015 年第二次确权时,这条"生不增"的规则在村民舆论的强大压力下并没有得到严格执行。也就是说,谭边社区针对从 2005 年起没有股权的新增人口,在保持原有股权不变的基础上进行扩股。这种扩股是以 2015 年 12 月 25 日作为确权日,允许户口在社区但没有股份而又符合条件的人口购股。经历这一次扩股后,谭边社区的股民人数为 2965 人,比 2005 年的 2300 多人至少增加了 600 多人。而对于"死不减"这条规则,则基本上执行到位了。或者说,从 2005 年到 2015 年之间,去世人口的股权保持不变。之所以如此,估计是因为谭边的多数村民对于这一条规则并无太大意见,至少是不好过于反对。在我们看来,可以将谭边社区这种成员权确认的调整模式,概括为"生增,死不减"。只不过,这种"生增"的条件并非无偿,而是存在不同门槛的"有偿"。而且是确权(股)到户,也即分红模式是按照股权户分配,在户内共享,并不是直接分配给每个人。

二是谭边社区股权和成员权确认规则。谭边社区在 2005 年第一次进行股权确认时的规则为:满 16 周岁及以上在籍人口,每人 10 股;16 周岁以下的在籍人口,每人虽然也分 10 股,但是在 16 岁之前每年的分红只能享受一半,要满 16 岁以后才能全额享受。而对于成员权的确认,主要有 2015 年扩股中的两种情形:一种是常例情形。也即在 2005 年到 2015 年间新出生的婴儿,每个婴儿的成员资格门槛费为 15000 元。对于新嫁入的女子,她们的成员权门槛费则为每人 30000 元。对于一些在过去计划生育政策约束下的超生婴儿,他们的门槛费则是每人 60000 元。要指出的是,上述价格皆为明码标价、自愿购股,每项价格下的股权皆为 10 股。这意味着,符合条件的人口最多只能购得 10 股,而如果在规定的期限内不见出资,则视为自动放弃成员资格。另一种为特例情形。这种情形,一则是指户口原本在谭边社区,但是中间迁出去了,而现在又迁回来的这部分人。这种情形主要是由于当兵、考学或者其他原因造成的。如果这些人口想获得成员权,并且因此享受股份分红,那么每人可以出资 25 万元购得 10 股。二则指入赘也即户口落在本社区的女婿,每个家庭只允许有一位这样的女婿以 3 万块出资购股,若一个家庭有多个,余下的则要出 25 万元购股,同样是购得 10 股。

三是谭边社区的股份分红。从 2005 年到 2017 年,谭边社区每 10 股的股份分红一直在递增。2005 年分红的时候,每个股民的 10 股仅仅能分到几百块,但 2015 年为 5400 元,2016 年为 6800 元,2017 年为 8000 元。这个分红水平约高于狮山镇的平均水平,因为 2017 年狮山镇平均分红是 6000 多元,但是有的社区可以分到好几万。如果只从这种每年都有的股份分红来看,这种成员权益并不是太丰厚,但如果遇上征地,那么就不可小觑了,因为每户人家分得的征地款可能都有几百万。我们推测:这也是为什么有那么多人削尖脑袋想要获得成员权的深层原因。同时也意味着,这里征地款的分配模式,并非如一些农村那样是"征谁补谁"、而是按人头平均分配的。也即是说,尽管在 1993 年以前南海农村可能将土地承包到户了,但自从 1993 年实行股份制改革之后,就自然取消了土地承包制度,而是将土地收回到经联社和经济社两级集体经济组织,再由它们视情况统一使用。正因如此,就使得成员权变得稀罕起来,也才会在成员权确认问题上出现诸多纷争。

四是谭边社区剩余农田的产权形式。在工业化和城市化发展使得农地大幅减少的背景下,目前谭边社区还剩下 600 余亩农田。不过,经联社并没有像一般农村那样将这些农田无偿承包给农户耕种,而是先调查出需要种田的农户,由于耕者众而农田少,故而要限定这些农户当中每人可以耕种的亩数,最后按照每年每亩 800 元的租金出租给符合条件的农户。800 元的租金标准是如何确定的呢?据说是依据农田灌溉成本估算出来的,也即经联社计算出每亩农田灌溉所需的成本大致为 900 元,所以对于那些确实没有工作能力只能以种田为生的农民,经联社就打个折按照每年每亩 800 元租给他们使用。至于这些种田农户每年的收入能有多少,那就要看他们种田的技能了。一般而言,他们都是自给自足的,但也有少数农户种一些有特色的农产品供应市场,只是收入也有限。当然种田还有补贴,虽然不高但趋势看涨。比如从 2017 年到 2018 年,基本农田补贴每亩由 500 元涨到了 800 元,这项补贴大部分来自区财政;而一般农田补贴每亩 2017 年为 200 元,2018 年肯定也有所上调。如果农地变更为非农用途,那么这些补贴自然会取消。只不过,将农地变更为建设用地,需要上报南海区国土部门审批,批准后方可使用。

不觉已至傍晚,夜幕降临。晚饭时间临至,我们有幸品尝到了南海谭边特色:大顶苦瓜。据说这苦瓜至今已经有 60 多年的种植历史,全是农户自己选种、留种、嫁接、杂交。多年来大顶苦瓜一直广受食客追捧,很多人都是慕名开车来品尝。此时,一盘冰镇大顶苦瓜,让我们在炎炎夏日感受到了丝丝清凉,味道虽微苦,而后却淡淡回甘。同行的两位年轻研究生不禁感叹:这就好比做学问一般,研究探索的过程可能充满曲折与艰辛,探究出真知后却满是心灵的丰盈;很庆幸自己在有万般选择下依然坚持自己的初心,很幸运能遇上一路上陪伴自己探寻真知的恩师。

按照预定计划,7 月 19 日上午,在陈副局长陪同下,我们来到了实行"生增死减"模式的白沙桥社区,也与谭边社区一样,受到了白沙桥社区党委副书记、经联社社长刘先生的热情接待。依据他的介绍以及陈副局长的补充,白沙桥社区的土地股份制改革情况大致有以下三个方面:

一是白沙桥社区及其经联社和经济社。白沙桥社区在行政建制上原来是白沙桥村。因为 2013 年实行"村改居"政策,故而于当年改制为白沙桥社区,村委会变成社区居民委员会。该社区的行政和经济治理模式,则是因 2011 年"政经分离"政策形成的。也即在这一年,经济社替代了村民小组,村民小组则变成一个空头机构由村民委员会统筹,村支书兼任村主任也兼任村民小组组长。这样一来,白沙桥的行政职能统一由村委会或者社区来承担,而经济职能则由多个组一级的多个经济社和一个村一级的经联社承担。

经联社的实体部分,形成于 1990 年至 1993 年。这一期间镇政府在白沙桥村征地,而征地的价格为:农地每亩 13500 元,鱼塘每亩 21600 元,山岗地每亩 8000 元。白沙桥村委会搭上这个顺风车,也以同样的价格征收了下属村民小组的一部分土地,大约有 60 亩。于是,这 60 亩土地就变成了村委会直属的经联社的土地。村委会征收村民小组的这些土地,小部分用于村委会办公场所建设用地,大部分则用于村一级经济实体建设。可见,在这里,村组两级集体的土地产权是确认得比较清晰的。而且,由于当时这里的土地价值还未因工业化而显现出来,土地的主要功能还是用作耕地使用,而种田又十分辛苦,还要交公粮,所以农地一旦被征收,不仅可以拿到钱,还可以少交公粮。正因如此,当时村民对于村委会向村民小组的征地,态度是积极配合的。但要是现在经联社再征地,想必在这寸土寸金的地方,经济社的村民们一定不会如此好说话,一定会"捞"到一笔他们自己满意的大数目,才肯罢休。因为在而今的南海区,每个户籍在此的村民就相当于有一纸财富保证书,这份保证书含意着的土地,时刻能为他们带来财富。

当初征地成功后,村一级的经联社就拥有了实体性资产。1994年,村委会办好了土地使用证,把农用地变成建设用地,作为建设用地租给开发商。这些土地的租金为8000块钱一亩一年,并且五年一递增,递增率为百分之五到百分之八,租期为20年或者25年。开发商对土地进行"三通一平"后,用来建设厂房,兴办实体。不过,组一级的经济社直到1999年才开始把农用地转变成建设用地,用于出租。对此,当时许多村民小组选择联合出租,也就是在一个用地范围内把不同村民小组的土地整合在一起,然后作为一个整体出租,租期也是20年到25年。这个租地的过程,是由村一级的经联社主导的,而这种"主导"不是无偿而是有偿的,也即经联社会收取经济社的管理费,这个费用一般为1000块一年一亩。

在2011年也即实行"政经分离"的那一年,白沙桥村进行了资产盘点,总共有土地2350亩左右。而今,白沙桥社区已经基本没有农用地了。这主要是由于建设佛山西站,白沙桥村被政府征收了700亩土地,剩下的土地也几乎全部用于出租。多年过去以后,现在与1994年已不可同日而语。而今白沙桥社区的土地出租合约为:工业用每亩一年50000元,商业用地则为每亩一年80000元,租期则由每个经济社或者经联社自己确定,一般是工业用地30年,商业用地40年。不过,在我们看来,这种土地出租模式还是比较简陋的,因为它全部是以集体土地直接出租,并没有在集体土地上建设工商物业出租,更没有在集体土地上建设住宅出租。

二是白沙桥社区的成员权确认。2004年南海实行股份确权时,首先是将经济社的土地和物业进行统计而折算价值。这种清产核资的技术性工作,由于主要涉及"物"而较少涉及"人",故而一般进展顺利。但是,确认成员权就不一样了。成员权也即成员资格,关于成员资格,白沙桥过往的做法是:每年年底都会重新确认新增人口和死亡人口。就每年新增人口的成员资格而言,新生婴儿户口第一时间落在本地的可以确认,新嫁入媳妇的户口原来是农业户口的亦可确认。对于新入赘女婿的成员资格确认则为:如果一个家庭有两个女孩及两个以上,只允许一个入赘女婿有成员资格。这种"生增"成员权确认模式,在南海区有着普遍性。而"死减",则意味着对于每年死亡的人口,他们的股份也要随之减去。不过,对于新增人口中可以确认成员资格的那部分人,也并非是免费配给股份,而是要求有偿购股也即缴纳门槛费。白沙桥多个经济社的这种门槛费,在2004年为每人象征性的交纳3000元,到2007年又递增了百分之十,也就是3300元。这并不意味着整个南海区都是如此。其实,"生增死减"模式下的门槛费是由各个经济社自身制定的,多少不尽相同。当然,"生增死减"模式下的股民人数是持续变化的,但是本年新增的成员权人口要第二年才有权益分红,而死去的成员权人口当年还会享有权益分红,他们的这种分红要到来年才被取消。不过,情形也并非绝对如此,对于死亡人口分红情况的年份限制,不同的经济社可能都会有自己的小变动,有的经济社对于死去的人,三年以后才取消其分红。

2015年,白沙桥社区按照南海区"确权到户、户内共享、社内流转、长久不变"的十六字方针,也进行了确权(股)到户的股份制完善,目的是为了固化股权。为了做好这项工作,白沙桥社区指导辖区内的9个经济社,根据南海区的十六字方针修改章程,再将章程修正案递交上级部门检查,看是否违反法律法规。对章程修正案的检查通过后,则交由各个经济社召开成员大会表决通过。只不过,当时章程表决通过的结果,有的经济社高达97.6%,有的经济社却只有56.7%。这种表决通过的结果,在白沙桥社区各个经济社之间之所以存在这么大的差异,是因为该社区每个经济社的家庭情况有不同,也是说有不同的家庭利益诉求。比如,一户家庭有一个即将结婚的儿子,在"生增死减"模式下，嫁入的儿媳如果也是农业户口则可以增加一份股权；或者一户家庭有即将出生的婴儿也是如此。类似于这样的人家就希望缓一缓，等儿子结婚媳妇进门，或者等婴儿出生后再确认成员权。所以，这些家庭一般就不会对章程修正案投通过票。也因此，章程能否通过就取决于经济社内这样的家庭多不多。而那些通过了章程修正案的经济社，则可以开始按照"一人一股、自由结户"的原则确认股权户。然后公布出去，看看是否有错漏现象。如果对公布的情况没有异议，则提交给上级审批，最后才能发放股权证。

三是白沙桥社区在确权（股）到户中遇到的问题和应对。由于2015年确权到户之后，旨在遵循股权在户长久不变的方针，所以那些认为自己应该有但没有股权的人就会有意见。也就是说，这部分人也希望可以获得成员身份，从而享有股份分配权。这种群体性的成员权诉求与谭边社区的情况也有类似性，但归纳起来，白沙桥社区的这些特殊人群大致有以下四种类型：第一种，过去是白沙桥的农业户口，后来因各种原因转变为非农户口了，但现在又想把户口迁回来的；第二种，考上大学的学生把户口迁入了学校，现在想把户口迁回的或者是超过规定年限迁回户口的；第三种，本地男子娶了非农业户口的女子，其子女的户口随母亲落户的。这种情形是指，广东省在1999年左右，制定了一项计生政策，规定新生儿只能跟随母亲落户。当时出台这项政策的目的，是为了保证新生儿的哺育。但是，当年小孩的户口随非农户口的母亲，也即小孩上的是非农户口。而非农户口的人口，是不可以赋予只有农业户口才可以有的集体成员权的。可以说，这条原则生成于公社时期，谭边社区如此，白沙桥社区也如此，甚至全国农村都一样。

针对上述群体的成员权确认及其利益诉求，白沙桥社区有一个基本的应对方法，就是允许他们出资购股。这个方法具体操作程序为：辖区内的每一个经济社先按照同一个方案进行，也即各个经济社先核算自有土地和物业的资产价值，据此再大致确定一个提供给各类新增人员出资购股的系列金额标准。然后，去询问每个经济社内社员们对这几类人群的意见，请相应经济社的社员们提出让上述几类人群出资购股的具体金额或者比例，在此基础上按照每个社员提出的数据计算平均数。

　　例如,如果某个经济社的人均资产是100万,那么经济社的社员持有的股份就是100万一股。在这种情形下,经济社要求本社18周岁以上的社员出来投票,用以判定如果允许相应的新增人口入社,他们需要按照什么价格或者比例出资购股。这样一来,经济社每个社员的判断不同,所提出的价格或者比例一般也会不同。比如,如果最终的比例平均数是百分之七十,那么相应新增人口每人可以出资70万购得一份股权,但这份股权的价值为100万。实际上,白沙桥社区的9个经济社中,最高的购股金额是每人70万,最低的也要每人20多万元。这种出资购股金额的高低差别,不仅跟每个经济社自身的资产状况密切相关,而且还掺杂着经济社社员与出资购股人员之间的利益关系和人情关系,含有不少个人的情感因素。

　　这次广东南海狮山的土地确权和股份制改革调研,应该说基本上取得了预期效果,尤其是获得了有深度的和比较细致的材料。如果说还有什么令人遗憾的,那就是没有访谈到村民或者社员家庭,也即没有"访谈到底"。对此,我们也努力尝试过,但不得已都放弃了。一则,是不想太过于麻烦狮山镇的领导,毕竟我们已经对镇和社区两个层级的多位知情干部进行过比较有深度的访谈,不忍再进一步叨扰;二则,我们也用过多种自行联系的方法,但效果不佳。因为上文说过,有钱人都深谙"财不露白"的道理,更何况如果有征地情形发生,那么一户有成员权的人家,因此而进账几百万并不稀奇。如此一来,他们躲避调研人员还来不及,又怎会接受访谈呢? 他们所担心的是,万一有什么事,让他们把这已经到手的巨款吐出来,又该如何是好? 这是一位已经与我们熟悉了的当地商人,在我们提出帮忙联系受访村民的要求时,作出的回应。

下篇：访谈音录

1. 长乐村村民访谈音录

对话人：

严小龙:湖南师范大学公共管理学院、湖南师范大学科学社会主义研究所、湖南师范大学县域发展研究中心、湖南师范大学乡村振兴研究所(筹)教授,以下简称严教授

周希平:长乐镇长乐村村民、大垅合作社职工

日　期:2017 年 5 月 1 日

地　点:湖南省汨罗市长乐镇长乐村

严教授:你们(大垅合作社)是三个(村民小)组合在一起的?

周希平:嗯,三个组一起搞的,也是一个屋场。

严教授:那带头人是谁?

周希平:(汨长、营田)驾校的一位女同志。

严教授:一位女同志带头? 那她是你们这里的人吗?

周希平:她是我们这里的出嫁女。

严教授:出嫁女?

周希平:嗯,出嫁女,她为我们这里造富。

严教授:她家也在本村?

周希平:是,也不是。她是从这里嫁到汨罗市,然后又回到这里搞开发的。

严教授:她是不是村书记?

周希平:不是。

严教授:村里的土地是不是有一半流转(给合作社)了?

周希平:这我不晓得。

严教授:好像有些土地还没有弄(流转)进来。

周希平:暂时还没弄(流转)进来,要一步步来,因为有些人家还是不同意噻!将来是要全部弄(流转)进来的,还要把那些山都开发了。

严教授:你们村的耕地是 1491 亩,山地是 7400 亩,山地还多些。山地栽一些果树、景观林木,还是可以的。

周希平:马上就要全面开发!现在在搞设计。还可以种一些花草之类的。

严教授:那你们这个点不错呢,下次我们可能会返过来,把这个典型好好研究一下。

周希平:你们是怎么知道这里的?

严教授:因为我是研究这个的。她们是我的学生,我让她们到处去找典型,于是就找到你们这儿来了。看看你们这儿有什么经验可以总结,也可以帮你们宣传。如果知名度大了,还可以搞旅游呢。

周希平:嗯,将来是可以。这个山地计划由政府拨款,现在是 50 万每年,由省里直接批下来。

严教授:哦,那就是已经在省里立项了。这个势头看起来不错,方向是对的。

周希平:这些山里面有三个水库,灌溉农田很方便。现在我们正在整顿餐饮和住宿,还要建歌厅、娱乐场。才刚起步咯,需要一定资金。

严教授:我们其实是在帮你们。如果你们搞得好,引起社会重视,大家就过来学习、取经啊。

周希平:对,吸引外面的人来。哦,这是我们的劳动力在放水。

严教授:他们都是本村人吗?

周希平:都是这个屋场里的人,都是(组成合作社的)三个组的人。

严教授:这是三个组,也是一个屋场?

周希平:嗯,三个组为一个屋场。

严教授:哪三个组?

周希平:第 8、9、14 组。这个屋场叫垦屋周屋场,因为这里的人都姓周。

这座山上还有当年红军挖的战壕。

严教授:将来可以做个景点,可以叫作红军山。

周希平:红军山? 那个山叫作毛棘山。

严教授:可以改个名字嘛,还可以把战壕复原。将来搞旅游,会有人来看的。

周希平:在这座山上如果没人带路,是走不出去的,后辈们都不清楚山地有好大面积。我以前在外面做生意,后来被合作社叫了回来。

严教授:农村的发展要有一个集体的力量推动才行,每家各过各的是没有力量的。若老是一盘散沙,要到猴年马月才行,搞不出名堂的。

周希平:不搞集体主义,那山就都荒了,搞集体主义才能开发出来。

严教授:这个屋场的三个组都姓周,那全村呢?

周希平:全村大都姓周,只有两个组姓杨。

严教授:这里是不是一个姓氏就团结些? 如果不同的姓氏,是不是就不团结些?

周希平:是的。

2. 长乐村大垅农庄访谈音录

对话人：

严小龙：湖南师范大学公共管理学院、湖南师范大学科学社会主义研究所、湖南师范大学县域发展研究中心、湖南师范大学乡村振兴研究所（筹）教授，以下简称严教授。

周迈辉：汨罗市长乐镇长乐村大垅合作社理事长，以下简称周总。

黄凤仙：汨罗市一中教师，周迈辉丈夫，以下简称黄老师。

日　期：2017 年 5 月 2 日

地　点：湖南省汨罗市长乐镇长乐村大垅农庄

严教授：这几年我在农村搞调查，了解有关情况。到这来，是看能否就你们这个典型，归纳出一些有普遍意义的东西。您姓周对吧？

周总：对对对。

严教授：这是佑圣村？

周总：对，但现在是长乐村，长乐镇长乐村。

严教授：8 组，9 组，14 组是一个屋场，对吧？

周总：这是一个片局，长乐是四个片构成一个村，我们这个片是三个队组成一个片局。

严教授：你们属于第几片？

周总：我们是第三片。

严教授：已经流转到你这里的水田有多少？

周总：总共流转了 1600 亩左右。其中有 1000 多亩种一季稻、再生稻，还有双季稻。

严教授:再生稻是什么意思?

周总:再生稻就是直接铺在上面,自己又长的那种稻子。也就是撒下去的种子是再生稻谷,你收了后不用再铺,直接打一次肥料,它能再长出来。

严教授:就是收了以后不用再下种的?

周总:不用下种的,第一次就已经下种了。稻谷就分为这三种,一季稻、双季稻和再生稻。

严教授:你们现在流转了 1600 亩,都是水田。但我发现这个村总共的耕地也是 1600 亩左右。

周总:流转的这 1600 亩水田有我们这个片的,还有邻村一些片的,是加上他们的水田。我们种的一季稻有 400 亩左右,上半年就是种糯米,主要用来酿甜酒。糯米的品种有黑糯、白糯、红糯这三种,是用这三种糯米做甜酒。"长乐"就是做甜酒的嘛,历史上就是甜酒之乡。我们把它做成了一个产业。

严教授:种双季稻的水田有多少呢?

周总:双季稻大概有 600 多亩,具体有多少要种了才知道。因为今年开春的那个秧才插了一点点,我们计划是种 800 亩,现在还在插。

严教授:那再生稻可能有 600 亩?

周总:对,再生稻有 600 亩。

严教授:再生稻产的米好不好吃?

周总:再生稻的那个谷还是可以的,但种到第二次产量就不是很高。因为各方面的原因吧,现在我们还在试种。去年种了一次不是很成功,今年再种一次如果还不是很成功的话,明年就打算改种双季稻。种再生稻的水田的地理位置跟种双季稻的还是有点区别。我们在安排技术人员搞,还在试验,对土样啊、水源啊一系列的技术问题进行研究。

严教授:刚刚我们看到很多旱地,好像种的是大棚蔬菜。

周总:大棚蔬菜准备种 200 亩,用那个普通的大棚框架,把它做成蔬菜生产基地。

严教授:我们还看了很多林地。

周总：林地的话，我们正在修建那个基础设施，在修路了，以前都是很凄荒的地方。我们这个片的林地大概有 600 亩左右，一个村有 1000 多亩。

严教授：村里的林地好像有 7000 多亩，村口那个牌子上写的有。

周总：我不知道村里林地有多少。但这个片大概有 600—700 亩，具体是多少我们也没有测过。

严教授：刚才我去看了那个山地，发现农村的山地普遍都浪费了。其实呢，这个山地是很有价值的，种果树价值就很高。比如美洲的那个硬果，那个价值就很高，一小罐在超市卖多少钱咯，比种水稻的价值高多了。农村有很多山地适宜种果树，可现在都浪费了。

周总：这些山地都荒废好几十年了，从我一出生，就荒废了。我们还得靠技术人员，靠你们老师指导。中国农民的问题，第一个就是技术问题，第二个是思想观念的问题。以前，就是水果啊，一般好的品种都是从外国进口的，但是现在改革开放，还有习主席上台，农民的事业慢慢上来了，农民的积极性提高了。像我们这种搞企业的也慢慢加入到了这个农业里来了。（对于农民来说），我们不带着他们干，他们更不会愿意干。一个是他（农民）不知道怎么搞，再说他（农户）自己一两亩地也不好怎么规划是不是？

这里也是我的老家。我出嫁到岳阳汩罗，我老公在汩罗一中教书。我高中毕业就打工，嫁了之后回来搞个体户，开办了一个鞋厂，也跟着他教书，管学校的食堂，管学生的后勤。由于家里情况不是很好，负担也重，后来就开办驾校，从事一个适合自己的行业。每个人都有自己的志向。我开办驾校，靠的是自己的努力，当然还有群众和领导的关心啊。我们这个驾校，搞的蛮早，2006 年就开始搞了，2010 年开办总校，现在屈原有一个驾校，平江有一个驾校，汩罗有一个驾校，3 个驾校总共有 60 几个分点，各乡镇都有报名点。驾校的业务基本上已经走上了规模化，我就放手让他们（职工）去干。然后，我就回来带着村民搞农业。在我的印象中，农村中 60 年代的人特别是 50 年代的人都搞农业，到我们 70 年代的基本上只是了解，比如我十五六岁就下海（经商），所以农村中 70 后的很少搞农业，只了解一些基本的，像我们以前太小，弄点黄瓜、蔬菜、提提秧，对于干正活，还没有深入到里面去，现在我们如果还不出来搞的话,下一代就不会搞了。农业这个活,老年人已经年龄大了,就算是要传教的话,以前的思维也跟不上来。我对这个事业感兴趣,想把农业延续下去。不搞怎么办呢? 中国人没有粮食吃啊。这不是我一个人的想法咯,所以有很多技术人员在搞这一块,专门研究这一块。还是要有人做不!

严教授:这个土地流转到你这里,采取的是什么形式?

周总:流转到我们这里,土地(承包)权都不变,经营权属于我们,使用权属于我们,产权还是家户的。现在不是定权发证了吗? 定权发证搞到家户了,家户就通过签合同的方式转租给我们。

严教授:有相关的土地租赁的材料吗?

周总:有。我们还要测量啊,(合作社)有本村七八个组的丈量数据,还有几个外村的没来。这是我们跟他们测量的,(比如)这一家有 5 口人,(他们家的承包地)加上自留地,测量后是 4 亩多。应进地(的租金)就是我们按人头分的,应进数(土地流转合同)是和每一个组来(签订)的。现在搞定权发证,对于政策 30 年不变,有些农民就不平衡。比如家里的女孩子出嫁了,她的地还在这里;家里生了男孩子的,又没田进。现在,我们就避免了发生这样的情况,(因为)合作社就给他们解决了这个问题。我们把所有的地打包,(当然是)自愿给我的就打包。这个(合同)是(以一个)完整的组(流转)给我们的,有的(土地流转)不是完整的组而是家户,那就直接跟家户签合同。(比如),8组的 89.75 亩土地就是完整的,8 组有 89 个人,人均一亩多一点点。人均土地每个组都不一样,有的 7 分、有的 8 分、有的 9 分。

严教授:意思就是说,你们是在重新确权咯?

周总:对啊,重新确权嘛,以后发钱(租金)要按这个数发呀。

严教授:也就是说,水田的数据是重新丈量的。

周总:是的。这里还有图,标明谁(是)丈量人,还是很细致的。人均是 8分 8。

严教授:土地流转以后确实要重新丈量,因为好多农村还在使用土改时的数据。但你为什么要量呢? 因为你要发钱,你量不准就发不了。所以是流转倒逼着重新丈量。

周总:对的,发不了。但我们还不只是这样,还不主要是为了发钱。就是说,我们根据这个(丈量数据)发钱是怎么发的呢,以前是你有多少亩田就发给你多少钱,现在不这样。我们(的做法)跟那个政策还是有点不同:政策是凭田发证,我们是为了平衡农民的心态。比如今天你娶了媳妇,你明天就有钱;你明天生了小孩,你明天这个小孩就有钱。这个意思就是这样的。

严教授:能否再详细说说?

周总:每个人一年一亩310元。每一年都是按天数算的。如果你这个人一年没动,那就按310元/亩算;如果今天你有孙子了,你(孙子)今天就有钱发了;如果今天你女儿出嫁了,那么你的女儿明天就没有(钱发)了;老父母亲今天死掉了,明天也就没有钱发了。增加一个人就有一个人的钱,什么时候增加的什么时候就有钱。你这个人半年中间进来的就只有半年的钱;生了这个孩子,出生多少天,就享受多少天的待遇。就是这样算的,就是按天数来算,不按年数算。就是要不留一点空隙给别人,很公平地对待每一个人,以避免以后的麻烦。

严教授:有个问题,打个比方,他这一家有田4.1亩,你是按照4.1亩每年给他算钱,对吧?

周总:我们把田地的数字测出来,但算钱不一定要按这个数字算的,算钱是按人头变化情况算的,每一年都不同。

严教授:算钱是按人算的?

周总:对,算钱按人头算。就是把这个队(组)上的地全部算集体的,人人有份。我现在只是把他们以前的东西(比如土地确权到户的数据)全部保存下来。假如以后我们不做了,你是按老的算也好,按现在的人头算也好,还是按那个发的定权证去分也好,又是另外的事了。

严教授:是不是按人头算,就是一个人每年310元?

周总:不是,是一亩田310元。比如你家有5亩田,我就发5个310给你;假如你家有5亩田,但今天添了人,那我肯定又要加田,加田就是要加钱,每一年都有变化。

严教授:你的意思是地随人走?

周总:嗯,地随人走。

严教授:地随人走,就是你家增添一个人,这个地你家就要增加一份;你家减少一个人,这个地你家就要减少一份。

周总:对啊!

严教授:那按人算,也是按地算,是不是这个意思?

周总:嗯,还要按天算。比如你那个人是什么时候增加的呢?是元月 1 号还是中间的 6 月份,还是 12 月份? 那么你有一天,你就有一天的钱,也就是 310 元去除以 365 天。每一年农户的人数都可能有增减,你家里增了人就要加地加钱,你家里减了人就要减地减钱。

严教授:那就是说,这个调地是随时调的,只要有人增减就要调地。

周总:对,每一年都是及时调的。

严教授:这个大垅合作社,你是法人,对吧。那你和这个村党支部、村委会是什么关系?

周总:村上是村上,我们是我们。按道理,这个(分钱)是他们队(组)上的事,不是我的事,我们合作社只跟他们签(土地流转)合同就行了。但这个(分钱的)事,我们还是帮他们做了。组上分钱首先是按整个面积摊下去有多少田,再按人头分。比如 8 组有 89.75 亩田,那么首先把要进(田)的(农户)算出来,把要出(田)的(农户)也算出来。你嫁了人你就要出田不? 把这个数字放在一边后,再让要进(田)的(农户)把田进了,让要出(田)的(农户)把田出了。也就是把进(田)的(人数)加进来,就把出(田)的(人数)减出去。扯平之后,再按人头来分钱。每年(组上的农户)都有人进、有人出,如果不及时调整,很多农民就有意见,对不?

严教授:大垅合作社与组上签订(流转)合同,比如 8 组是 89.75 亩,对吧。按道理,是合作社按一年每亩 310 元把钱付给组上,再由组上把这个钱分给农户。但实际上,是你们帮组上直接将这个钱按人头分给了农户。

周总:嗯,对!

严教授:刚才讲到的这个分钱的事,本来是组上的事,不是你的事,对吧? 你们的情况跟昨天晚上的那个(经营者)有点像,那里土地也是流转到组上。

他也跟是组上打交道,但不跟农户打交道。

周总:农户也要签字嘞!

严教授:农户当然要签字,但是由组上组织的,因为这个承包地是确到户的,然后(经营者)跟组上打招呼,让组上组织农户来签字,对吧?

周总:有的组没把那个田收拢来,那么我们就和家户签。就是说,如果组上没有打包,田没有归到集体,那我们就直接跟家户签,这种情况(大垅合作社)有 600—700 亩。

签合同有一个私人、一个集体(两种情形),集体的话是跟组上签。不过无论跟私人还是跟组上签合同,都要经过村上签字,必须要村委会签字、盖章。村上还是要到场的,因为我们的土地权是集体的嘛。

严教授:那个合同能不能拿一份给我们看看咯。

周总:这份是一组一组签的,以组为单位签的合同,310 元一亩,这是原件。

严教授:我们能不能把这些资料复印一份?

周总:这个太多了没必要,你们弄一个组的就好了,没必要全部复印。拍一个组的回去打印也一样。

跟农民打交道很难哦,有些细节的问题你不解决的话,那麻烦多。他今天一个名堂,明天一个名堂。我们弄那个地啊,花了很多功夫,花了整整 3 个月的时间。每一块地、每一丘地都要弄。

以前,有好多地组上没收拢来,我们就只能跟农户打交道。后来,慢慢地把农户的思想转换过来,再和组上打交道,帮他们分配租金。因为组上不好分,也分不了。比如养女儿的(农户),女儿嫁出去了,她的田就不想分出去;而家里生了男孩的,多了人,他要进田又进不到。所以为这个事又得吵架,每一次开会都搞不成。现在很多的村都有这个问题。我们首先是跟家户打交道,再跟那个组长开会,希望有一个共同的集体。村上也搞不定啊! 村上也拿他们(农户)没办法。不过后来大家都认可(合作社),给你怎么搞都放心。我也是个外行,跟着农民的实际需要来。

我们有 6 个组是核心的,其中有 3 个组的田、地、山全部归我们了,另外有

3 个组的水田给我们了,但山没给我们。(也就是说),10、11、12 组的山和地没打包,但田(打包)给我们了;8、9、14 组的田、地、山全打包给我们了。(此外,我们还流转了)临近几个村的田,有几百亩。(它们)不是一个全村的,而是每个村都有一点点,每个村五六十亩左右,租期是 5 年,总共打包了 600 多亩。这些田都是分散的,这里一块那里一块,机械也不好用。

严教授:你们和组上打交道确实省了不少事。

周总:对啊! 和组上打交道现在就没事了啊! 以前就是为这个事头痛啊! 组长都没人想当了。(农户对于土地)出的不想出,进的又想进!

严教授:就是靠你们先行做试验,我们跟进看能不能总结出一些对其他地方有启示的经验。而你们呢,也有改进的地方。

周总:我们第一个是把土地流转过来,第二个就是带动农民致富,搞土地入股。

严教授:怎么入的这个股?

周总:500 块钱一股。项目的启动资金是 2000 万,我们把这个田收拢来是为了做成几个项目:第一个项目是农业这一块,作为一个农业组,农业有水稻,再生稻、一季稻,还种油菜。一季稻搞完之后就是糯米,糯米可以产甜酒,做甜酒产业。第二个是下半年种油菜,油菜籽也是一个收成,这是第二个产业。第三个产业就是种各个季节的蔬菜,然后可以做成旅游采摘产业。第四个产业是山上的林业开发,作为一年四季的观赏,争取做到春有色,夏有荫,秋有果,冬有草的效果,搞一个特色林园的产业,也可以参观旅游。

起初我们主要是想,这些田不要荒废了。我们也不是很正规,还没有深入到里面去。总的来说,还是要带动他们致富,不能把他们的钱亏到里面了,是吧! 慢慢地,就做现在的产业了。

严教授:我们关心的是农民的集体致富问题,用什么形式就要靠实践摸索,这个东西是不能空想出来的。现在有一条道路,叫"塘约道路",受到了很大的关注。它是贵州的,是党支部带动的。它那种情况是"确权确地确股",也有很多人到那里去参观学习。你们这个情况,要用一个词表达。邓小平有个期望,就是农业二次飞跃,但新集体化一直没出现。你们这个是星星之火,在这方面用力是很受关注的。如果这样,你们这里的前途是不错的,因为各种政策扶持,各种人流,资源就会越来越多。

周总:我们为什么叫大垅呢? 就是原来我们这里是大垅大队,后来才改为了佑圣村,现在又叫长乐村。我们是为了一个历史的记忆,以前就是叫大垅大队,所以我们就起了个"大垅合作社"的名称。

严教授:你们和塘约还有所不同。我们就是给你们一些建议,希望你们成为湖南省的一个农村改革基地,对整个湖南省都有好处呢。第二个,我倒是想提个建议,不知道你愿不愿意,如果愿意我们可以签个初步的共建协议,条件成熟了再签个正式协议。这个"共建"更多的是无形的联合,是战略合作。我们有研究任务,研究本身是职业,你们是干实业的,可以优势互补。比如我们可以带学生过来考察,吸取经验,还可以把你们请到我们学校去,相互交流。

周总:严教授,你们这是搞规划啊还是搞具体的什么?

严教授:我们主要是搞政策研究的,这个和那些搞技术的还是有些差别的。

周总:现在农民也知道技术很重要。

黄老师:刚才严教授谈了几个观点,第一个是怎样带动农民致富,我们也是农民,我们都是农民的儿子,上几代都是,我老婆对这个也特别感兴趣。很多年以前,我们就有规划,就有这种想法,包括到什么地方去看一下的想法。前两年开始着重做这个事情,做这个事情是非常艰辛的:一是农民的房屋要拆迁,地要做规划。拆迁的补偿,现在基本上已经搞好了;那个下水道、厕所、瓦屋水的处理(也都搞好了),我们把每家每户的那个化粪池用的下水管道都已经铺设好了,还有路面的硬化,整个村庄的建设,包括建那个围墙之类的,都是我们投资搞的。再就是电力整改,整个村的电都改了。还有就是绿化。(这样一来,)村庄的整个面貌都发生了翻天覆地的变化。现在我们着手做的是两个产业:第一个是种植业,包括水稻种植,现在刚好是插秧的时候,再就是大棚蔬菜,有 200 亩,正在建 100 亩,种各种各样的蔬菜,还有就是搞一些餐饮、旅游相结合的,想往那方面发展。再然后呢,就是山上那一块,已经勘察了,有一些资料数据。整个(村庄)建设按照计划在一步一步走。在这个政策和规划方面,我们可以提供一个基地。第二个是你们有什么政策给我们指导,如果经济效益好的话,分红也好说,特别是严教授,你认为有什么政策,包括员工去你们那里培训,你们的学生到我们这里来实习,包括技术方面的,我们可以相互帮助。

严教授:石门有个女同志,是顶了大半边天的,她流转了2000多亩地。还有个事,想再了解一下,确股的事可不可以说得再细一点?

周总:确股是这样的,带动农民致富嘛。第一个是田入股,田是按310元每亩算那个租金,租金可以入股,土地租金入到股里面,就是以租金代入股。也就是说,租金是发给农户的没错,但有的放在(合作社)里面入股也可以啊,只是需要另外签一份合同。合同的主要内容,是同意把租金放里面(合作社)。另外,也可以拿钱入股,资金入股是500块钱一股,我们的项目启动资金是2000万,可以确2000万的股份权。这(两种方式)都是自愿,入股人主要是本村的,自愿参股的就参股,这个也不多,一般有2千的、1万的、2万的,最多的3万,总的统计大概是30万左右。

那个卫生我们是以党员来包户搞的,村里面有几个党员,再算算有多少户人家,按就近的原则(分别包干)。我家就在这里,附近的这几家我就来督促,自己的卫生自己打扫,也安排有卫生员打扫那个马路。村党支部只是在我们这边上班。

严教授:这些事本来应该是他们管,那他们干什么?

周总:因为我们(合作社涉及的)不是整个村,而是几个队(组)。我们三个队(组)是一个屋场,是以这个屋场为主搞的。那边的几个村有几个组也在改(造村庄)了,也在搞建设了。建设那个道路啊,美化环境啊,还有那个宣传。

严教授:你们这个模式和塘约模式还是有些不同,我知道你们难。

周总:主要是资金难。我们社员入社要填入社申请表,先入社再入股。也就是先认定他的资质,先确定身份,你是社员才能入股。这个表就是我们统计的信息,还有社员入社登记,备注就是入股的资金。

严教授:从道理讲,入股和入社应该还是不一样的。入股是确认股东股份,入社则是确认社员资格。

　　周总:我们入股签的是这种协议。这份是空白的。上面要填土地有多少亩,资金入股是 500 元一股。(对于这些协议,)入社是入社的,入股是入股的。

3. 花桥村种田大户访谈音录

对话人：

严小龙：湖南师范大学公共管理学院、湖南师范大学科学社会主义研究所、湖南师范大学县域发展研究中心、湖南师范大学乡村振兴研究所(筹)教授，以下简称严教授。

黄中甫：汨罗市三江镇花桥村(凤行村)种田大户，以下简称黄先生。

黄中甫妻子：以下简称黄妻。

赵迎香：湖南师范大学树达学院文法系2014级本科生。

日　　期：2017年5月1日晚

地　　点：湖南省汨罗市三江镇花桥村(凤行村)12组黄中甫家中

严教授：这个村叫什么名字？

黄先生：汨罗市三江镇花桥村，这是合并以后的(名称)，原来叫凤行村，我们是12组。

严教授：你贵姓？

黄先生：姓黄，黄中甫。

严教授：原来的凤行村有多少人口？

黄先生：这个不太清楚。

严教授：好的。那我问下你个人的问题，您家里有几口人？

黄先生：四口，我，我妻子，两个小孩。

严教授：你年龄多大？

黄先生：四十多。

严教授:你是哪一年结婚的?

黄先生:2000 年,过去是跟父母一起住的。现在母亲还在,父亲过世了,母亲自己过。

严教授:有兄弟姐妹吗?

黄先生:有六兄弟。

严教授:这个地方的水田比较多,是吧。旱地呢? 土地分几种情况?

黄先生:这里的土地是水田多,没有人搞那个旱地,一般就是种水稻。

严教授:有山地吗?

黄先生:山地少。

严教授:你有山地吗?

黄先生:山地一般成树林了。我有,就在那边山里。

严教授:有几亩山地?

黄先生:不多。

严教授:你家四口人总共有多少水田?

黄先生:四个人两亩多水田,两亩一二分田。

严教授:这个两亩多水田(的承包权)是怎么算的?

黄先生:我和我爱人的,加上我父亲的,我那两个小孩都还没有。

严教授:也就是三份地,两亩多。组上人均几分地?

黄先生:平均 7 分多的样子。

严教授:你妻子是本地人吗?

黄先生:是本地人,9 组的。

严教授:她嫁到这里来(以后),她的(承包)地是不是从 9 组调到了你们 12 组呢?

黄先生:没有,(她的承包地)还是在 9 组。

严教授:你们这个 12 组,你家里这些地是什么时候分的?

黄先生:九几年,我父亲的田就在我名下,跟了我,九几年搞了一次大调整。

严教授:是 1996 年吗? 那次是搞二轮延包。

黄先生:是的,就是1996年。

严教授:80年代不是分过一次田吗?

黄先生:是的,分过一次田,80年代分田的时候我是有田的。

严教授:然后90年代中期动了一次田。80年代分田的时候你分了多少?人均有多少?

黄先生:那时候人均还有八九分田。

严教授:80年代分田时人均有八九分,90年代调地人均只有7分左右了。也就是说,第二次调地时你还要出地给别人,是不是?

黄先生:是的。

严教授:除了80年代和90年代两次动地,这里有土地调整吗?

黄先生:没有了,没调过了。

黄妻:所以我儿子女儿都没有地。

严教授:你们觉得调好还是不调好?

黄先生:调整当然好啊!

严教授:你去年流入了多少亩?

黄先生:去年流入了117亩。

严教授:今年呢?

黄先生:今年可能会多30—40亩。

严教授:你有没有一个流转土地的数据表?

黄先生:那个表县政府有一份啊。政府发了一个表,你每年种多少田,有一张表给我,填了申报上去给了政府。这个表叫申报表。

严教授:这个申报表,你有没有留个底?

黄先生:没有。

严教授:你现在流入了117亩,比如说流入的人家,这一家多少亩,那一家多少亩,你应该有个账本吧?

黄先生:有的。

严教授:那个账本可以给我们看一下吗?我们主要是想把这个事情搞细一点。

黄先生:这是 2016 年的土地流转情况,包括每个农户户主的名字,还有亩数。

严教授:每个农户家的这些数字怎么来的?

黄先生:就是承包啊,他是户主,他知道多少田,然后要给他多少钱。

严教授:你们这里近年来是不是搞过那个土地丈量,搞过那个航拍啊?

黄先生:就是以前分下来的,每家有多少田是以前的数字。

严教授:那就是没有重新丈量。如果没有重新丈量,那这个数字是改革开放初期的还是土改时丈量的?

黄先生:不知道。反正我们以前那个大组是 160 亩,然后它分成两个小组,每个组就只有 80 亩了。具体这个数据是怎么来的,我也搞不清楚。

严教授:我们可以猜测,比如说重新测量是一种可能,另一个就是过去的数字,那么这个过去是什么时候呢? 土改肯定是量过一次的,全国都量过一次;人民公社时期量没量过? 估计没量过,因为那时候不需要量。如果是这样,你这个数据就是来自土改的。现在呢,有些地方的农村搞过航拍,就是重新丈量一次,用飞机航拍,你们这里搞过没有?

黄先生:没有。

严教授:那你这个数字极有可能是来自土改的,跟湘乡一样,那个地方也还在用土改数据,这个数据很老了。这就有问题了,就是说,这么多年过去了,有修路什么的,所以这个数据极有可能是不准的。还有个情况,就是有些农户啊,这个数据他是有两套的,一个是造册数据,还有一个是他实际使用的。你们这里有没有这种情况?

黄先生:没有。

严教授:在以往的调查中,有些农村有这么个情况,就是因为过去的数据不准嘛,所以农户在使用的时候呢就会觉得不公平。于是他们就用两种方式来调整和校正:一种方式呢,就是用使用肥料的数量来判断田亩数到底有多少,因为种田有经验了嘛,就用一亩田用多少肥料,来推算亩数到底有多少;另一种方式,就是对于水田的位置不一样、质量不一样(流入户),就会(给水田亩数)打个折扣,比如你是流入户,人家流出田地,你在用他田地的时候就可能会打个折扣,因为有些田地不成片,你不方便耕作,有些田地的肥沃程度不一样,于是就需要有个基本的标准,比如打九折还是打八折。这样把实际使用的数据加起来,和账册数据就会不一样。你们这里有没有这种情况?

黄先生:有。

严教授:打个比方,你们这里流转一亩是200块钱,他4亩地流转给你了,你一年就要付给他800块钱,是不是付给了他800。还有一种情况,比如说这个四亩地,肥沃程度不同,或者是位置不同,你就给他打个折,变成了3亩地,有没有这种情况?

黄先生:这个没有。

严教授:你们就是按照这个造册数据算的吗?肥沃程度和位置问题这些因素你是怎么考虑的呢?

黄先生:我(流入)的田还是可以的,比别的地方还是要好一点。

严教授:就是说,你们这里的土地肥沃情况是比较平均的咯?没有太大的差别?

黄先生:嗯嗯,是的。

严教授:你们这里的两个数据(实际使用数据和造册数据)是一致的,你也是按照这个账本上的数据给他(流出户)付钱的。不过有的流入户是支付谷子的,你有这种情况吗?

黄先生:我没有,我的是给钱。你要是给稻谷给他,他会说这个稻谷不好啊,所以干脆说多少钱一亩。

严教授:你们这里有没有给稻谷的这种情况?

黄先生:有的地方有,反正我这里是200块钱一亩给他。

严教授:你流入的这个100多亩有没有书面合同?

黄先生:没有书面合同。

严教授:全部都是口头协议啊!这些流出户都是一个村的吧?

黄先生:是一个村不同组的。

严教授:都是熟人,这个时候口头协议可能比书面协议还管用些。这是熟人社会的特征,口头协议比书面协议管用。那么这个期限呢? 比如说(口头约定)是一年、两年、三年还是十年。

黄先生:都不是。

严教授:那你们是怎么商定期限的呢? 是不是这个意思咯,就是没定期限,全部都没有定期限的?

黄先生:没有(定期限),反正(流出户)都不在家。

严教授:那就是说,他什么时候回来种,你就(把田)还给他。

黄先生:他要种我就给他,他不种就是我种。

严教授:也就是随时可以收回。那实际上呢,收回的情况多不多? 有没有这种情况?

黄先生:没有,暂时还没有。

严教授:你去年流入的这个 117 亩水田,是全部种水稻还是种了其他什么的?

黄先生:全部种水稻。

严教授:稻田里面有套种套养没有? 比如稻田里面养殖什么鱼啊之类的?

黄先生:没有没有,只是种水稻。

严教授:亩产每年一般是多少?

黄先生:一般是 1200 斤每亩。

严教授:种几季呢?

黄先生:两季,我们种田大户一般种两季才有钱赚,不种两季没钱赚。

严教授:你要种两季才有钱赚?

黄先生:两季赚得多点。

严教授:你们这里是种两季赚钱,但有些地方是种两季不赚钱,所以只种一季。

黄先生:我们这边大部分是种两季的。

严教授:你种的两季是早稻和晚稻吧?

黄先生:是的,早稻和晚稻,中稻少一点。

严教授:你种的早稻和晚稻,亩产是不是都一样咯? 都是 1200 斤?

黄先生:差不多。

严教授:那你去年种两季的收益是多少?

黄先生:去年纯收入是十多万,十一二万的样子。

严教授:这个纯收入是扣掉了你所有的成本?

黄先生:去掉了成本。

严教授:人工的成本算没算?

黄先生:人工就是自己啊,我们夫妻两个人搞的,没有请人。

严教授:那就是你们自己的工资没有算进成本。

黄先生:嗯,自己的工资没有算进去。

严教授:你们这个工资是算到纯收入里面去了。

黄先生:是的。

严教授:你有没有想过,除了种田,还考虑多种经营呢?

黄先生:没有考虑过。

严教授:我曾到很多地方看了很多情况,比如说有一家,是搞多种经营的,种土豆和水稻,稻田里面放鱼、放泥鳅、放青蛙,还有技术控制。这样,每年搞水生养殖比种水稻的价值高多了。还请了固定工,有十几个人,农忙的时候请的人就更多。

黄先生:我们这里的大部分都没有搞这个,就是种水稻。

严教授:就是流转的规模不够大,要是够大就会考虑这个问题了,小的话动力不足。你这100多亩水田都比较集中吗?

黄先生:比较集中。

严教授:你的意思是不是说,在流入的时候,不集中的田你就不要呢? 有没有这种情况?

黄先生:好用一点的田我就要,也就是周边的田。隔得很远的我就不要,因为机械不好用。

严教授:要连片才流入,别的地方也有这种情况。据你所知,在这里你是不是(流转规模)最大的一户?

黄先生:还有大的,有个农庄还大些。有些农户搞了家庭农场,(流入的)

181

田还是要多一点。

严教授：(这个农庄流转的田地)比你多多少亩？

黄先生：比我也多不了多少，也就100多亩。

严教授：你现在办了合作社或者家庭农场吗？

黄先生：没有。

严教授：你们这里有没有规定(要流转)多少亩以上才能办家庭农场或者合作社，有没有这个标准？

黄先生：一般办农庄还是要有点关系的。我们现在种了10多年了，就是办不到。给他送了红包的就给办，我们种了10多年了都还办不了，没有送红包就不行，还是要关系。我们去办，(他)就说没有名额了。

严教授：有规定多少亩就可以办(申报)吗？

黄先生：一百多亩就可以办(申报)家庭农场啊。

严教授：(申报)合作社有没有规定？

黄先生：那我就不清楚了。

严教授：你办(申报)这个(家庭农场或者农庄)，是找的哪个部门？

黄先生：找的政府，农庄(如果申报成功可以)补助三年的钱。我问那个办农庄的(工作人员)，他说，我头年的补贴要给他。我头年不得钱，第一年的补贴全部要给他做红包。

严教授：那这个补贴有多少？

黄先生：他(另一农户)说家庭农场一年(的补贴)有3万多，种田大户(的补贴)就没有什么钱了，一年就几千块钱。

严教授：家庭农场的补贴一年有3万多，这个数据靠谱吗？

黄先生：我当时问他(另一农户)，他说有3万多，他(的家庭农场)也是一百多亩地。政府(工作人员)是你塞给他红包他就给你办，没有红包就不给你办。办了以后第一年的补贴几乎就用完了，比如请他吃饭啊、买烟啊这些。这个情况还是有点不公平的。

严教授：这是索贿行为吧。那个农户可能这样想，他要是不办就一分钱补助都没有；要是办了，第一年的钱给红包了，后面还有两年，还有6万块钱，你要是不办这 6 万块钱也没有。你现在是种田大户吧,现在是什么政策,有多少补贴?

黄先生:一年几千块钱,我们也搞不清楚。种的田一年比一年多,补贴的钱一年比一年少。去年补的是前年的,是 8400 块钱。2014 年有 13000元,2015 年是 7800 块钱但田还增多了,2016 年是 8400 块钱。我们村上的村支委搞了名堂,他弟弟没种田却是大户,补了几年的钱,这个事情还搞到市里去了。

严教授:这个事情你们没有反映吗?

黄先生:反映到检察院了,但它不管啊,打了电话的。

严教授:那你知道别的大户补了多少吗?

黄先生:我不知道。去年我自己去乡政府查了一下,他们还是把我这个表报上去了。前几年都是那个村支书帮我们搞,我不知道怎么搞,那个明细单我也没有,就是打多少我收多少。2014 年多些,有 13000 块,2015 年只有 7800块,差不多少了一半。

黄妻:他又没读过多少书,老实巴交的。现在就是这样,人家会说的、会送钱的,就给他办一个大户。那几个办农场的比我们还后种,田还没那么多,但是还是办了个农场。对家庭农场政府有那个田补的,一年 3 万块钱。但是办了(家庭农场)的人这样说:我请他们吃就花了七八千块钱。但那个市政府不管,打电话投诉也不管。

严教授:不公开就不知道。一般来说政务、村务、乡务要公开。这个要求还是有,只是执行了多少就不知道了。

黄先生:这个补给我的钱应该是只多不少,因为我的田一年比一年多,今年比去年又多(流转)了一点田,多了几十亩,(所以补贴)只有一年比一年多的。

严教授:种植规模大了之后,你赚的一年比一年多了啊。

黄先生:但是那个补贴的钱却一年比一年少了。

严教授:补贴就比较复杂。基层的情况,关键是你自己要把这些事情记清楚,以后可以去查。你以后把这个事情搞清楚了之后,把这个数据交上去,政府应该也要补给你。

黄先生:搞不清楚,有多少田也没打出来,反正一起就是多少钱。

严教授:关键是你要搞清楚,这个政策是哪一级的,是汨罗市的政策? 还是岳阳市的政策? 还是湖南省的政策? 文件在哪里? 把这个文件搞清楚,然后看文件是怎么规定的。把那个源头搞清楚,就可以把事情说清楚了。

黄先生:双季稻就是(补贴)100多一亩啊。但是算下来就没有那么多了,算起来应该有一万多,但是实际上发的没那么多。

严教授:其实种田也要信息灵,光埋头种田不行,粮补本来是优惠政策,但执行力递减了。还有,你们这个村啊,合并以后的也好,流入100亩以上的还有哪些农户?

黄先生:那边还有一个(流入了)100多亩的,但不知道是哪个组的。

严教授:你们这个凤行村总共多少水田?

黄先生:总共多少我不清楚。

严教授:但是你知道你们原来那个12组是160亩?

黄先生:8组和12组总共160亩,以前都是一个组的,后来分开了。

严教授:你有林地吗?

黄先生:有,林地种了树。

严教授:那这个树是谁种的呢?

黄先生:自己种的,以前种的樟树,现在也没人种了。

严教授:也就是说,你们有林地,也知道大致的位置,但是有多少,边界在哪里,就搞不清了,是这个意思吗?

黄先生:嗯嗯,是的。我们现在还没有发证,一直没有发过证。

严教授:从80年代到现在一直没有发过证吗?

黄先生:没有,我们这里没有发证,就是分下来一家有几分地、几亩田。

严教授:但是有个像账簿一样的东西,对吧?

黄先生:嗯,就是这种东西,组上有,每一户分下来多少田就写在那个上面。

赵迎香:今天下午我们了解到3组有那个证。你们是每个组的情况都不一样,对吗?

黄先生:3 组我不知道,8 组没有。

严教授:怎么会这样呢? 要有的话一个村肯定都会有的,不可能是这个组有那个组没有。这个发证是属于政府行为,一般是整个县或者是整个乡一起行动。你们这里的两次动地是以村为基础还是以组为基础?

黄先生:以组。

严教授:以组为基础来分的,那村上是干什么的呢? 村上是监督?

黄先生:嗯嗯,监督。

严教授:你这个情况比较多,跟我们上次在湘乡看到的一样,还是属于初级的那种最开始的形态。哦,你是什么时候开始流转土地的?

黄先生:我(流转土地)差不多有 10 年了。

赵迎香:那第一年流转了多少亩?

黄先生:40—50 亩吧,后来一年比一年(流转的)多。

严教授:你这个趋势还是蛮好的,有望发展为家庭农场。

黄先生:你送点钱,有点关系就容易,没钱没关系就很难搞。

严教授:看来这种现象比较普遍,有些基层组织要么不作为,要么乱作为。

黄先生:有个搞了家庭农场的,他的田跟我差不多,他跟我说:光请吃饭、送红包就花了8000—9000 元。我现在想办一个家庭农场,一样可以送几千块钱给他,但他又推辞说没名额了,没有这个项目了。我找过几年,一直没有给我办。但是,如果说没指标了,那别人怎么办了,我怎么办不了?

严教授:那可能是他把指标给别人了。

黄先生:是的,他有指标,给了有关系的人了。(办家庭农场)一年就只有两三个指标。我找他,他就说没有。他一定是(把指标)给了那些关系好的、红包拿得多的人。

严教授:刚才你说那个村支书的弟弟,他没种田也给办了一个大户,是吧?

黄先生:打了那个检察院的电话,他们也没有查。

严教授:你流转的这些土地除了肥沃程度一样,位置也连片吗?

黄先生:是的。

严教授:刚才路上看到有些地都荒了,这是什么情况?

黄先生:那是没有种中稻的,只种了一季稻。因为有些农户只是种一点自己吃,没有把田流转出去。流转(出去的田)种双季的多一些。

严教授:搞农业还是要有知识有技术的,有人说种两季(稻)没钱赚,早稻不好吃,产量还低,晚稻的产量会不会高一点?

黄先生:(早稻和晚稻的产量)差不多。

严教授:早稻比晚稻的价格每100斤少10元左右,你这个是什么种子?

黄先生:杂交稻种。

严教授:没种杂交水稻之前的亩产是多少?

黄先生:700—800斤左右,这是常规稻,是自己留种的。

严教授:你们这个村,合并前的也好,合并后的也好,你算是种得多的吗?

黄先生:种100多亩的有一些,很普遍的。

严教授:你们这个村种100亩以上的有几户呢?

黄先生:有三四户左右。

严教授:一个组有一百多亩田,一个村就是一千多亩田。你们这个村总共有12个组,8组和12组有160亩田。如果把所有的土地全部流转到村集体,由村统一来种植,这种情况你们想过没有?

黄先生:没有,暂时还没有。

严教授:对于你们这里的情况,我们有了个大概的了解。也就是说,是个初级状态,比如流转的规模不是很大,又不是很规范,农业技术运用也少,多样化种植和科学种田好像也没有。这可能是目前多数农村的情况。其实,这个土地上可以出很多的产品,国家对这个事也是很谨慎,要照顾农民的意愿,要考虑很多因素。你们这种情况,估计也是多数农村的情况。像这种土地自然流转到种植大户的,跟我到湘乡看到的大同小异。只是他们的土地测量数据有两套,你们的只有一套。相同的是,他们和你们的土地测量数据都是来自土改,所以不是很准确。你们镇上没有考虑过重新给你们测量吗?

黄先生:没有,没有。

严教授:这一般是政府要做的事,好多地方都做了,因为土改时测量的数据有变化了, 比如有些地用于修马路了, 有些地被征收了等等。你们这里搞测量还是比较有条件的, 因为比较平整, 航拍就很快, 政府出面外包给测量公司, 每个村每个组多少地, 一下就清楚了, 这也叫土地确权。

4.青狮村水稻合作社访谈音录

对话人:

严小龙:湖南师范大学公共管理学院、湖南师范大学科学社会主义研究所、湖南师范大学县域发展研究中心、湖南师范大学乡村振兴研究所(筹)教授,以下简称严教授。

黄球安:汨罗市长乐镇青狮村水稻合作社负责人,青狮村片长,以下简称黄先生。

李　梅:湖南师范大学树达学院文法系 2014 级本科生。

日　期:2017 年 5 月 1 日晚

地　点:湖南省汨罗市三江镇李梅家中。

严教授:刚才我们在路上听说,去年这里有个大户种了一千多亩,你也搞过这个吗?

黄先生:搞过水稻合作社。

严教授:你搞了多少亩呢?

黄先生:去年搞了 860 亩。

严教授:860 亩啊,那也算是有规模嘞。

黄先生:今年又加了。

严教授:那加起来有 1000 亩吗?

黄先生:差不多。

严教授:是不是一个村的土地都给你种了啊?

黄先生:一个村我种了一半吧。

严教授:一个村你种了一半啊? 那是什么村咯?

黄先生:长乐镇青狮村。

严教授:你们村有多少人啊?

黄先生:我们村没合并以前有 3700 多人,合并后有 6000 多人。

严教授:哦,那你们村合并前有多少土地啊?

黄先生:2200 多亩。

严教授:那好呀,那你正是我们关注的,我们刚采访了一个流转 100 多亩的。

黄先生:那是种田大户啊,我们是合作社。

严教授:你们这有没有标准,比如种田大户多少亩,合作社多少亩?

黄先生:大户是 30 亩,合作社是 100 亩以上。

严教授:那家庭农场(的标准)呢?

黄先生:家庭农场可能是 30—100 亩,应该是 30—120 亩的样子。

严教授:那你的合作社搞了几年啦?

黄先生:搞了三年了。

严教授:你三年成绩不错啦,三年搞了 1000 多亩。

黄先生:前年没种多少田。

严教授:是去年才开始规模流转的吧?

黄先生:对的。

严教授:你流转的这个 1000 多亩,有没有账本数据?

黄先生:账本有,合同也有。我跟他们每一个组都签了合同的。

严教授:你流转一亩多少钱?

黄先生:我到每个组上签,签的都是 340 元一亩。

严教授:那签了多少年合同?

黄先生:合同是一年签一次的,关系好的话就不要合同,凭嘴上说一下就可以了。

严教授:关系一般的就要签合同?

黄先生:关系一般的就要签合同,有的签 1—5 年,有的签 3—5 年,还有规定什么时候付租金啊。如果关系好的话,我什么时候说不要了就跟他说一声就可以了。我一般是以组为单位签的,不用每家每户去跟他们说。打个比方,如果我今年种明年不种了,就跟组上说一下;如果还要种就继续种,租金也是一次付清。

严教授:那这得有个前提吧,就是这个组长得有威望啊!

黄先生:组长肯定说话算数啊,他要跟每家每户联系,比如钱发不发,什么时候发。

严教授:那有没有定五年以上或者十年的。

黄先生:没有,一般最多3—5年,因为这个政策不知道什么时候会变动啊。

严教授:你是对这个政策变化把握不定是吧,心里没底。确实,现在这个30年承包要到期了,每个地方的情况都不同。现在政策讲长久不变,你是怎么想的呢?

黄先生:将来土地全部都要归合作社管理,对于国家政策我心里还是有底的。还有,搞农业主要还是靠政府补贴,没有政府补贴这个钱哪里来啊,还得请劳力,现在的补贴(我们这里)是早晚稻100元一亩,一季稻30元一亩。

严教授:这个意思就是鼓励种两季稻,那你的1000亩是怎么种的呢?

黄先生:种了800亩双季稻。

严教授:那就是说,剩下的200亩种的是一季稻,那你去年赚了多少钱?

黄先生:去年亏了。由于经验不足,大概亏了3—4万元。

严教授:那是怎么亏的呢?

黄先生:请劳力发工资9万多,机械1万多,比如用挖机把水渠弄通啊,搞什么事情都是要花钱的。

严教授:那你投资了,怎么听说你今年不种了?

黄先生:我今年种啊。但去年的政府补贴还没给我,因为去年的补贴今年才有,如果今年不搞了,补贴就很难下来。政府就是为了促使你种田。

严教授:那你去年亏了3—4万,有没有把这个补贴算进去?

黄先生:没有,加上补贴就扯平了。

严教授:估计是你的人工成本比较高,有9万多嘛。

黄先生:是的。如果把补贴算进去,就不亏了。

严教授:还是赚了点吧。

黄先生:那也没多少啦,如果把机械设备算进去肯定要亏,是我自己掏钱买的啦!

严教授:机械设备是可以摊几年咯,你这才一年啦。你买一个机械设备,把成本都摊在一年是不对的。

黄先生:比如收割机呀,只有三年的寿命。犁田机呀,还有风干机、预备粮仓都是要花钱的,到播种机、插秧机,(总共)要一百多万。

严教授:开始的时候一般都是亏的,你就是开个餐馆,也要准备大半年亏。

黄先生:去年那个收成也不好啊!

严教授:但后面可能会好些。

黄先生:那个粮价也不怎么高。

严教授:你才开始搞,没搞多久,前几年费用比较大,你把所有的费用都算到这一年了。其实好多费用是可以摊到后面年份的,是吧!再加上你这个人工没控制好,有9万多。如果补贴下来你还是不会亏的,所以你这个情况还是不差的,如果你以后这几年弄好了,估计还是有钱赚的。

黄先生:嗯呀!

严教授:你还是会有钱赚的,只是看怎么弄。我们在全国都搞过很多调查,见过很多模式,有的搞了十几二十年的,开始都不怎么赚钱,如果坚持到五年以后,一般都有钱赚。比如我们在石门看到的那家农场,一年就能赚几十万,将近一百万,不过它是流转了两千多亩地。

黄先生:有两千亩?

严教授:嗯,它种的水稻,已经搞成一种有机农业啦。

黄先生:有机农业?

严教授:有机农业。这个水稻,不打农药的,卖价就高呀。怎么搞呢,靠一体化,比如在稻田里面养青蛙,还有泥鳅啊、鱼啊之类的。

黄先生:是的。

严教授:而且,水产品的价值比水稻的价值高多了。

黄先生:我去年也搞了这个,搞了 50 亩田,前年我在袁隆平那个学校学习。唉,搞不成,因为条件还是有限。

严教授:依我看,这个要慢慢来,而且要耐得烦。搞农业其实是个长期投资,可一旦搞上去了,就稳定了。

黄先生:那家农场去年怎么样?市场价格打得开不?没打农药的稻谷多少钱一斤?市场终端价格说是多少多少呐,实际上到农村来收购,也没提高多少价钱。

严教授:这个有很多种情况,比如把那个米做成一个真空"豆腐块",精包装的,价格肯定高些。

黄先生:如果自己找市场的话,找不到,很难做。现在没有人种地啦,没有味,太辛苦啦,也没有钱。

严教授:那你现在还种田?你现在有一千亩地,那你怎么办呢?

黄先生:请人呐,我是请人做事啊。

严教授:我们刚才谈了很多,其中有几个问题想细问一下,一个就是你现在流转多少亩的准确的数字,你搞得清不,比如今年的,去年的。

黄先生:去年是 864 亩,今年是 900 左右吧。900 亩是准确的数字,我要按这个发钱给人家的啦。

严教授:现在的问题是,860 亩也好,900 亩也好,你是根据造册的数据来算的吗?

黄先生:跟他们组长每一块田、每一丘田都要测出来,要落实这个账,算一下这家人有多少田,把每一块田、每一丘田进行登记,再算出来总共的。不是按那个账本,也不是我说了算。

严教授:你是实地去测量。

黄先生:和组长一起测量,测量多少就是多少。

严教授:那你是自己测,还是请人去测呢?

黄先生:自己啦,现在有仪器啦,拿着仪器围着田打一圈就行。就是走一圈,有多少田,一看它就出来啦。那个仪器,和手机差不多。

严教授:那全部的田你都走了一圈?

黄先生:全部都走啦。

严教授:你测出的数据和那个账本上的数据,是不是一样呢?

黄先生:不一样。

严教授:这个不一样的程度有多大呢?

黄先生:这个不好说。有的田,如果田质差一点,那就要量得多一点。

严教授:是有这么个问题。我们在其他地方也遇到过,这个田质是不一样的。

黄先生:是不一样的。有四成的、五成的,还有八成的、九成的,十成的最好。"成",就是成熟度。

严教授:那你是怎么判断这个田有几成(的)呢?

黄先生:有旱田,有水田,这是不同的。那个水库后面旱地多啊,那水田就差一点啦,还有梯田啦。那个好田就是要有水浸的、水淹的,也就是那个泥深的田啦。

严教授:那你就是凭经验来判断(流入土地的)成熟度的。还有,你怎么算流入的田数呢? 是不是要打折啊?

黄先生:我到每个组上去租田回来,是不分成熟度的。但是,组上把租金分到家户就要分成熟度。

严教授:那是不是说,组上清楚那个田的成熟度? 或者说,组上把田租分到户的时候,是知道怎样按水田的成熟度发钱的?

黄先生:组上分得清楚啊!

严教授:还有,用这个仪器测量后,那就以这个测量结果为准了咯,不是以他(村民组长)的那个账本数据为准了吧?

黄先生:嗯。打个比方,我量一下,只有两百亩田,他说有两百一十亩田,那我就按两百亩田出价。如果他说有一百八十亩田,我测量的是两百亩田,那我还是按两百亩田给他算(租金)。

严教授:那,你就是只量组上的田,不管户(与户的之间的承包地数量)? 就是说,你只和组上打交道,把那个组上的田量好就行,对吧!

黄先生：嗯。我还让组长在本子上记一下。

严教授：你这样做省去好多麻烦，省去好多成本，至少在流入这一块就比有些人简单些。哦，你自己家里有没有田咯？

黄先生：自己啊，有。我家是每个人七分田，四口人。

严教授：你家四口人哦。一般是两夫妻，两个小孩，对吧？

黄先生：嗯。

严教授：你家的两个小孩有没有地？

黄先生：有哩。

严教授：你家小孩有地啊？孩子多大了？

黄先生：大的23岁了，94年的，有地。

严教授：96年调了一次地嘛，对吧！你还有一个小孩，多大了？

黄先生：还有一个是14岁。

严教授：那14岁的那个孩子就没地了。

黄先生：是的，没有。

李梅：我们这里有个地方就不同呢，你今年生的明年就有地。

严教授：你说的好像不对吧，我们刚刚在你家附近的那户人家采访，他的两个小孩就没地啊。

黄先生：他的两个小孩如果是超生的就没有。

严教授：他两个小孩怎么会是超生呢，他这两个，至少有一个不是超生的嘛。

黄先生：在我们农村，第一个孩子如果是个男孩，第二胎就不能生啦。

严教授：他第一个是儿子，第二个是女儿，他那个儿子肯定就有地嘛。

黄先生：如果第一个是女孩，第二个孩子就要第四年生，这样才有田分给他。如果在四年之内生，就是超生，他违反了"计划生育"。

还有，就是这个组和那个组都有不同。有的组还是在四五年不变的情况下调的，也就是在(19)80年、(19)82年分田到户的时候调的。后来就一直没有调过地。

严教授：1996年那次全国都动地了，那是十五年到期的时候，对吧。所以农村96年以前出生的一般都有地。但是刚才李梅说的小孩刚生出来就有地的这个情况,和这个有出入。

黄先生:因为每一个组都有个制度。如果说,我们组的制度,老人老了,可以打个比方咯,今年死一个人,你的田还在你的家里,就是死者还有田;如果到了明年,就要把死者的田拿回来分给下一个新出生的人。

严教授:是这样子的哦。

黄先生:有进有出。如果没有死人也没有女儿出嫁,又有新生的,怎么办?如果硬是没地分的话,那生一个,就每个补一百元钱。因为没田进了,就补他一百块钱。

严教授:那这个组上有很大的机动权,对吧。

黄先生:嗯,这个组与组的差别很大。我们村有21个组,其中有个组的一户人家,家里有十几口人,但只有四个人的田。组上不查,问题没处理好,村上也没处理好。

严教授:那是不是可以这样判断呐,就是这个地是要经常调整的。

黄先生:要调整。

严教授:你是这样看的?

黄先生:嗯。

严教授:是不是不调整就不公平呢?

黄先生:是不公平啊,要适度调整啦。一个家庭十几个人吃饭,只有四个人的田,怎么办?因为原先他女儿全都出嫁了,他女儿的田也退出来啦,所以家里田少了。但女人肯定要结婚啦,要生小孩啦,是不是。现在家里人口多起来了,要田啦,别家又不退田了。现在是搞的什么啦!

严教授:你是组长吗?

黄先生:我原先是组长。

严教授:你是什么时候当组长的?

黄先生:有四年了,现在当片长。

严教授:你觉得这种调地的想法是多数人的想法,还是少数人的想法?

黄先生:凡是在我管的范围之内,我就齐哗哗地调整。不在我管的范围之内,那我也没有权力去调整。

严教授:你估计一下,在你们这个地方,在你的范围之内,是你一个、还是大家都这么想,或者只是少数人这么想,你估计一下咯。

黄先生:百分之八十,百分之八十的人都愿意调整。

严教授:好。那么还有一个问题,就是你这么调地,上面,比如说乡、镇是什么态度? 对了,你的片和乡镇是什么关系?

黄先生:这个片,还是由村上管。片是村下面的一个组织,片管组,我现在管8个组,一千四百多人。

严教授:是不是合村以后,这个村变大了,组和村之间就不好联系了?

黄先生:嗯。村大了就分成三个片。

严教授:据我所知,现在有两种片。一种是镇下面、村上面的一个机构;另一种是像你这种情况,村下面的、组上面的一个机构。

黄先生:我们(的片)是组上面、村下面的。

严教授:你们这里有没有村上面、镇下面的那种片?

黄先生:没有。

严教授:还有一个问题呢,我想问一下,"生不增,死不减"的政策你知道不?

黄先生:那没听说过。

严教授:如果说以后这个地不动啦,这个三十年到期后都不动啦,就是原来每户有多少地就是多少地了。如果有这样的政策,你说下面会不会拥护?

黄先生:这个搞不清。

严教授:你不是说有百分之八十的人都想调地吗? 那如果不准调的政策下来,那下面肯定就不满意了啦!

黄先生:肯定不满意! 这几年这里老死了很多。还有,有一家原先两夫妇,两个儿子,四个人,现在他两个儿子结婚了,都生了小孩,每一个儿子都有两个小孩,加上两个媳妇就增加了六个人不? 他们家原先是四个人,现在就有十个人不。但是,这一家现在还只有四个人的田。他就经常去找村长,要把田调给他,但村上没帮他解决。所以,如果村上办什么事要捐资了、要出钱了,或者要买什么的,他就不出钱。他说,要给我把问题解决了才出。

严教授:这种情况多不多?

黄先生:很多啊! 有个村去年、前年修一条那个路啊,要四十多万。于是,就每人摊多少钱,分到户去。要是再少了,就到外面去筹资。可有的农户就是不出钱啊,他要把他的问题解决了才出。这个问题移到村长那,村长还要移到政府那。他说他要进田,还是有道理的,对不? 他要吃饭啊。十多个人只有四个人的田,吃什么? 是不是! 但是,原先他有四个女儿的,女儿出嫁了,田退回组上了。现在怎么搞啊! 田只有这么多,别人又不退出来! 每一个组都没把这个问题解决好。我那个组以前也是一个样的,但到了我当片长的时候,我就全部调整了。

严教授:其他农户难道就愿意出地,把这个地退出来吗?

黄先生:我开了一个社员会啊,把他们全部召集起来,把情况说一下。大家如果认可、允许这样做的话,我就这么办。

严教授:其实呢,那个人少地多的农户出地啊,还是有道理的。当然,他可以拿那个政策说"生不增,死不减"呀,我为什么要出呢! 但不要忘了,宪法规定土地归集体所有,集体所有就是集体成员共有,集体共有就是要在成员之间实现最大的平均化! 宪法总比政策大吧! 现在呢,很明显,这两样东西在打架!

黄先生:唉,政府想怎么样就怎么样。

严教授:你的这个意思也有好多人反映咧。现在呀,农民的想法和政策界人士的想法好像是有差异的,这个差异怎么调和呢? 我想还是应该以农民为主吧,是吧,毕竟农民在这里生活呀,这是切身利益呀。

黄先生:那当然啦。还有个情况,就是自己的女儿出嫁了,家里不出田,嫁到那边,就有两份田,你说合理吗! 这个问题就一直没解决啦。再有就是有的人死啦,死了还要田干什么。死的还要田种,那生出来的吃什么,死的还吃!

严教授:这是个普遍问题。从另一个角度讲呢,如果这个地老是在动,它就不稳定、没有固化,没有固化就难以市场化。所以,这个事情到底要怎样,我知道现在的理论界和政策界偏向于不动黄先生:现在呀,如果不动比以前(动地)还要麻烦些。因为计划生育要停了,那生三四个儿子的怎么办? 对不? 都吃什么? 农民的儿子靠田嘛,是不是!

严教授:嗯。我到贵州去调查,那边和这边不同,这边搞 15 年不变的时候,那边是 30 年不变。这边搞 30 年不变的时候,那边是 50 年不变。

黄先生:50 年? 我们这里搞了个 15 年,还搞了个 30 年。

严教授:30 年也快到了,大致到 2027 年吧。我在贵州调查的时候啊,采访过一个退了的组长,他说他们是从(一九)八几年起就一直没有调过地,96 年那次也没调。他也跟我说过,他们组上 80% 的人都希望调地。

黄先生:岳阳也有从(一九)八几年到现在,没有调成过一次的。

严教授:那只是个别现象咯,不像贵州那边是整个省。再说呢,搞农业其实是有钱赚的,有人说还要有情怀。

黄先生:还要有规模啊!

严教授:是啊,这肯定要有啊!

黄先生:每家每户只种两三亩地,那不行的。要看国家政策怎么搞了。

严教授:按我的初步归纳,有两种情况都是政策支持的:一种是土地流转到个体,由个体经营,就是你这种情况,几百亩、上千亩,对吧;还有种情况,就是土地流转到集体,由集体经营,这种情况可能要少些。你怎么看这个事情?

黄先生:这个不好说。

严教授:不好说? 哈哈!

黄先生:像那种集体种田的话,还是要统一,照毛主席讲的,那就是集体化呀。如果搞集体化,还是要靠国家支持,没有国家支持,你就是搞集体化,也是空的。

严教授:现在有国家的支持啦。

黄先生:国家要是在机器上不能完全帮助我们的话,那就要在机补上帮助我们。很难,是不?

严教授:现在有机补啦,还有粮补,都有啦!

黄先生:但是这很少,很少。我打个比方,我现在有 4 台机器,要花一百万。这一百万,我要从田里来,从种田来呀。但是种一年能赚多少钱呢?是吧。所以,钱还得从政府来啦,是不是?我要生存啦!

严教授:其实,我跟你们讲,这个就跟办工厂一样,就看你怎么经营啦。

黄先生:如果是工厂,它的利润就高一点啦!现在就农业这一条路,没有什么利润呀!那个肥料啊、种子啊,很贵啊,成本很高的。如果国家支持你,那个肥料支持你,是不是啊,什么东西都支持你的话,那就好办事不。

严教授:这个应该是支持力度怎么样的问题,对吧。

黄先生:国家政策是非常好的。但农业管理部门说啦,对于农民不能补啦。事实上呢,我们农户、合作社有什么补贴?就 100 块钱一亩。以前我买个收割机只要三万多元一台,现在呢,要十多万!

严教授:那是工厂涨价了啊。

黄先生:是啊。国家是有补贴,但是把那个机械价格又抬高了,那还不是一个样,实际上还高一些!

5.报母村报母组村民访谈音录

对话人:

严小龙:湖南师范大学公共管理学院、湖南师范大学科学社会主义研究所、湖南师范大学县域发展研究中心、湖南师范大学乡村振兴研究所(筹)教授,以下简称严教授。

周　洁:湖南师范大学公共管理学院行政管理系2014级本科生。

周小明:周洁父亲,报母组村民。

缪拥军:周洁母亲,报母组村民。

向朝阳:报母组组长。

周金明:周洁伯父,报母组村民。

周　玲:周洁姐姐,已婚有子。

黄　丹:湖南师范大学公共管理学院行政管理系2014级本科生。

孙　聪:湖南师范大学公共管理学院行政管理系2014级本科生。

王竹梅:湖南师范大学公共管理学院行政管理系2014级本科生。

日　期:2017年5月13日中午

地　点:湖南省长沙县开慧镇报母村报母组周洁同学家中

严教授:你们家现在有多少水田?

周小明:四亩多。

严教授:那家里现在有几口人呢?

周小明:三口人,因为大女儿出嫁了。

严教授:你是哪一年(出生)的?(转问周洁)

周洁:(19)96 年。

严教授:哦,(19)96 年,这年调了一次地,对吧?

周小明:嗯,那时候分地是分了三个人的地,以后有调的,每五年一调。

严教授:你们这里是五年一调?

周小明:五年一调,有人出生,有的人去世了,去世的人的田就要退出来,后来出生的没有田就要加田。

严教授:最近一次调地是什么时候?

周小明:我们这里近几年来都没有调地。

严教授:你不是说五年一调吗?

周小明:后来改了。前面是五年一调,后来大家种的田少了,就不需要调了。

严教授:那最后一次调地是什么时候呢?

周小明:后来是调了的,我们后来还进了一亩田。

严教授:是什么时候呢? 是(19)96 年以前,还是(19)96 年以后?

周小明:具体哪一年我不记得了,那反正是生小女儿之后。

严教授:生她以后进的田?

周小明:嗯。我们原先只有三个人的田。

严教授:原来只有两个人的田吧? 你和你爱人两个?

周小明:我大女儿也有田啊,有两个女儿就要再多分一个人的田。

严教授:那你现在也是三个人的田?

周小明:嗯,因为大女儿的田退出去了。

周洁:因为嫁出去了。

严教授:哦,她嫁出去了就退田了?

周小明:嗯。

严教授:你是哪一年结的婚呢?(转问周玲)

周玲:我结婚有四五年了。

周小明:2013 年结的婚吧。

周玲:2012 年过完年结的婚,刚刚到 2013 年。

严教授：2013年结的婚，田退了，对吧？

周小明：嗯。

严教授：如果属实，这是个很重要的信息。

周洁：那田退给谁了？

周小明：退到组上啊！

严教授：你2013年出嫁，2013年把你的田收回去了。

周小明：我们这里是女儿嫁出去了之后，别人要进田，你就要把田退出去，要退给集体，然后再分给别人。

严教授：意思就是2013年这里还调了地，对不对？

周小明：嗯。

严教授：我们了解到的情况，都是1996年以后就再没调过地的占了绝大多数。这个地方可能有个很重要的现象，就是2013年是调了地的。

黄丹：那如果2014年又有人嫁出去了，也要调地啊！

严教授：不，那要看组上。她2013年嫁出去了，她的地被退出去了，如果这是事实，我们就要记录事实。为什么要强调这一点呢，因为我们了解到的情况，都是1996年以后再没调过地的。换句话说，很多地方像这种情况，就不退了。但它这里退了，也就是说，这里2013年还有退地的，有退地的，就有进地的。

周小明：对对对。

周玲：当时我们不应该退的，应该把户口落到这边的，好一些。

严教授：退不退是与户口有关的，如果你因出嫁户口迁走了，你的份地也退了，在这种情形下，如果反过来看，要是你老公户口迁到这边来了，那他是要分地的。意思就是你的份地不要退，家里还要增地。

周小明：对。

周玲：我当时就是不知道这个情况。

严教授：那我问你咯，你是嫁到汨罗吧？是农村还是城市？

周玲：郊区。

严教授：郊区也是农村。你嫁到那里去，他们有没有分地给你呢？

周玲:我不知道,我没管,嫁到那边只在那边待了一年,之后就一直住在这边。我也没管那边的事情。全部都是我老公的爸爸妈妈管。

严教授:哦,你那边情况都不清楚。

周玲:对。因为我没管那边,在那边开店,之后生小孩,生完小孩就一直待在我娘家。汨罗那边只是在那里结个婚。

严教授:那你老公呢?

周玲:我老公也在这里,就是过年回去一下。

严教授:那你们那边的情况,你老公应该知道吧?

周玲:他估计也不知道,因为我们都在外面,没怎么回汨罗那边。

严教授:那这个情况要记录一下,事情反映出来了就要懂理论、懂政策。我们农村土地调整的国家规制有两次,一次是改革初,分田到户,还有一次是1996年,二轮延包。所以你(周洁)是那年生的,你就有地。

严教授:你女儿在那边分地没有? (转问周玲)

周玲:这个我也不知道。没管,我们等于是只结了婚,那边不交水电费,也不干嘛。

严教授:你们(的土地流转)是直接跟流入人签合同吗?

周小明:嗯,对。

周洁:我们家里有那个合同吗? 现在能找到吗?

缪拥军:我们没有合同,合同在他那里。

周小明:合同有吧,签了合同的。

严教授:如果有合同可以拍个照,给我们做个资料。

缪拥军:签是签了合同,但是我们没有。

周洁:是你去签的还是爸爸去签的?

缪拥军:我去签的。

周洁:那签完没有给你吗?

严教授:合同应该有一份吧?

缪拥军:合同有一份,我们放在了组上。

严教授:他和你签了合同,应该在你这里,为什么放在组上呢?

缪拥军：放在组上保留啊，我们组上很多田都租给同一个人了。

严教授：那现在要确认一个事实，他（流入者）是和你签了合同的，对吧，那有没有和组上签合同？

周小明：那组上我就搞不清。

严教授：那是这样的，他（流入户）如果和你签了，跟组上就不要签了；如果他（流入户）跟组上签了，那组上就要再跟你来签。

缪拥军：我们这里就是一起的，叫我们过去，在妇女主任家里签的。我们这里很多田都租给了他（流入户），就一起去兑钱，也一起签合同。

严教授：那我明白了，可能是这样的，村组上做协调，具体签是跟农户签，但村组在协调这个事，妇女主任肯定是村委会成员，可以说明村上在组织这个事。

孙聪：妇女主任还管这个事？

严教授：顺带也管一些，他是村干部嘛。村组在组织这个事，但是具体是跟农户签的。就是说，村组不是什么都不管。由流入户直接与农户来签，实际上，这又是一种模式。一共有三种模式。

孙聪：哪三种模式？

严教授：第一种，流入户直接到农户家里签，村组不管；第二种，村上管，流入户跟农户签，村上协调；第三种是流入户直接跟组上签，组上再去协调，流入户不直接跟农户打交道。流入户直接跟村上签的案例，目前还没发现。

周小明：现在签合同应该都是直接和农户打交道，因为田都分到户了。

严教授：有一种情况是跟组上签，这种情况还是有的，就是先跟组上签，组上再跟农户签。

周小明：可能也有那种情况。

严教授：这种情况有，汨罗就有。

周小明：他们那种情况是集体出面？

严教授：对，集体出面。就是流入户不直接跟农户打交道，他跟组上打交道，组上再跟农户打交道。汨罗那边的流转大户，一千亩以上的都是这样的。

周小明：那我们这里应该都是跟农户签的。

严教授：你们这里的村组也是起了作用的。

周小明：应该是起个证明作用吧。

严教授：对。现在有一种情况是受重视的，就是贵州塘约的那种情况。现在两会俞正声（同志）都在讲这个，好多人到那里去参观学习。他们那种就更加是集体作用了，农户把土地都流转给村上，由村上统一规划。

周小明：每个地区都有不同的，是要看实际情况而定的。

严教授：对。所以你看看，流转一亩水田每年四百块钱，这样的价格在这个地方是合适的。有的地方是流转一亩每年一百斤谷。

周小明：一百斤谷？那价格好低的。

严教授：那里（离大城市）还偏远些，比你们开慧镇还偏远一些。

周小明：那倒是，肯定的。每亩一百斤谷比我们这里还要少。我们这里是长沙县最偏僻的地方了。

严教授：这里还没那么偏僻，因为这里离长沙还是比较近的。那个地方每亩每年 130 块钱或者一百斤谷，就是湘乡。

周小明：那确实蛮低的。

严教授：还有不收钱的。

周小明：不收钱的那种是自己不种田，给本村组的人种咯。

严教授：对，那是小规模的。

周小明：那他只种了十几亩田。

严教授：对。

周小明：前几年我们这里，自己没种田的，就是免费给本组的人种。

严教授：现在就不同了吧（现在是有偿的）。还有一种情况，岳阳屈原农场的流转费是每亩每年一千块钱。

周小明：他那里不同一些啊，那是产粮区。

严教授：对啊，所以不同的地方价格为什么不同呢，好多因素（影响）的。比如离城市的远近，田地的平坦度、肥沃度等等。你们这里种几季稻？

周小明：有双季稻，也有单季稻。我们这里的大户种的都是双季稻。

严教授：那你现在把地转给别人了，你现在干嘛呢？

周小明:在外面打工啊。

严教授:在哪里打工呢?

周小明:星沙,长沙。

严教授:你家的田为什么要流转出去呢?

周小明:双抢的时候,外面工地要赶时间,但双抢又必须回来,这样两边就有矛盾,干脆就不种田了。

严教授:在你们这里做工,多少钱一个工呢?

周小明:做零工现在也是一百多,起码一百五。

严教授:一天? 还管饭?

周小明:嗯,做一天,管一两餐饭。

严教授:还有烟吧?

周小明:嗯。

严教授:这里和衡山县差不多,但那边好像比这里高一点,大致两百多块钱,而且管三餐饭,还有一餐零餐,四餐饭,打发一包烟。

周小明:那我们这里没有,我们这里一般是吃两餐饭,也有吃一餐的。

严教授:他们那里还有一餐零餐呢,零餐就是主餐之外的点心水果。这个好有意思。

周小明:那我们这里没有。

严教授:可能是因为衡山县那边地少山多,商业也比较发达一些。有一个政策叫"增人不增地,减人不减地",你听说过没有?

周小明:那不可能啊,如果这样,那肯定有很多人不支持。有的有三个女儿,有的有三个儿子,分田就只分三个儿子的田,要娶媳妇,会有孙子孙女,不加地那不可能啊。如果不加地,就会有意见。

严教授:你认为是不可能的。

周小明:嗯,人们都会有意见的。

严教授:你认为,持你这种想法的人在你们这里占了多少比例?

周小明:那只怕没人赞成这种做法。

严教授:你认为没有人会赞成?

周小明:估计是没人赞成。当年分田的时候,十年、二十年不动,都有人有意见。因为十年之内有要求进田的,可能娶媳妇,生孙子孙女,不加田就是不合理的。我们这里后来就是五年一调。

严教授:这里 1996 年以前是五年一动,1996 年以后就动得少了,但是还在动,至少我们有个 2013 年的案例,周洁的姐姐出嫁是退了田的。

周小明:2013 年我大女儿嫁出去,本来是要退田的。但实际上没退,她的田没退到队上。

严教授:她的田到底退了没有?

周小明:没退。她的田本来要退,但退出来没人耕种,所以还在家里。

严教授:那就是这个田,你没退回组上?

周小明:嗯,退了一次,2013 年大女儿嫁出去以后,田是退了一次,又进了一次。当时要退的把田退掉,要进田的还是进了一次。

严教授:我只问你一句话,她出嫁以后,她的地动了没有?

周小明:没动。

严教授:就是嘛,那不就完了,没动的。你的意思是队上没人管还是队上没人要?

周小明:退到队上,但没人要进田。别人如果要进你的田,你就要退给队上。

严教授:记下这个细节,他为什么没有退呢,就是因为队上没有要进田的户,队上的人口没有变化。

周小明:比如,他要进田,那我就肯定要退田给他。他不进田,我退了就没人种。我大女儿的地就变成了公田,是集体的。

严教授:她的田是集体的?

周小明:她的田变成了集体的,公田,只是田的面积还在我的户头上。

严教授:面积还在你的户头上嘛,那就是没退嘛!

周小明:对,我退了没人种。那时候退还是退了的……。

严教授:我只问你,直补你有没有?

周小明:直补应该是归组上吧?我不领直补,是我爱人管的。

严教授:她的田每年都有直补,你领了没有?(转问缪拥军)

缪拥军:领了。没退田啊。

严教授:哦,没退,两个事情啊,别搞错了。实际上,2013年这里没动地,也是一样的,全国各地差不多,1996年以后这里也没动过地。只不过他认为如果别人要进地,他就应该退给别人。也就是说,他是赞成要动地的,不是不愿意动,只是因为队上没有人要进田。

严教授:我再问一个问题,你很肯定地说,没有人会支持(不调地),那你们组上有没有这种人,就是家人基本都到城里去了,都走了的。

周小明:他户口在这里,他就有田啊。我们这里就有一户,他们一家人,他自己、他爱人、还有一儿一女,男的是国家粮户口,他爱人是农村户口,儿子也是农村户口,女儿已经出嫁了,现在都在深圳那边,他的田还是有的,有两个人的田。他后来有了孙子,因为不在这边(生活),不需要,就没分给他。(于是)就还是两个人的田,但他自己不种,给别人种了。

严教授:他这种情况是孙子户口在这里的,一般而言,他会支持动田,对吧。但有没有一种情况,是户口也迁走了的。

周小明:户口迁走了,田就没有了。比如我女儿嫁出去了,如果户口不迁走,田就还是我们的。现在她要想从汨罗迁回来,队上是不收的。

严教授:那肯定不收,回来要给她分田呀!我告诉你一个例子,好有味的。我们去贵州搞调查,那个地方工业化发展得很好,也搞得很漂亮。但调查时遇到一个农民,他自称刁民,好大的脾气。他看到我来,也不知道我是干什么的咯,以为我们是中央派下来搞暗访的。找我到他家去,好大的脾气呀,为什么呢?第一,他女儿考上大学,他自己没想清楚,就把户口转到学校去了,组上就把他女儿的地收了。他女儿在西安读大学,毕业以后呢,就没找到工作,几年都没找到工作,就想回来。回来可以,但地没了。他就找村上要地,说女儿要回来,要分地。村上就不收,说户口转出去了回来就不收了。他发好大的脾气啊,还说共产党好坏的。其实,这跟共产党有什么关系呢。还有一个事呢,就是他们那个地方搞拆迁,修马路。他就搞点小名堂,他估计可能在那个地方修路呢,就在那里占了块地,建了一栋房子,三四层的门面房,不是你这样的住房。他是想着如果在这里修马路,在这里建门面房就有钱赚嘛,至少拆迁价就要高些吧。可没想到的是,他的信息有误,那个马路根本就不从那里过。他气得要死,找我发脾气。我说老兄啊,脾气先别发,这个事呢,是这样的,与你解释清楚。就跟他解释第一个是怎么回事,第二个是怎么回事。最后,我说这两个事情呢,你自己怎么也得怪一些吧。他就不吭声、没脾气了。

周小明:那这种现象,每个地方都有一点。

孙聪:为什么我们家的户口都迁出去了,地还是我们家的呢?

严教授:你是哪里的?

孙聪:我是延边的。

严教授:哦,吉林延边的。你要问什么?

孙聪:我们家本来都是农村户口,后来我们的户口都迁到镇上了,但是村里没有把我们的地收回。

严教授:你家里有几口人?

孙聪:如果按以前的家的话,不算我,有五口人。

严教授:家里一共有多少(承包)地?

孙聪:一亩二分地。

严教授:几个人的?

孙聪:五个人的。

严教授:五个人都有地?

孙聪:都有地。

严教授:你也有地吧?

孙聪:我没地。

严教授:你是哪一年出生的?

孙聪:我是(19)95年的。我没地。我就不知道为什么我们都迁走了,都不在村里了,但还是有地。

严教授:你们家户口迁走的是哪几个人啊?

孙聪:全家,有我外公外婆,我大舅二舅和我妈妈,都迁走了。我没地,因为我是外地的。

严教授:这说明你外婆家那个地方,分田以后就一直没动过地。

王竹梅:她一直住在她姥姥家,她爸爸那边应该有地,但是她不知道。

严教授:你户口是哪里的呀?

孙聪:我的户口一开始是在别的地方,后来迁到了延边。不是,我疑惑的是为什么我外公外婆他们还有地。

严教授:你是跟你外公外婆住一起是吧?

孙聪:嗯。

严教授:你户口是哪里的?

孙聪:小时候我的户口在湖北。

严教授:那怪不得。你父亲的户口是湖北农村的还是城市的?

孙聪:农村的。但是,我后来把户口迁回延边了。

严教授:你的户口从湖北迁到延边,哪一年迁的?

孙聪:我也不知道。

王竹梅:但是肯定不会是(19)96年。

严教授:那就是(19)96年以后对吧?

孙聪:嗯,但是我外公外婆户口迁到城里去了,为什么还有地?

严教授:因为地没动,说了嘛,现在农村很多没动地,我们就是为这个事来的。

周小明:有些地方是户口迁到城市去了,乡里的地还有。

严教授:1996年那次动地,是政策允许的,其他时候是不支持动地的。但是,这个支持到底是对还是不对呢? 我们就是为这个事来的,来找数据的。像你刚刚讲的,不动是不对的,我们到好多地方都听到了这种声音。

周小明:现在来讲,就没事了,因为好多人都不种田了。分田到户的时候就没想到会发展得这么快。像(一九)八几年分田到户时,十年二十年不动都有人不同意。

严教授:那你现在是怎么想的,我问你,现在你个人是支持动还是不动?

周小明:现在来讲,动不动都没关系,只要保证我们自己有饭吃。

严教授:你的意思是动也可以,不动也可以,模棱两可。

周小明:因为我在外面打工,在家的时间比较少,家里的这些事情也不蛮清楚。

严教授:因为你本身子女少,两个女儿,可能觉得无所谓。家里子女多的那还是有想法的。

周小明:那当然,要吃饭,没地怎么办呢。

严教授:你们有两个女儿,一个嫁出去了,对你来说,可能你想明白了,不动好一些。

周小明:像我们农村,本来就是种田,没有土地,吃什么呢? 哪里有来源?

严教授:有些人家都出去了,户口也都迁走了,但还是有地,也不愿拿出来,因为可以得农业补贴啦。

缪拥军:我们这里好久都没动地了,有些人后来娶了媳妇、生了孙子孙女的,就没田。

严教授:如果今后不动地了,你支不支持?

缪拥军:这个事情讲不清楚,不支持也是不可能的。比如女儿出嫁了的有田多,别的要进田的又没有田,这不好怎么说的。我们这边有的人要进田却没有田,像我们这样把田给别人种了,他们就有意见了。

周小明:像这种情况,有的人说要动田,把田收回"国家",有的人在外打工,可以不种田,有些在农村依靠种田的那就还是要田。那就有同意动的,也有同意不动的。

严教授:是啊,所以就要拿一个"尺子"出来。

周小明:像我们没种田的就没意见。反正国家只要保证我们有饭吃,给大户种田是一样的。有些是靠种田吃饭的,那就必须要有田。给别人种了,我没有收入,那就不行了。

严教授:你们这个地方叫报母村报母组。

周小明:我们村过去有七个组,现在并村就不清楚了。

严教授:那我们按老报母村来。老报母村一共有多少人呢?

周小明:九百多人。

严教授:有多少地呢?

211

周小明:那不晓得,我们这个组,报母村报母组,只有一百三十多亩水田。

严教授:山地有没有?

周小明:没有。

严教授:这里就是水田,没有什么旱地和山地。你们组有多少户啊?

周小明:三十多户。

严教授:三十多户,一百三十多口人。整个村有多少户呢?

周小明:那我就搞不清了。但组上一百三十多人基本没变。在我小时候,就是一百三十多个人,生的和死的差不多相抵了。

缪拥军:我女儿已经去叫我们组的组长去了。(找来了报母组组长向朝阳先生和周洁大伯周金明先生)

严教授:报母村现在自己种地的还有多少户?

周小明:我们这里租给向军的有多少户,你应该知道吧?(转问组长)

向朝阳:不知道。但这是可以算得出的。

周金明:十多户吧。

向朝阳:有十多户没?

(几人清数哪些户租给别人种了)

周小明:那差不多有十户。

周金明:还有那上面有一户。

向朝阳:十一户。

严教授:整个报母村有多少田?

周金明:总共一百三十多亩田。

向朝阳:问的是村,不是组。

周金明:村上那也只有九百多亩。

严教授:有多少人呢?

周金明:有一千左右。

周小明:九百多,没有一千。

向朝阳:大概九百多、一千,差不多就这个数。

严教授:那有多少户啊?

周金明:多少户我还没统计过。

向朝阳:两百多户,也多不了多少。

严教授:(报母村)有九百多人,九百多亩地,是不是这意思?

向朝阳:嗯。

严教授:人均一亩地,差不多的。你们这个田现在自己种的有多少户呢?

周小明:刚刚数了(报母组的)十一户,(他们的田)是租给别人种了的。

严教授:所以组上有十一户流出的。那组上有多少户呢?

向朝阳:三十三户。

严教授:也就是有三分之一的农户把田给别人种了。就是说,组上有三分之一的田流转出去了,有三分之二的田是自己种的。你们这里的流转是多少年?

周金明:流转三年。

严教授:全部都是三年,还是有不同的?

周金明:全部都是三年。

严教授:价格,刚刚问了是四百,也是统一的吗?

周金明:有四百的,有五百的,还有三百的。

周小明:看田的好坏。

向朝阳:也有六百的吧。应该是四百、五百、六百。

王竹梅:这个等级是怎么分的呀?

严教授:对啊,田的好坏是怎么分的呢?

周小明:前面的这些田就是一类田,是好田。

严教授:是看土质还是看远近呢?

周小明:土质好产量就高。

向朝阳:再有一个就是方便罗。

周小明:放水方便,做事也方便。

严教授:那就是田质好不好看两个因素:一个是土质,另一个是位置。位置就是方不方便耕种。

周洁:你们是在哪里签的合同?

周金明:到家里来签的。

周洁:你有没有合同?

周金明:合同还没发下来。

严教授:(农户的田)是租给了本地人还是外地人?

向朝阳:本地人。

严教授:是本村还是本组?

向朝阳:本村。

严教授:有没有外村人来租田的?

周金明:没有。

王竹梅:那流入田,他们用来干什么呢?

向朝阳:种水稻。

严教授:我们过来的时候看到有好多田种了草莓,还有农庄什么的。

向朝阳:有啊,有果园。

严教授:现在这个情况,有多少种水稻,多少是种其他呢?

向朝阳:我们这个组都是种的水稻。

严教授:流转的这些田,是种一季还是两季?

向朝阳:流转的一般是种两季。

严教授:那自己种一般是种一季?

向朝阳:对。

严教授:种一季就会有很多时间都闲着,那他们干什么呢?

周金明:种一季的就是闲。

向朝阳:平常就闲着。

严教授:种两季的是有政府补贴的吧?

周金明:现在政策是要种两季才有补贴,种一季没有补贴。

严教授:种两季的补贴有多少呢?

周金明:具体多少那就不晓得了。

严教授:你的田是自己种了还是给别人种了?

周金明:我的田是自己种的,现在是种一季。补贴的钱是直接打到存折上。

严教授:你那个补贴是直补啰。

周金明:对,直补。

严教授:(直补)有多少钱呢?

周金明:大概是一两百块钱一亩。

向朝阳:应该是一百七八。

严教授:种一季有直补,种两季补贴多少钱呢?

周金明:单季稻的补贴要少一些。

向朝阳:不存在吧。

周金明:是要少一些。

向朝阳:这个东西又没有谁来记录,也没有谁来查过。

周金明:没有一个具体数目。

向朝阳:那应该有的。

严教授:你还种田不?

向朝阳:我不种。

严教授:那你的田是转出去了?

周金明:他的田是他父亲种。

严教授:那还是自家种的,对吧。所以种两季的补贴要找种两季的人才知道。

向朝阳:那他不会讲的!

严教授:种一季和种两季都有补贴的。

向朝阳:我知道都有,这个东西有近有远的。

严教授:你是说这里面有操作空间吗? 还有一种是大户,你们这里流转一百亩以上的也有补贴吗?

向朝阳:大户如果不靠政府补贴,会亏死了。

严教授:我在别的地方也听过这种说法。我们在汨罗那边调查,对于这种规模补贴,有一个大户说,第一年补了一万多,第二年有七千,第三年八千多。他说这怎么回事,要我去问,还说要去告状。

向朝阳:一个大户到政府去办一个合作社手续,就是签个合同,谁的(补贴)高一点,谁的(补贴)低一点,会有不同的。

周金明:农村好多事都是不规范的。

严教授:对,这都要政府规范。像直补一样,直接打到你卡上,这个是中央政府的政策。

向朝阳:但是,他们到了年龄(年纪大了),不去注意,就说搞不清。

严教授:打到你卡上,那怎么搞不清呢?

向朝阳:有好多,农药,化肥,直补,好多补贴,他们(农户)不去看的。八百就八百,一千就一千,拿出来就用,直补到底是多少反而搞不清了。

严教授:这样的搞不清也没关系,直补应该都会有记录的。但是,我们刚刚讲的两季补贴和大户补贴,那个不是中央政府做的,而是地方政府做的。于是,有的政府工作人员可能就会插上一手。

周金明:这个是很正常的。

向朝阳:哪个地方不插一手罗,你家里养一条狗,别人过去,它都要咬两下的。

严教授:你们认为这很正常?

周金明:过去老一辈的讲法是,打铜"落"(偷偷地藏一点的意思)铜,打铁就"落"铁,杀猪的还要"落"血。

严教授:问题是你认为正常,有的人就认为不正常。

向朝阳:哪里有问题? 没有问题。

严教授:有的人就有问题,说为什么前年是一万多,今年变成七千了,他种了一百多亩田。

向朝阳:那为什么我昨天去买肉十四块,今天去,他卖十二块呢?

严教授:你这个就不对了。这个买肉是市场调节。过去贵是猪少,现在多了价格就降了嘛。

向朝阳:政府那个是政策,而政策是可以改动的。

严教授:政策就不同了,政策不是市场调节。只不过,政策是少数人主观定的,少数人定的就可能有偏差。

向朝阳:那他过去的一百亩可能是虚报,可能只有八十亩。

严教授:这又是另外一回事。这个问题呢,我们也调查过,他那个一百亩是测量过的,用一种新设备,不用拿皮尺去量,围着那里走一圈,就测出来了。

向朝阳:我知道,收割机上也有那个。就是用来测量这块地有多大,河南人来收稻谷,不知道多少亩,就拿那个东西测一下。

严教授:他那个一百亩是测量过的。

向朝阳:测是测量过,但是政策就是按农田册(造册数据)来的。

严教授:说到这里,我问一下,就是农地确权,你们这里确过权没有? 就是有组织地来测量土地面积,有过没有?

向朝阳:我爷爷那时候就搞过。

严教授:你爷爷那时候,是土改时候吧?

向朝阳:嗯。

严教授:土改时候肯定搞过。

向朝阳:我爷爷那时候是土改,我爸爸那辈就是农改,我这辈就还没有改。

严教授:你的意思是没搞过吗? 石门那边就搞得详细,做过三四次了。他们是用航拍方法。

向朝阳:那不是吧?

严教授:是的。乡镇干部,村组干部,他们是开了会的,全镇都在搞这个事情,而且是花了功夫的。

向朝阳:确认面积?

严教授:嗯,确认面积,航拍。航拍确认了以后,还要入户确认。比如你家多少田,要到农户家去确认。农户认,这个数据就是了;如果不认,再去测一次。

向朝阳:我们这里也搞了。

严教授:我刚刚问,你又说没有,到底搞了没有?

向朝阳:确权,这块地是不是你的,要把权利交给你,如果是你的,以后要收回去的时候要找你要的。

严教授:还有面积。

向朝阳：面积就好像没有。

严教授：面积没有测量，是吧？

向朝阳：像我们这里，这里一块地，那边一块地，航拍已经拍出来了。这块地是谁的，那边又是谁的。

严教授：搞了航拍是吧？

向朝阳：那怎么没搞呢，他没确认面积啰，他只确权。

严教授：面积也确。

向朝阳：就是这块地是一亩，是不是你的，是你的，以后要找你要地的。

严教授：我问你，有没有发证？承包证有没有？

周金明：有，换了好几个了。

向朝阳：肯定有证。

周小明：我们这里，医疗保险的那个证就没有。

严教授：那是医疗保险，是另外一个东西啰。

周小明：我们上次去医院，就没有那个绿本子，去民政局问了，那边说全国联网，打开电脑都可以查得到。

缪拥军：有个本子，但那个本子不起作用了。现在只要交钱就行，不要什么东西作证明了。

向朝阳：我家里好像有合作医疗的本子。

（找到了集体土地承包经营权证、林权证）

严教授：我请问一下，这个本子是只有这一个还是还有别的？

周金明：没有了。

严教授：那就可以确认，这里后来没搞过确权，就是96年搞过一次，如果后来搞了确权就一定会发证的。

向朝阳：不能确定的。

严教授：那怎么不能确定呢？这些东西就是证明啦。如果搞了确权，会再发个证给你的。

向朝阳：这个绿色的本子应该要收上去的，不知道这是怎么回事。

严教授：收上去？

向朝阳:嗯,换证。

周金明:没换啊!

向朝阳:只是红本子还没来。

严教授:你见过这个新的红本子?

向朝阳:我没见过。还没发下来,但有人问了、催了。

严教授:你的意思是新证还没发下来。

向朝阳:嗯嗯。

严教授:有的地方是2008年搞过一次,换过一次证。在这里,现在的证据是1996年搞过一次,你们可以去别的农户那里证实一下,看有没有新的这样的证。(转向小组成员)

向朝阳:那没有,新的还没下来。

严教授:这个能不能给我看一下。这个是第一次的吧,(一九)八几年的。

周金明:嗯,第一次,(19)83年的。

向朝阳:这是土政策。

严教授:这个不是土政策吧?

周金明:就是,一眼看去,多少亩就多少亩。

周小明:那不是吧,长沙县全部都搞了。

周金明:分田都是下面这些人分的!

向朝阳:印了这种纸,把章都盖好,接下来你们自己去填数字。这怎么不是土政策!

严教授:1996年那次,没有发山林证吗?

向朝阳:怎么没有?肯定有,一个大的绿本子。

周金明:那在我弟弟那里,我把山都转到他户头上了。

严教授:中央政策有八十年代初和1996年两次,不是地方政策,都是要办的,所以他这个1996年的证应该还有一个。

(拿来后来的林权证,是2005年的。)

严教授:这不是1996年的,是2005年的。那你们这里2005年可能搞了一次确权,或者是1996年搞的,但直到2005年才发证。哦,这里还有个交农业税的证明。

周小明：嗯，那时候要交税的。

严教授：这个农业税证明是 2002 年的。

向朝阳：现在农民的负担减轻了。

周金明：那时候交农业税，我们队上要交九千多斤谷。

严教授：这里的林地确权呢，是 2005 年发证的，所以要确认一下，这个是不是 1996 年确权以后 2005 年发的证，还是 96 年确权发了一次证，2005 年又搞了一次。于是，就要到别的地方去求证。

周金明：那应该是那一年（1996 年）搞的，后来发的证。

严教授：这个林权证要求证一下，看是 1996 年确的权、2005 年发的证，还是 2005 年确权、2005 年发的证。这个要求证一下，因为好多当事人都不太记得了。我们出来，费这么大劲，就是要把这些事搞准，才有价值，不准就没价值了。

王竹梅：我还想问一下，你们的地租给同村的人，有没有签订合同？

周金明：签了，但还没发下来。

周洁：在哪里？

周金明：在孙正强那里。

周洁：为什么在他那里呢？

周金明：承包人（流入户）请了他做事。

周小明：租金这个钱都是从他这里来，直接打到我们直补的存折上。

严教授：我再问一下，你们这个田，转出去的时候是跟谁签的合同？

周金明：跟这个委托人。

严教授：这个签合同是他找你的，还是村组找你的？

周金明：承包人（流入户）来找我的，与村组无关。

严教授：村组干部也不管？

周金明：对，不管。你愿意给谁种就给谁。

严教授：那这种情况还是户对户，村组不干涉。像你们家那个情况，村组可能是私人帮忙。那么，到底村组在这中间有没有功能，还得证实一下。我们刚刚得到的事实不一定准确，你伯伯是户对户，你妈妈去签的时候是妇女主任

家。(转向周洁)

周洁:应该是私人帮忙,因为这一块是租给同一个人。

严教授:要确定妇女主任她是作为村组干部的协调作用,还是私人的协调作用,这个要搞清楚。因为和你伯伯交谈中,我们确认了一条,村组是没有起作用的。那我们就要问了,妇女主任叫你们家去签合同,他到底是私人帮忙关系还是作为村组干部起的作用。这个要搞清楚。

周洁:嗯。

周小明:那应该不是村组干部的作用。妇女主任家的地也流转出去了,承包人(流入户)一户一户地去签合同,就麻烦,相当于妇女主任提供一个地方,把大家都叫来一起签。

严教授:那就是私人关系的类型,村组在流转过程中不起作用。

向朝阳:就是在那里签了合同,签完他就不来了,以后有问题就找他。

严教授:现在还有个问题,(流转)合同在组上是吧?

周金明:不是,不在组上。在承包人(流入户)那里,没发下来。

向朝阳:相当于没合同。

严教授:刚刚不是说签了吗?

向朝阳:签了,没有发给你,说白了就是没有。

严教授:问题是合同是一式两份,至少是一式两份。

向朝阳:应该是一式三份。

严教授:对啊,那他怎么都拿走了?

周金明:他没发下来。

严教授:他什么时候跟你签的合同?

周金明:去年。

严教授:是啊,去年签的合同,今年还没拿到? 我再问一下咯,那个合同是格式合同还是临时写的呢?

周金明:先写好,再去印的。

周洁:那个字是手写的?

周金明:嗯,手写的。

221

严教授:意思是这个合同没在组上,是在这个流转大户手上,对吧?

周金明:对。

严教授:合同没有给你,那事实也是存在的。

周洁:你们签完之后,他没说什么时候给你吗?

周金明:他没时间弄这个事情。想给就给了,不想给,这个事就先放会儿。

向朝阳:都不管合同到不到位。

严教授:是只要钱到位了(就行)。在农村,口头协定的效果不一定就比书面协定的弱。这是熟人社会的一个特点。口头协定的信誉度可能比书面协定的信誉度还要高,所以农户不急着要,他心里有底。这是熟人社会的一种习惯。

周金明:因为他是本村人。

向朝阳:第一,都是本村的,一年也只有几百块钱,第二,我有一块地在这儿,你搬也搬不走的。

严教授:对,这个地又搬不走。

周金明:如果外地人来了,这个合同那就必须要拿到。

严教授:那外地的肯定要的。本地人就是熟嘛。据你了解,你们这个合同签三年以上的有没有?

周金明:暂时还没有。

向朝阳:这个不能确定。

严教授:一般都是三年?

周金明:嗯,大户怕亏大了。

严教授:这个三年是你们提出来的,还是承包人(流入户)提出的?

周金明:承包人提出的,亏多了他承受不起。

严教授:所以,这个事我们就可以判断,这个地方的流转成熟度不是很高,在很高的地方就会签得比较长。年份越长,成熟度越高,年份越短,成熟度就越低。全国基本是这样的,要到处去求证,才说得过去。所以,重点是记录,记录的同时也要有理论分析。之前讲的四百块钱一年,也是从去年开始的,也就是时间不长。那在以前,这里的土地流转是不收钱的吗?

周金明:以前是自己种啊,过去一般不收钱。

严教授:收钱和不收钱有很大差别。这个差别就是事情在起变化,土地的价值被发掘出来了。价钱越高,土地的价值就越高。有一个基本判断:第一,离城市越近的,土地租金就越高,第二,越是土地肥沃的,像屈原农场,租金就是每亩一千多一年。

6. 李家山社区种粮大户访谈音录

对话人：

严小龙：湖南师范大学公共管理学院、湖南师范大学科学社会主义研究所、湖南师范大学县域发展研究中心、湖南师范大学乡村振兴研究所（筹）教授，以下简称严教授。

A先生：李家山社区种粮大户，由于访谈内容涉及当地的一些敏感关系，故而隐去了访谈对象的姓名。

录音者：湖南师范大学公共管理学院行政管理系14级本科生调研小组。

日　期：2017年5月14日上午

地　点：湖南省长沙县开慧镇（白沙乡）李家山社区A先生家中

严教授：是这样的，我们是湖南师范大学的老师和学生。

A先生：嗯，周洁和我的女儿是同学。

严教授：哦，那就不用多解释了。我们到这里来主要是做农村调查，调查的主要是土地问题。您流转了一些土地，是吧？

A先生：大概有100多亩土地，农地。

严教授：主要种什么呢？

A先生：暂时种水稻。

严小龙教授：你贵姓啊？

A先生：姓……

严教授：家中有几口人？

A先生：大女儿出嫁了，现在家中有3口人。

严教授:大女儿出嫁,户口迁走了吗?

A先生:户口没有迁走。

严教授:如果户口没有迁走,那就至少有4口人。那几个人有田呢?

A先生:我们家四个人都有田。

严教授:总共有多少田呢?

A先生:我也不记得是多少。

严教授:人均是多少啊?

A先生:人均大概有一亩多,一亩三分田左右。差不多有四亩多田吧。

严教授:有旱土或林地吗?

A先生:没有旱土。只有山。

严教授:山地有多少?

A先生:山地是我们两兄弟一起的。

严教授:两兄弟和父亲吧?

A先生:对,有父亲,写的是父亲的名字。

严教授:总共有多少林地?

A先生:十亩左右的林地。

严教授:家里的土地就很清楚。第二个是,您现在是流转了100多亩地,对吧?

A先生:150亩左右。

严教授:水田?

A先生:嗯嗯。

严教授:什么时候开始的?

A先生:去年(2016年),去年100亩,今年是150亩。

严教授:你流转的100多亩田,有政府补贴吗?

A先生:去年是100亩地,有补贴的,去年育秧补贴是5100元,下半年还有一个8100元补助,不过我不太清楚是什么补助。

严教授:这都是去年的补助吧?

A先生:是去年,这都是去年的补助。

（这时，A先生将自家的流水账拿来给严教授和调研小组的同学看，调研小组的同学及时地进行了拍照。）

严教授：你这怎么有两本账呢？

A先生：上半年和下半年的。

严教授：你是种两季，还是一季啊？

A先生：种两季，政府规定要种两季。

严教授：种两季才有政府补贴，种一季有政府补贴吗？

A先生：政策是种两季才有补贴，种一季的只有100元每亩的直补。有的人为了获得政府的双季稻补贴，其实种的是一季稻，但向国家申报种两季稻。

严教授：政府发这个双季稻补贴，（农户）要提供证明才有发啊？

A先生：种粮大户是种双季稻的。

严教授：你是种粮大户吧？

A先生：是的。

（这时严教授及调研小组的同学将流水账本归还。）

严教授：政府这个（双季）补贴要种双季稻才有，那是不是要100亩地以上才有呢？

A先生：那不是。几十亩也可以。一般十几亩、二十亩的不可能报个种粮大户不。一般私人家里（流转的）都有这么多田了，最少也有五十亩。

严教授：有些地方有限制，必须土地有多少，要有多少亩才可以（有补贴）。

A先生：100亩、200亩、1000亩、10000亩才可以申请。地方政府的扶持力度不同。

严教授：有的地方是这样的，种双季稻有补贴，种多少也有一种补贴，可以叫作规模补贴或者大户补贴吧，比如100亩以上给补贴，这是两种搞法。那，这里（流转）100亩以上有规模补贴吗？

A先生：没有。

严教授：就是无规模补贴，只有双季补贴？

A先生：嗯。

严教授:你是种两季,你刚才说到有些种一季水稻的也领两季的补贴。

A先生:那是老百姓!是散户,不是种粮大户。这个不要写咯,写了对老百姓不好。长沙县百分之八九十都是种一季稻。老百姓百分之八九十都是种一季稻,很少种两季稻。(为了保证材料的真实性,故而做了这样的处理:对话真实反映,但隐去了受访者的名字)。

严教授:你说的是散户,还是种粮大户?

A先生:是散户,不是种粮大户。

严教授:据我们调查,有的地方种一季稻的也有补贴,只是比两季补贴少些。

A先生:他也领直补啊。

严教授:但,直补是给承包户的。

A先生:我知道是给承包户的,政府规定直补是要种双季稻的,引导你种双季稻。

严教授:据我们了解,直补也是一种政府补贴。就目前而言,它是给承包户的,不是给流转户的,而且只要是有承包地就有直补。我们现在讲的政府补贴,主要是针对流转以后的情况。

A先生:流转以后的补贴全部是双季稻,没有一季的。

严教授:对啊,我的意思是散户有没有这样的补贴?

A先生:没有。

严教授:你把直补和这个双季补贴搞混了,直补是都有吧?

A先生:直补都有,直接到农户手里,流转(的土地)是到流转户那里,要来拍照检查的。

严教授:现在政府补贴有好多种,不止一种。我再问一下,你家的这四五亩田,这个数字是怎么来的?你说你家四个人嘛。我问得具体一点,你家现在的田是你们四个人的,我的意思是你们后来测量过没有?

A先生:去年测量过了。全县都搞了,老本子收上去了,新本子还没发下来。是政府搞的,由县乡村三级组织的。

严教授:哦,去年搞的。那是采取什么方式?是拿皮尺测量?仪器测量?

还是航拍?

A 先生:测量的,GPS 定位测量。就是现在有一种仪器,转个圈就知道多少了。

严教授:我明白了,和汨罗一样的,GPS 仪器测量。

A 先生:每一丘田都要测到位,还制了图,那个测田很到位的。

严教授:那肯定的。这种测量比较简单,不会有太高的成本。

A 先生:现在收割机上都有,不是很贵,像个手机一样,不过厚一点。

严教授:对,那这里确权的精准度和准确性是比较高的。

A 先生:长沙县应该是全部都搞啦。别的地方我不知道,反正我们这里是都搞了,花了好久(的时间)。

严教授:当然,这个是基础工作,万一搞不准,那流转了多少,要算钱的,这个不准怎么算钱呢!

A 先生:现在又在测量,不知道干什么,测这些路啊,坪啊什么的。

严教授:哦。你去年亏损了多少?

A 先生:去年亏了几千块钱。我自己不做事,都是请别人做事。如果自己做事就不会亏。

严教授:就只种两季水稻,劳工成本那么高,加上你又只种水稻,没有套种,那你这个情况就很正常,对吧?

A 先生:对。

严教授:像种双季水稻,你不搞套种,就要亲力亲为,要省人工成本,加上政府补贴,你可能会赚一点,但也赚不了多少。

A 先生:政府补贴力度太小了。

严教授:这个地方政府的补贴力度各个地方好像不一样,我们在别的地方看到,有的 1 万多,但是 1 万多是递减的,比如说,前年 1 万多,去年可能是 7 千多,今年 8 千多。

A 先生:今年政府补贴还少些。

严教授:这种政府补贴是地方政策,好像不是很规范。

A 先生:长沙县现在搞精准扶贫,它把资金放到那些贫困地方去了,种粮大户的补贴今年肯定还少些。

严教授:谁和你说的?

A先生:政府里面的人说的,这又不是假事。扶持种粮大户的力度没有那么大了,这个很明显的,政府有财政资金,要扶持那个贫困县。

严教授:据我们了解,你们这里最早是(一九)八三年第一次分田到户,你应该有点印象。你们这里总共调了几次地啊?

A先生:就签过两次合同吧!第一次的合同期是十多年吧,第二次的是三十年吧,现在差不多到期了,还有九年还是十一年差不多到期了。

严教授:1996年二轮承包,按三十年算啰!从1997年算起,2027年到期。第一轮是15年,第二轮是30年。第三轮的话,你觉得怎么搞比较好?按你的想法。

A先生:我看差不多,每个地方不一样。规定是不动,但是有嫁出去的,有死了的,还是有一些矛盾不?因为人口有变化。

严教授:有嫁了的、死了的,还有新生的、户口变动的,对吧?

A先生:嗯,对的。有些什么情况呢,有些嫁出去的田不拿出来,有些增了人口的人家又进不到田。

严教授:你认为这合理吗?

A先生:不完全合理,要小调整,那就合理。有些要调整,有些是调不动的。三五年一调的政策就比较合理。但这个是土政策啦。

严教授:你认为三五年一调比较好,是吧?

A先生:那就均衡些,不过难度大。好田肯定不给你,给你的都是差田。

严教授:你觉得这个难度大的原因是什么?

A先生:都是考虑个人利益。比如,这亩田能收800斤,那亩田只能收600斤,(农户)就不会把这个800斤的这亩田让出去。

严教授:嗯。假如三十年承包到期了,到2027年,就这样不动了,这样一种政策,你觉得能不能接受啊?

A先生:如果分得平衡了就能接受,不平衡就不能接受。

严教授:那你的意思还是要调?

A 先生:那肯定要调,不调就搞不好。要重新分配才行。不过,要调整,就矛盾大,这个蛮难搞。打个比方,五口人有十亩田,我八口人还只有六亩田,看你服不服? 还没有直补资金。我这只是打个比方。

严教授:直补是按田算的。

A 先生:对,按田算的。这就是打个比方,没有这个直补资金还好一点,争论还小一些。

严教授:有了直补,就更加会激化矛盾。因为利益更大了,是吧,利益更加不好平衡了。很奇怪啊,我们(调查)到了的所有地方,几乎都是这种言论。但问题是,比如户口都迁走了,家里就剩一个老娘,父亲也死了,他不退田,这样对不对?

A 先生:他签了三十年合同,他就是不退啊。

严教授:对,这个还是有点道理的,签了三十年合同,合同没到期,为什么要退呢? 但是如果说到期了,2027 年,还不调……。

A 先生:那是不可能的,我少了田,一个组就有矛盾,那就要国家出台政策,就是看国家政策怎么出。政策出得不好,田就难调了。

严教授:如果 30 年到期了还不调,那个时候你估计会怎么样啊?

A 先生:那麻烦了,估计会闹矛盾。如果不动就麻烦了。必须出台政策,好用而且要合民意才行。

严教授:对,我在全国各地搞调研,就是问农户。

A 先生:好多政策都搞得不合理,搞了又不合适。还有,好多(政策)老百姓都不知道。

严教授:有些是地方政策咯,不一定都是中央的。

A 先生:对,政策到下面就变味了。

严教授:这个大家都知道,政策效应递减。其实在这个问题上,中央层面主要考虑的,是动还是不动,怎么动? 要考虑到承包期,以及如何再承包? 地方层面需要考虑得细一点,就是补贴什么、怎么补贴。怎么动和怎么补两个问题,应该是中央政府和地方政府(在农地产权上)的两个核心问题。还有一个问题问问你,如果调整土地,是集中到户(户不动),还是在组(组不动),你怎么看?

A 先生:肯定是组。组上不能动。

严教授:组上不动是可能,还是一定啊?

A 先生:那组上一般是不能动的。除非,组和组合并,就可以动。但是,那难度还大些。

严教授:你的意思是,组合并,难度还大些?

A 先生:组合并,重新分田就难度还大些。如果田土不动,合并组还是没有问题的。

严教授:这就越来越证实了我的一个思路,就是要找一个不动点,就是找这个集体土地产权到底在哪里可以不动? 现在的政策好像是想把这个不动点放在户,我们在很多地方搞调查,(农民)大都不满意,说家里人口增多了,土地相对就减少了,那些人少地多的怎么不把田拿出来。就是说,把这个不动点放在户是不理想的,很多农民有意见。但是,(把它)放在组上,就有可能,实践中也是这么做的。至少可以看到,合村也好,合组也罢,土地(在组上的权属关系)是不能动的。

A 先生:对对。

严教授:你们这里合村了,组,合过没有?

A 先生:没有。有些地方可能合了,但我们这里没有。

严教授:至少在你们这里,村组行政和农地产权是连在一起的!

A 先生:李家山社区是合村,没有合组。

严教授:其实(农地产权的)这个不动点就在组,不在户,也不在村。如果在户上不动,就有麻烦。有一种考虑,是想把这个不动点放在户上,可是(农村)到处都有矛盾,就是说,这个点可能找错了。毛泽东在(一九)六几年就讲过,刘邓过糊涂日子,把权利(生产权和分配权)搞到了大队,他的意思是要搞到生产队(现在的村民小组)。所以,人民公社中后期是以队为基础,也就是以现在的组为基础。所以毛泽东是睿智的,那个时候就搞清楚了。现在搞糊涂的,是想放到户,不放在村上了却又放到户上去了。改革初期,从贵州湄潭总结了一个"生不增、死不减"的政策,现在还在用,我觉得就是想把这个不动点搞到户。不过,从我们目前的调查来看,户上不动估计是行不通的。但是,如果把这个不动点搞到组,在组上不动,应该是行得通的。总之,在村上搞过,在户上也搞过,都不行,都有意见。那,(这个不动点)就还是应该在组上。行,今天就打扰了。

A 先生:没事、没事。

(最后,严教授和调研小组的同学对 A 先生表示感谢后离开。)

7.田茂农庄访谈音录

对话人：

严小龙：湖南师范大学公共管理学院、湖南师范大学科学社会主义研究所、湖南师范大学县域发展研究中心、湖南师范大学乡村振兴研究所（筹）教授，以下简称严教授。

林主任：李家山社区原主任。

夏老师：田茂农庄老板娘，当地中学教师。

录音者：湖南师范大学公共管理学院行政管理系14级本科生调研小组。

日　　期：2017年5月13日下午

地　　点：湖南省长沙县开慧镇田茂农庄

严教授：您是这里的书记，是吧？

林主任：我是原来的村委主任。看能不能提供一点帮助，尽我所能吧！

严教授：我们搞调查主要是了解农村的土地和人口情况，尤其是土地，土地确权和土地流转，这两块。我本身也是带了一定的研究任务，另一方面也是为了教学的需要。我们来之前已经到了省内的涟源、湘乡、汨罗，到了贵州、河南，看了很多地方。

林主任：您是要了解现状呢，还是？

严教授：是这样的。首先，我们到这里来，看到你们是农业公司，这种形式也不是很多。所以，我们主要是来了解你们现在的情况，这是一个，你们的组织情况，怎么组织起来的。第二个，就是你们的土地确权问题，土地的权利是怎么一个情况。第三个，你们土地流转的规模很大，也做得很好，这个也要

233

了解。

林主任：如果要具体时间的话，要从档案里面看。我的记忆是（20）08年，当时成立田茂水果合作社，这是它的名字。

严教授：原来叫田茂水果合作社？

林主任：对，现在是湖南田茂现代农庄。

严教授：我们在外面看到是湖南田茂现代农庄发展有限公司。

林主任：对，对，现在是这个名字。它是怎么流转的呢，先讲这一块地，它是做两次流转的。这个说来话长了，因为这个历史变迁，几年变化了很多。比如李家山社区这一块地，牵涉了四个组。

严教授：李家山是个"村"吧？

林主任：对。原来是白沙镇的一个社区（现在白沙镇并到了开慧镇），社区里面也跨村。它的行政范围是这个集镇加上八个农业村（村民小组）。

严教授：为什么不叫李家山村，而叫社区呢？

林主任：因为有这个集镇在这里。这又要讲到2004年了，那个时候刚好是并村，白沙镇是长沙县第一个并村的乡镇，是拿我们这里做试点。我们这里"并"了之后，就全县铺开，并来并去。因为这里有一个集镇，就叫社区了。长沙县的所有乡镇都有一个社区。它的作用就是，还有许多非农业人员，就归社区管，像老师，政府机关人员、事业部门人员等等，给他们的户口落个地方。

严教授：哦，就是方便管理非农业人口。

林主任：对对对，便于管理。名称就是这么来的。但是，把一个集镇改成一个社区好像又太小了，所以就加上了原来这里的一个村，这个村有八个村民小组。所以就是原来的老村加一个集镇。哦，现在（看的）是这一块，农庄里面你看了没有？

严教授：还没有看。能不能麻烦你带我们先转一转，再聊可能印象深刻一点，不知道你有没有时间？

林主任：你们不怕辛苦，我当然可以带你们去转一转，没问题。

严教授：好啊，先去看一看，有个印象。

（走进农庄，边走边聊）

严教授:现在农庄的负责人是谁? 是刚才那位女士吗?

林主任:刚才那位女士,是夏老师,这里的老板娘。

严教授:那,老板呢?

林主任:老板现在不在这里,应该在水管所上班吧。我刚刚说的李家山社区,他当时是村书记,我是主任,所以流转这一块基本都是我经手的。

严教授:这里总共有多少土地?

林主任:这一块大约300亩。原来这块地是不毛之地,说的不好听一点,就是枉死鬼就埋在这个地方。

严教授:我们过来的时候看到了一个坟。

林主任:这个很多,无名坟很多,挖掉了,有主的就都保留着。

严教授:现在这个山用来干嘛?

林主任:主要是种水果和苗木,当时主要是种水果。

严教授:我怎么听说主要是种苗木呢?

林主任:苗木也有,他(农庄老板)主要是搞苗木起家的。

严教授:现在,我也没看到好多果树啊?

林主任:这外面就是,这边全部都是的。这都是杨梅,马上就要成熟了。下车去看一下吧?

严教授:好啊! 这是杨梅树啊?

林主任:嗯嗯,现在杨梅刚挂果,以后会长很大,不是很酸,甜甜的。

严教授:我不是学林业的,不认得这个树,你可能还不知道我们是来干嘛的,我们主要是搞政策研究的。

林主任:嗯,我看你们的介绍信大概也是这样的。你们是长沙市还是湖南省?

严教授:我们是湖南师范大学的,现在省内搞农地政策研究的好像还比较少。

林主任:哦,是这样。当时长沙县有一个政策,专门针对白沙。当时是"南工北农",这个政策不知道你听过没有?

严教授:你说吧。

林主任:南边搞工业,北边保护生态,搞农林业。因为长沙县这一块属于贫穷的地方,所以就制定了这个政策来帮助这边,你开垦多少,政府就补助多少,把这边的生态保护好。当时老板就抓住了这个机遇。

严教授:一亩大概补助多少呢?

林主任:具体我不记得了,反正肯定自己要投资,完全靠政策补助是少了的。他(农庄老板)的投资占比可能将近一半吧,这是流转林地的开发投资,只用于小水果补助,景观苗木是不能算的。

严教授:那你说的这个投资包括些什么?

林主任:就是开发,要人工、机械,原本是一块山,现在要整形。就是这个方面。

严教授:哦,除果树苗木成本之外,政府补助一半。

林主任:对对。成功都是经历过很多次失败的。他(农庄老板)第一次进的苗木是北方枣,我当时说这个能行吗?他说在林科院论证过了,那就栽吧。第一年很辛苦。那个时候我们晚上睡觉和中午午休的时候,他(农庄老板)自己就开个车在这里转。但是,第一年的苗木基本死光了。后来就换品种,最成功的是美国布朗李。

严教授:第一次是搞北方枣,北方枣死了,第二次搞布朗李。

林主任:对,布朗李搞成功了。几乎是一货难求,价钱又好,那个价位就是随便他开。口味也好,专供领导,一般人还吃不到呢。那边有梨,有好几个品种,布朗李、梨、杨梅,这是拿手的,应该还有橙子。

严教授:这个是杨梅吧?

林主任:这个(杨梅树)是嫁接的,买的怀化或者山区那边的老树根,然后自己嫁接。

严教授:哦,自己嫁接成功的。

林主任:对,用那种好的品种嫁接。所以他这里的杨梅不酸,只有一点点酸味,很好吃。我们换一个地方吧。

严教授:好的。当时这个山是确了权、确到户的吧?

林主任:这一块山涉及四个村民小组,从这条山路,到这一边,是第一批流转的。当时是委托社区居委会,也就是我自己经办的。我跟各个村民小组做流转,村民组就去找农户做流转。但流转牵涉的林地不是百分之百,四个组分别只占到20%的比例,就是这个组占了20%,那个组也占了20%。

严教授:你的意思是说,田茂农庄流转的林地是四个村民小组的,每个组大概占20%。

林主任:对,而且是每个组去流转农户的。

严教授:当时签了合同不?

林主任:签了合同,我们是直接跟农户签的。就是通过村民组长把农户的工作做通,有个别做不通的,不能硬来,我们就插了红旗在那边,没用他的地。

严教授:你的意思是,你们跟每户签,是村组组织的,是吧?

林主任:对,然后农庄再找社区签。我们社区找村民流转,把地集中起来,每年给租金,这个通过双方协商已经达成一致。因为他(农庄老板)是第一个在白沙搞小水果的人,所以当时的流转价格也不是很高,好像是一百块钱一亩每年吧,当时青苗补偿都给了。

严教授:签了多少年合同啊?

林主任:到2027年,就是责任制的截止期。

严教授:哪一年签的合同?

林主任:2008年签的。

严教授:那就是20年。

林主任:对,20年。租金是100元一亩每年,10年后按10%递增。明年就要递增了,当时主要是考虑物价问题,这个可能还是不太周全。

严教授:这个是山地,考虑还算周全的。

林主任:这一块,太远了,农户到这里来也不太方便。我们的工作就是,一部分人可以在这里打工,优先安排那些流转了土地的农户来这边做事,可以赚一点钱,社会效益还是可以的。真的,养了一帮人。

严教授:哦,提供很多就业岗位。

林主任:对。

严教授:二轮承包是1997年,30年就是2027年。就是说,2027年是农村这个 30 年承包期到期。

林主任:对,不能违背这个政策,我们是以最大的期限流转过来的。后来,白沙的这个小水果基地就有很多了,雨后春笋般的出现了。这又牵涉到前面讲的小水果扶持政策对贫困乡镇的支持,也就是整个长沙县唯一只有白沙能搞小水果,其他乡镇都不能搞,政策资金也只补给白沙,所以也有外地老板来这里投资。

严教授:这里的林地流转是由这个政策启动的。

林主任:对。当时其他的小水果基地建设都是按我们这个模式搞的,就是村组上把村民的土地流转到社区,再由社区整个打包流转给他(林地经营者),这个合同就是跟李家山社区签订的。

严教授:哦,这就清楚了。这个林地不是直接流转到个体的,而是先流转到集体,再由集体流转给个体。

林主任:对,就是这个意思。

严教授:这个案例很有典型性。我们碰到的是水田有流转个体的、也有流转到集体的,还没碰到过林地流转到集体再流转到个体的。

林主任:这个有说服力是什么呢,和农户的那个合同就是我签订的。

严教授:那我再问详细一点,你们当时是村上打包,不是组上打包?

林主任:村上。

严教授:是村上打包,是村集体,不是组上。那么村上打包之后,合同上的这个 100 元钱是给农户吗?

林主任:给农户,我们不赚,我们就是找点事情做。他(农庄老板)给我们,我们给农户,这个是透明的。

严教授:等于村上没有任何收益。

林主任:没有。当时就是安排一个场地,农户自己来领。村上为什么要这样做呢,因为争取这个政策的时候很想把这个事情做好。如果让每个组去做,可能组长的能力有限,有些农户的工作做不通。所以每个组能做通的都去做通,做不通的我们社区再去把工作做通。但直到现在还有一户没做通,就插了红旗在那里。

严教授:这里有几个点比较新鲜,比如村集体打包,然后是林地而不是水田,再有一个就是村组没有利益截流。

林主任:没有,一点都没有,主要是为了做成这个事业。

严教授:这个推动力就是长沙县政府那个政策,小水果扶持政策。

林主任:对,但那个文件我不记得了。反正要申请项目资金的话,要有一百亩以上的林地,还要搞水果,搞苗木不行。现在那个链条已经断了,通过那几年县政府的帮助,老板能够熬下去的,能够扶持上来的就做得好,扶持不上来的就垮掉了。

严教授:那次搞了几家?

林主任:至少有十家。

严教授:现在还剩下多少家?

林主任:应该还有三五家。这里(田茂农庄)是上了规模的,有效益的。后来就慢慢活络了,开始搞旅游这一块了。哦,第一次流转的就是这一块,第二次(流转的)是那边的一块。

严教授:那你们第一次流转了多少亩?

林主任:200—300亩。

严教授:现在有多少亩?

林主任:现在整个要超过400亩吧,那边跨村还有一块。

严教授:你这个400亩是做果地,还是做苗木呢?

林主任:因为他(田茂农庄老板)的特殊性,不是全部做苗木,也不是全部做水果,而是苗木里面有水果,水果里有苗木。这样景观好看一点,有点缀。

严教授:等一下啊,我怎么听说(田茂农庄)流转了1000多亩林地呢?

林主任:哦,那个地方还有一块山,还有几百亩,但那里开发力度不够。

严教授:你估计一下,田茂农庄现在总共的林地流转规模有多少亩啊?

林主任:那就有一千多亩了。第二批的话,就涉及到报母村,现在它和社区已经并在一起了,但当时和报母村相邻嘛。就在这个基地的旁边又流转了两百多亩,这就400亩了。还有一个村之前叫大花村,现在叫锡福村。(此外),那边的村与平江交界,他们村请他(农庄老板)过去把山流转过来,不过那个山现在成了一块鸡肋了。

严教授：为什么呢？

林主任：弃之可惜，嚼之无味。因为坡度太大，我都不知道他（农庄老板）将来怎么开发，要整出这种梯度很难。

严教授：可以整成梯田不？

林主任：不好整，利用率很低，坡度小好整一些，而且那边荒山的下面都是石头。

严教授：那个山准备用来干什么呢？

林主任：路都修上去了，也是准备种水果。但那边不能像这边一样整成阶梯，只能在原有基础上，不破坏山体的原貌，能挖一个坑就种一棵树，不能种的地方就只能放在那里。利用价值很低，而且那个租金也不可能少。

严教授：那里的租金多少？

林主任：也是100元一亩每年。

严教授：哦，100元一年每亩，十年一增。

林主任：偏远一点的80元可能也有。我们站的这个地方，当时在白沙还算是政治经济文化中心，原来的白沙镇政府就在旁边。

严教授：你们这个对于怎么开发林地的经验还是很有借鉴价值的。我们湖南省农村的很多山都浪费了，资源闲置，很多农村的山都成了荒地。怎么把这一块做活，你们这里就提供了经验。

林主任：2005年长沙市财政局在财专开了一个会，我有幸去参加了，还有长望、浏宁等四个地方的人。当时浏阳搞合作社风生水起的时候，我们长沙县还没开始。会上就鼓励我们搞，回来后我就把这个情况告诉了他（田茂农庄老板，当时的社区书记），他本来就是老板，搞苗木的。

我回来就说，你有能力就搞，但他还是怕。后来合作社政策成熟稳定了，他2008年就成立了田茂水果合作社，真的不容易。但是他有条件，别人一般难得存活，但是像他，他有闲置资金的时候就买进苗木，现在搞苗木的话，就是"人无我有，人有我奇"才赚得到钱，一般的苗木可能就只能做柴火烧了，别人可能就会碰到这样一个瓶颈。但是他看到好的苗木就买进，只要有绿化项目，他这个树就可以移栽过去,如果临时到外面去调很难。这边就有一块,可以看一下,当时买进来都是几万块钱一棵的树。

严教授:这些都是什么树啊?

林主任:应该是桂花树多一点。其实这个树,不一定要品种多,而是要新奇,要大。如果有项目需要这种树,就直接移栽过去,因为直接到外面去调很难。他当时还亏得起,第一年整个树苗整天在浇水。

严教授:现在有一个趋势,就很关注农地确权和农地流转,包括山地。但有一个担心,就是流转的资本味太浓,怎么把集体化味道搞得浓一点。这也是一个政策问题,有很多地方已经在尝试了,比如贵州是搞入股,汨罗那个就是半资本半劳动。汨罗那个是先流转到组上,组上再出租给个人,同时又入社,社员加合作社,可以入股,既入股又入社,还出租,融合在一起。我估计以后的政策支持会朝这方面努力,只是估计啊,以后的支持,一个是规模,再一个就是方向。

林主任:打断您一下,它那种入股,如果发生亏损,社员是不是一起跟着亏损?

严教授:应该是吧。

林主任:我们白沙当时也有这种情况,可能表面文章做的和您说的一样,农户入股,那也是名义上的,实际上没入股。农户不愿意担风险。当时我们也考虑了,可能考虑得不够成熟,拿了一个10%的增长比例,就是考虑农民的情况,因为物价慢慢会涨。我是农民,我还是站在农民的角度,这里都有我自己的山地。他(农庄老板)当时看中这一块地,第一个不知道是不是因为风水,第二个就是便于管理。

严教授:我们就是要把它搞具体。我们在全国收集案例,你们这里算是有特点的,在流转方式以及规则方面,看是不是有经验可以提炼出来。

林主任:我们当时也是摸着石头过河,不知道怎么弄。

严教授:都是这样的,如果把全国的案例集中起来,很多思路就清楚了,该怎么走就明白了。

林主任:这不是夸张,后来整个白沙就是按照这个模式来发展的。因为已经成功一家了,所以就按照这个来,其他方式他们不认可。

严教授:就是看以后的发展方向了。(这个模式)肯定还要优化,关键是怎么优化的问题。在哪些地方、细节优化,变动修改。因为这个(优化)是永无止境的,所以就奠定了我们合作的基础。

林主任:其实,他(农庄老板)的名字就叫范田茂,以前做过很多,做过协警,供销社的供销员。我说你最后的发展还是在田园当中,他说没错,第一次就是做苗木挣钱的,也是在田野里面。所以我要是站在他的立场说,事业要发展,绝对离不开政策,这个必须要把握好。

严教授:而且他也是靠政策启动开始做这个的。但是未来怎么搞,未来政策取向会变的。

林主任:所以我要是他,我是求之不得跟您建立这种关系的。

严教授:我也是怀着一种理想,就是怎么把实践往前面推动,毕竟我们本来是做这个事的。

林主任:好,那我们再往前面看看吧。

严教授:刚刚我看到有一些人在打牌?

林主任:那是来度假的,可能是长沙市来的。

严教授:你们这里有客房、餐饮?

林主任:对,都有。

严教授:那你们这里接待会议是没问题的了。

林主任:可以,小型的新闻发布会都没问题。等会儿看到的那个小木屋,可以用来在这边度假。

这是夏老师。

严教授、夏老师:你好!你好!

林主任:她也是教授呢,正宗的副教授。

严教授:是哪个学校的?

夏老师:中学高级,就停留在职称上面。

严教授:是这样的,我们在林主任的带领下了解了一些情况,发现你们在林地流转和林地开发方面是有特色的。

夏老师：我们这个乡镇有很多这样的。

严教授：我们这个湖南农村浪费严重，尤其是林地资源浪费，你们这个地方提供了一个路子，所以我带学生来就是总结经验。刚才粗略了解了一下情况，我们想要了解得更加细致一点。就是看有没有当初流转林地的具体资料，还有你们在那边又流转了400亩林地，具体都有哪些组，这些具体资料，能不能给我们看一下，拍照、复印都行，我们作为一个具体的研究资料。因为现在做这个东西必须要细，要有一些材料去支撑才有说服力。

夏老师：严教授，是这样，我现在不能马上答复你，今天我和老公商量一下，因为我还不是一家之主。

严教授：可以。

林主任：那我就不陪您了。

夏老师：到这边来坐，喝茶。我们这里是跟林业科技大学袁教授合作。就长沙县来讲，就是搞了这个技术下乡，他们负责技术。这个开展十几二十年了，还是经验不足。等下还可以到乡政府那边去看一看。

严教授：要不我们再去转一转？

夏老师：好。里面还有很多地方，我带你们去看一看。

（到农庄里面）

黄丹：这个是黄皮梨吗？

夏老师：这个是梨子树，我们前年收了好几吨。黄皮梨个头很大，水分多，一个就一斤多。

王竹梅：这个畅销全国吗？

夏老师：对，我们这个梨子很甜，因为这里的泥土里面含有很多沙子，种水果很好吃。

严教授：这个季节有没有成熟的果子？

夏老师：这个季节有一点点枇杷，没有太多。我们需要的技师太多，管理不过来，所以主要三大品种，最多的是杨梅，第二就是梨子，第三就是桃子，第四就是李子，主要是这四个品种。我们这个乡被称作小水果之乡。

严教授：哦，四种，听说还有橙子呢？

夏老师:橙子的树没有种了,因为去年还是前年,太冷了,橙子树都被冻死了。好不容易栽种了几年,刚好挂果,挂一年果,第二年就冻死了。

严教授:乡政府这在搞建设,这是建什么?

周洁:建宾馆。

夏老师:不好意思,今天比较匆忙。

严教授:没关系,以后还有机会。

夏老师:有机会的。这个宾馆下个月就要开业了,能够住一百多人。之前是搞水果,现在开始转型,开始搞农村旅游,我们只搞农业就会亏本。

严教授:农业也能往外扩展的吧。

夏老师:往外扩展效益低呢,刚刚看到的那些工作人员,在这里做一天的工钱都很高。

严教授:你可以搞一些价值比较高的东西。

夏老师:但是,价值比较高的,如果技术不过关的话,就前功尽弃了。搞这个水果我们就有把握,因为很适合本地。要是在这里种樱桃,我们就没把握了。

严教授:可以换个思路,稳住这个大规模的,小规模的先试种。实际上你们有空间,就看怎么搞了。

夏老师:以后还请严教授多多帮助我们。

严教授:我是很愿意到农村多多交流,如果你们能搞得更好,我也有成就感。那我们就先走了,再会。

夏老师:好、好,再见。

8.新科村访谈音录

第一部分:访谈新科村原支书

对话人:

严小龙:湖南师范大学公共管理学院、湖南师范大学科学社会主义研究所、湖南师范大学县域发展研究中心、湖南师范大学乡村振兴研究所(筹)教授,以下简称严教授。

龙支书:61岁,新科村退任支书,以下简称龙支书

录音者:湖南师范大学公共管学院2016级科学社会主义专业硕士研究生陈虬。

日　期:2017年7月8日下午。

地　点:湖南省花垣县麻栗场镇新科村该农户家里。

严教授:我们来这里主要是为了了解农村人口和土地情况,比如家庭人口情况、拥有土地的情况、土地流转情况和土地变动情况,我们先从你家开始了解。请问你贵姓?

龙支书:我姓龙。

严教授:您高寿?

龙支书:61(岁)。

严教授:家里现在有几口人?

龙支书:现在有4口,我、我爱人、女儿、外孙。

严教授:你有几个儿女?

龙支书：我有 4 个女儿。

严教授：户口在这里的还有几个？

龙支书：1 个，其余都嫁出去了。

严教授：哦，3 个女儿的户口迁走了，1 个女儿的户口还在这里，那你的女婿呢？

龙支书：我这个女婿，家里只有他一个儿子，他不在这边住。

严教授：那你的这个女儿是在那边住，但户口还在这边，没有迁走？

龙支书：她不住这边，只是户口没有迁走。我大女儿住这边，她有先天性疾病。

严教授：你大女儿的户口在哪里？

龙支书：她的户口迁出去了。她现在经常在这边住、在这边吃，她七岁开始发病，八九岁开始治疗，这是先天性癫痫病。我的爱人原来长了一个瘤子（子宫肌瘤）。我现在做不得工，一做工身体就痛。

严教授：她（大女儿）的户口不在这里，为什么呢？

龙支书：迁出去了，因为嫁出去了，所以户口就转出去。

严教授：嗯，户口迁出，但还住这边。

龙支书：她户口迁出去了，男（大女婿）的就出去打工，他家里还有他母亲。他的一个儿子和一个女儿跟我女儿住我这边。

严教授：你的大女孩有一个儿子一个女儿。

龙书记：对，他们就在这边长大、在这边读书。

严教授：所以你在这边养他们。

龙支书：是的。原来我是三个户口参与分田地

严教授：是在哪一年？

龙支书：(19)80 年。

严教授：(19)80 年分田地的户口是哪几个？

龙支书：我、我爱人和我大女儿。

严教授：分了多少田？

龙支书：就是八分田。

严教授:人均八分田?

龙支书:是的,人均八分。

严教授:那当年家的三个人,总共分得两亩四,对不对?

龙支书:对。

严教授:那两亩四分田分到之后,你又有三个女儿出生,她们后来有没有分得土地?

龙支书:一直没分。

严教授:第二个女儿是哪一年出生的?

龙支书:大女儿是(19)80年出生的,分到了土地。二女儿是(19)82年出生的,没有赶上。

严教授:那后面的三个女儿都没有分到土地。

龙支书:对。

严教授:等于说,你家现在的承包地还是三个人的面积,有户口在这里的也是三个?

龙支书:有户口在这里的是四个人。

严教授:还有一个是谁?

龙支书:还有一个外孙的户口也在这里。

严教授:有户口的是四个,家庭成员那就不止四个了。

龙支书:只算户口成员就只有四个,吃饭的就多了。

严教授:那肯定。也就是说,1996年、1997年二轮延包的时候,你们这里没有调整?

龙支书:没有搞,一直没动。

严教授:据我所知,二轮延包时好些地方搞了调整。

龙支书:我们一直没动过。我们这里第一次分田是(19)80年,当时是一大片一大片分的。我们这个组的土地面积太少了,有些人分得就少了。(19)81年,我们这个队又重新丈量分田,分三类田,一类田是秧田、二类是中等田、三类是边缘的和差的。

严教授:秧田就是水稻田,是不是?

龙支书：是。

严教授：中等田是什么田？

龙支书：原来我们这里都是秧田，肥的算一等田、稍微瘦（贫瘠）一点的就是中等田。

严教授：种水稻还是其他作物？

龙支书：就是种水稻。到了边缘的田，没有一点肥力，全靠肥料的就是三等田。

严教授：也是种水稻的？

龙支书：种水稻，但产量就赶不上好的田。

严教授：这边的田，最高产量有多少？

龙支书：秧田有一千斤左右，中等田六七百斤，边缘田就很少了，还容易遭水灾。

严教授：边缘田就不好算？

龙支书：是的，去年才在那边修了防洪沟，我已经提了三年。上次开党员会议，有人问新科怎么发展，我说新科要发展就要实现三大产业齐头并进，共同发展，特别是加大对农业基础设施的投入。

严教授：你们1980年分田，1981年又重新丈量，为什么呢？首先，80年怎么分的？

龙支书：比如这是一坝田，你家里有几个人，你拿这一坝，我家有几人，我拿那一坝。由于我们本队的田比较少，种了一年之后发现，有的人口多的家庭收少了，人口少的家庭又收得比较多。当时，我们这个组就又开会，（决定）重新丈量。

严教授：你们当时是按面积分、还是按产量分？

龙支书：当时是你家里有几个人，就拿这个田，我家有几人，就拿那个田。

严教授：有没有考虑到好田和差田的区别？

龙支书：没有考虑到这个，也没有太考虑到家庭人口。

严教授：两个方面都没有认真考虑，那肯定有意见。

龙支书：是的，村民心理很不平衡。

严教授:所以你们在 1981 年重新搞了一次,把田分为三等,再按家庭人口分。

龙支书:按人口、按类别,每一类田平均每人可以分得多少来计算。

严教授:当时分田的时候,是以组为单位还是以村为单位?

龙支书:以组为单位。

严教授:你们这个组当时的人均水田有多少?

龙支书:八分,现在也是这个标准。(只不过),没有申请宅基地的就是八分,申请宅基地起屋的就没这么多了。

严教授:这是 1981 年的事。

龙支书:1981 年是人均八分的标准。

严教授:也就是说,如果在自己承包田起屋,就没有 8 分了。

龙支书:是的。

严教授:在自己家的承包地里起屋是不是要办手续呢? 就是报批?

龙支书:肯定要办。

严教授:这个手续怎么办的?

龙支书:这个我就不知道了。

严教授:也就是说,1981 年那次是针对 1980 年的粗略(估计面积)来进行分配的。

龙支书:全村就只有我们这个组这样,其他组没有。

严教授:其他组是哪年分的?

龙支书:(19)80 年。

严教授:他们也是估出来的?

龙支书:是的。

严教授:也就是说,他们也没考虑到田的等级,也没太考虑到人口?

龙支书:他们组的田地面积比我们组的要多,我们这个组的人少,土地面积也少。

严教授:你们这个村的其他组,1980 年分田地时就已经搞完了,后来就再没有变过了?

龙支书:(19)80年搞定了之后就没有变过了。我们二组重新搞过一次,之后也一直没变过了。

严教授:那么,人均旱地有多少?

龙支书:好像是五分五。

严教授:"这个标准",是你们二组(当时)的?

龙支书:二组现在还包括另外一边。原来我们这边是一个队,那边是一个队。他们是三队,我们是四队。现在你们要调查这个情况的话就要写四队。他们那边和我们这边又有区别了。他们三队没重新分,我们四队就重新分了。

严教授:你们二组是合队而成的?

龙支书:是的。一队、二队合为一个组;三队、四队合为一个组;五队、六队合为一个组。

严教授:合队是在哪一年?

龙支书:记不清楚了。

严教授:80年代还是90年代?

龙支书:应该是1990年代。

严教授:合队是不是要动田呢?

龙支书:没有动。

严教授:合队不动田?

龙支书:不动,各管各的。

严教授:嗯,把队合了,田不动。你们现在成了二组(三队、四队合成二组)。

龙支书:合队以后,田土面积都不动。

严教授:1981年,你们这个队的旱地是每人五分五。

龙支书:这个就是我们四队(的),其他队那就多了。

严教授:当年,你们四队旱地面积是人均五分五,水田人均八分,那你们林地人均有多少?

龙支书:林地不量。

严教授:那你们家分了多少林地?

龙支书:一亩。

严教授:你一家三个户口就一亩?

龙支书:是,林地它不量。

严教授:也就是估计出来的,但是否也有一个平均标准呢?

龙支书:没有,就是把一片山直接划到队上,再按(四队的)人头分,比如20人,再划分到每一个人身上。

严教授:按当时四队的人数分的,(林地面积)没有一个准确的数字。你估计一下当时的林地有多少?

龙支书:山地面积不好估计,我估不准。

严教授:1981年分田、分地、分山之后,就一直没有动过?

龙支书:没有。

严教授:现在的情况可能有了变化,比如说起房子(就会改变土地占有情况)。

龙支书:就算不起房子,家里的人口也在变,比如新出生的、婚嫁的。

严教授:你们这里只种一季水稻?

龙支书:只种一季。

严教授:旱地好像只种玉米、烟叶,还有一些豆子,林地则没有得到开发。听说其他地方有一些(林地)开发了。

龙支书:(那些)种桃树的都是搞了流转的。

严教授:流转的有几家?多不多?

龙支书:我们这个队就有十来户。

严教授:种什么呢?

龙支书:种桃树。最多的是三组的,我们组(流转的面积)比较少。

严教授:你们流转水田的有没有?

龙支书:我自己没有。

严教授:那别人有没有呢?

龙支书:别人有,流转出去的水田都用来种枣树。

严教授:他们流转了多少亩?

龙支书:这个要找现在的村干部了解。

严教授:有一点不明白,为什么要在水田里面种枣树呢? 在山上种不更好吗?

龙支书:因为山地的阳光赶不上水田的。

严教授:那些流出户主要在哪些组?

龙支书:我们组流转的都不多,主要集中在三组和五组。

严教授:你是哪年当的村支书?

龙支书:从 2005 年到 2008 年,当会计是 2000 年到 2005 年。

严教授:那你对这些情况还是比较清楚的。你们 1981 年确权之后,一直没动,你觉得这种情况好不好? 不要考虑别人的意见和想法,就谈自己的看法。

龙支书:政策规定:增人不增地,减人不减地。我说好不好,有什么用。(我认为)动一下还是可以的,因为(农户)添人之后需要更多的土地。

严教授:你认为是可以的,是不是意味着不动也可以呢?

龙支书:人口多了以后,大多数人认为动还是好一些,我也认为动一下好。

严教授:那你认为多久动一次好?

龙支书:10 年到 15 年,因为人口要变化,有的要出生,有的要死去。(当然),我们(承包地)面积少的这样说,(承包地)面积多的可能不愿意。

严教授:你估计一下,你们二组有多少人想动地? 多少人不想动地?

龙支书:能够出去打工的,找得到钱的,他们就无所谓。

严教授:能够在外面赚到钱的就无所谓。在外面赚不到钱的,但是地多人少的也不想动。

龙支书:肯定的。(但这个比例)估计不出来。

严教授:你这个组都估计不出来,那么整个村就更难了。

龙支书:千人千条心,说不准。

严教授:而且人口是变动的,可能此时他家是人少地多,他不愿动,但是到了以后他家变为人多地少之后,他可能又愿意动了。

龙支书:是,肯定的。

严教授:所以,(愿意)动与不(愿意)动是有两个因素影响的:第一是打工的情况;第二是家里人口变动的情况。到底是动好还是不动好.其实是取决于民意的变动。就你的情况而言,你现在是两亩四的田,一直没变。

龙支书:两亩四的田种出来的粮食是不够吃的。

严教授:不够吃? 一亩一千斤,两亩就是两千多斤粮食,怎么会不够吃呢?

龙支书:我家人口多,七个人吃饭。

严教授:我们在外调查发现,有的种一年吃三年。

龙支书:我们没有什么经济来源,需要什么的话就只能卖米,酱醋油盐都要,只能卖米。

严教授:也就是不够用,吃还是够吃的。

龙支书:不卖米还是够吃的。我们还要租人家的田去种。

严教授:你现在种了多少?

龙支书:我现在种了三亩多。

严教授:流转了人家的?

龙支书:不是流转,人家给我种,我就去种,不要给人家租金。要租金的话我就不种了。

严教授:你自己种,还是请人种?

龙支书:自己种。

严教授:种一季吗?

龙支书:种一季。

严教授:他给你种的是好田还是差田?

龙支书:中等田。

严教授:是不是连在一起的?

龙支书:没有,我们这里都是小块田。

严教授:你们这边其他人租人家的田要付租金吗?

龙支书:流转的要付。

严教授:一亩地每年多少钱?

龙支书:田 500 元每亩,地 400 元每亩。

严教授：这个价格好像也不低，其他地方还有 100 元每亩的。

龙支书：现在这些土地都是老板租的，不是我们本村人。

严教授：这些老板住哪里？

龙支书：老板是外地的，住在这里的只是管理者。

严教授：他们流转这些地用来干什么？

龙支书：种桃树。

严教授：他流转了多少亩？

龙支书：具体不清楚。他们还种了水稻、养了青蛙。

严教授：你们这里种的烟草卖给谁？

龙支书：政府收，直接卖给烟站。

我做村干部的时候，没有这些政策。我们想搞一个基础设施都需要自己去找政府。自从 2010 年以后，是"钱"推动村里的基础设施建设。

严教授：你们那时是自己去找钱来搞基础设施，现在是"钱自己来了"。

龙支书：现在这些村干部都领工资了，我们那时一年就一千块。

严教授：现在村干部有多少工资？

龙支书：我们不知道，你问也问不到真的。还有，土地面积要真正搞准确，就只有国家来航拍。

严教授：那（航拍）搞过没有？

龙支书：搞过了。

严教授：什么时候的事？

龙支书：前两个月。省里有人来确认面积。

严教授：航拍也会有一些不准的，比如水渠会被拍进去，但是它不能说是承包地，而是基础设施。

龙支书：我们那里的水沟也拍进去了。已经找了测量承包队，说那个不算，要改过来。

严教授：我认为，确权包括心理确权和物理确权两个部分。物理确权就是航拍、GPS 测量；还有就是心理确权，比如人们想动还是不（想）动。

龙支书：1996 年政策规定要动，但是我们这边没动。

严教授:1996、1997 年全国很多农村都小动了一次,因为是二轮延包。

龙支书:我们自治州有自治政策,所以不动。

严教授:你们可能是向贵州学的,他们那次就没有动。

龙支书:中央有"增人不增地,减人不减地"的政策,(自治州的)大框政策是符合(中央)的,他就不如不动了。

严教授:他可能也在猜中央政策,现在又面临三轮承包,估计在 2027 年。

龙支书:这一次确权也没动。

严教授:这一次是物理确权,就是说以前量的不准,现在再给量一次。这和心理确权不能混在一起谈的。

龙支书:确权以后对我们老百姓有好大的利啊?

严教授:首先,要让老百姓对土地面积有个清楚的认识。其次,政府的补贴都是按面积来算的,所以必须清楚面积。比如中央直补,如果面积搞不清,那怎么补?

龙支书:这个不多啊。

严教授:这个是变的,现在是不多,以后多起来怎么办?

龙支书:原来"出工分",都在河边开荒,后来不种之后都荒了。

严教授:所以要把它搞准,一个是物理上搞准,弄清楚面积有多少,另一个就是心理上搞准,比如你家两亩四,他三亩四,你要服气,不服气也是不准的。

龙支书:我再讲也是没有用的。我讲我一个人有一亩多,那我们这个组就超额了,反正按事实说话。

严教授:事实是怎样就是怎样。因为中央、地方的政策还是要按实际情况来的,如果不清楚这些情况,政策就会不准,老百姓就会不满意。

第二部分:访谈新科村三组农户

对话人:

严小龙:湖南师范大学公共管理学院、湖南师范大学科学社会主义研究所教授、湖南师范大学县域发展研究中心、湖南师范大学乡村振兴研究所(筹)

教授,以下简称严教授。

龙大爷:70 岁,新科村三组村民。

龙二先生:新科村三组村民,龙大爷二儿子。

果园管理者:新科村三组村民,现为新科村某私人果园管理人员。

时　间:2017 年 7 月 8 日下午。

地　点:花垣县麻栗场镇新科村三组该农户家里。

严教授:您贵姓?

龙大爷:姓龙。

严教授:您今年高寿?

龙大爷:七十了。

严教授:您家现在有几口人?

龙大爷:五口人。

严教授:他们的户口都在这里吧?

龙大爷:都在这里。我、我老伴、小儿子、小儿媳和一个孙子

严教授:您有几个儿女?

龙大爷:有两个儿子两个女儿,两个女儿嫁出去了。

严教授:另外一个儿子呢?

龙大爷:打工去了。

严教授:那您家就不止五口人吧?

龙大爷:分了家就只有五口人,不分家有九口人。

严教授:另外四个分别是哪几个呢?

龙大爷:大儿子,大儿媳,两个孙子

严教授:家里有多少水田?

龙大爷:七亩。

严教授:这个数字是现在的吗?

龙二先生:现在没有了,修路占用了 4 亩多。

严教授:那这个数字是什么时候的?

龙大爷:还没有修路的时候有这么多。

严教授:什么时候修的路?

龙二先生:前两年开始修的,当时就占去了一亩多。

严教授:你们是几组?

龙大爷:三组。

严教授:我听说你们这里的生产队合并过?

龙大爷:五队和六队合并成现在的三组。

严教授:据我所知,合队是没有动地的。

龙大爷:没有动。

严教授:你们第一次分田地是在哪一年?

龙大爷:(19)80年。

严教授:1981年重新分过吗?

龙大爷:没有。

严教授:后来调整过吗?

龙大爷:一直没有调整过。

严教授:1980年分地是怎么分的?

龙大爷:按队上的人数。

严教授:你们家当时分了七个人的地,是哪七个人?

龙大爷:我父亲、我、我老伴以及四个小孩。

严教授:人均面积有多少?

龙大爷:水田旱地都一样,每人一亩。

严教授:那你们比其他组(队)要多一些。

龙大爷:多一些。

严教授:那林地呢?

龙大爷:那就不知道了,林地没有测量,随便估计的。

严教授:你家的田地被征用后给赔偿了吗?

龙二先生:修路没有补偿,家家户户都被占了一点地,都没有补偿。

严教授:这个路是村里修的吗?

龙二先生:村上修的,路以前就修好了,现在又加宽了而已。

严教授:你们当初分田的时候,是否把田分了类?

龙大爷:分了三个类型,一等、二等、三等。

龙二先生:三个等级的田都是平均分配的,也就是说,一等田家家有,二等田家家有,三等田家家有,只是总的面积不变。比如一等田该分得两分就是两分,不会多也不会少。所以当初分完后,水田被划成一小块一小块的。

严教授:是不是把全组(队)的田分成三个等级,每个等级有多少面积统计出来,再除以全组(队)的人数,然后通过这样的方式均分?

龙二先生:对,就是这样,很公平的。

严教授:那么就会出现一个结果,(每家的承包地)在这有一点,在那有一点。

龙二先生:对,变成一小块一小块的,一亩地划得很小。

严教授:有些田地(的面积)只有一点点,你们怎么种呢?

龙二先生:分好之后,(我们)自己又调整,比如我家的(承包地)面积和你家的(承包地)面积差不多,但是离你家近,我两家就换了。

严教授:这个叫"互换"吧,是分田之后户与户之间的自发行为。

龙二先生:对,差不多,不管一等、二等直接换,但是只有(家庭关系)很合得来的才换得成。

严教授:其实就是分为两个步骤:第一是严格的按公平来分,第二就是户与户之间自主协调。

龙二先生:是的。

严教授:(你们)反正就是要公平,要平均。

龙二先生:我也听说别的地方有按产量来分的,比如分的地差(贫瘠)了,那就多给一点。

严教授:对,很多地方是按产量分的。另外,有一个事想确认一下,1980年分田到户以后,组上、村上以及政府有没有要求你们动过地?

龙大爷:没有,分好了就没必要动了。

龙二先生:一等、二等、三等大家都很平均,就不要动了。

严教授:你们家现在还有多少土地?

龙大爷:水田三分六,旱地要多一些,当时分了七亩旱地,(修路)用不到那么多,现在旱地还有六亩多。

严教授:这么多年没动地,你们觉得好不好?

龙二先生:这个讲不好。如果真正要动的话,肯定比不动要好。

严教授:按你家现在的人口算,如果动地,你家会再进田吧?

龙二先生:动比不动好,按人口可能要多分,但是如果组上把土地回收之后又分不出那么多,所以(是否进田)就不肯定。(表面上)看起来要好一点,到底好不好就不清楚了。

严教授:你讲的不好说,是不是指你家人口变动和土地变动的权衡关系,动地之后,如果还要进地,你就愿意,如果还要出地,就不愿意?

龙二先生:我就只能进地,不能出地。

严教授:现在你们这里有没有家庭人口很多,但是地很少的情况?

龙二先生:现在(好像)很少了。

严教授:到底有没有?

龙二先生:(我们组上)没有,其实现在是很平衡的。因为家里有老人去世,又有小孩出生,有嫁出去的,又有娶回来的,所以相差不大,最多相差两个人的面积,在我心里感觉是平衡的。

严教授:基本是平衡的?是不是人口的变动自动产生了平衡?

龙二先生:是平衡的。以前人少的(家庭),现在也没有增加多少(人),最多增加一个。现在出现征地的情况也不多。

严教授:你们组上有没有征地的情况?

龙二先生:没有。

严教授:(你反映的)确权问题基本清楚了。那么流转呢?你们家的水田和旱地都是自己种吗?

龙二先生:水田都是自己种,流转的都是旱地。

严教授:流转了多少?

龙二先生:基本流转得差不多了,连荒地都开发了。

严教授:你们分地时还有荒地吗?

龙二先生:荒地就是里面没有树的地,当时按林地算的。(如果把荒地)算作旱地的话,一起流转了十多亩。

严教授:怎么算钱呢?

龙二先生:我爸签的合同,我也不清楚。

龙大爷:水田 500 元一亩每年,杂土 400 元一亩每年。

严教授:你租了别人的水田没有?

龙大爷:没有,我们种自己的水田。

龙二先生:他(龙大爷)还种了人家的地。

严教授:你种了人家多少地?

龙大爷:大概有六七亩(种烟草)。

严教授:你付钱了吗?

龙二先生:不要钱,如果要钱就不会种了,人家出去打工了,地又没人种,给我们(免费)种。

严教授:(向果园管理者提问)你的老板是哪里人?

果园管理者:花垣县的,原来他在农行工作,现在不干了,就做生意。

严教授:他家里是农村的吗?

果园管理者:他家里以前是开矿的,后来不做了,就来这边搞开发。

严教授:他现在在这边流转了多少土地?

果园管理者:一千来亩。

严教授:主要做什么用?

果园管理者:种黄桃。

严教授:有哪些(类型的)地?

果园管理者:旱地、水田,都有。

严教授:水田有多少?

果园管理者:大概有一半。

严教授:(占用水田)的比重比较大啊。你们是哪一年开始种的?

果园管理者:2014 年开始种的。

严教授:经过三年的时间,黄桃的收益好不好?

果园管理者:前几年结的果比较少,今年结的就比较多了。这种桃树三年才开始(大量)挂果。

严教授:现在还是投入期,还没到盈利期吧?

果园管理者:要到今年年底才知道效益。

严教授:你们流转土地,和农民签了合同吗?

果园管理者:签了。

严教授:签的是书面合同吗?

果园管理者:是书面合同,不是口头合同。

严教授:你们是直接和农户签还是和村里签?

果园管理者:我们是和农户一户一户签的,农户、村里、乡政府和公司各有一份合同。

严教授:你们在和农户签合同时,村组充任什么角色?

果园管理者:村组干部组织的,帮助我们签。

严教授:也就是说,你们是由村到组最后到农户的形式来签的。既然是村组在组织,他们收了报酬没?

果园管理者:不好说。

严教授:租金是多少?

果园管理者:一样的,水田 500 元一亩每年,杂地 400 元一亩每年,5 年以后每亩加 200 元。

严教授:那再过 5 年是否还加 200 元?

果园管理者:不加,合同上规定就加一次。

严教授:你们(和农户)签了几年合同?

果园管理者:30 年。

严教授:从什么时候算起呀?

果园管理者:从 2014 年。

严教授:你们有没有考虑过一个问题:三轮延包是在 2027 年,你们签了 30 年就意味着超过 2027 年了。

果园管理者:(含糊地没有回答)。

龙大爷:有三句话,第一次 15 年不变,第二次 30 年不变,第三次永久不变。

严教授:(最后一句)是长久不变,但长久不变和永久不变是有差异的,现在就是不知道"长久"是多久。

龙大爷:怎么讲都一样,做了很多工作,最后也一样。

第三部分:访谈新科村二组龙先生

对话人:

严小龙:湖南师范大学公共管理学院、湖南师范大学科学社会主义研究所、湖南师范大学县域发展研究中心、湖南师范大学乡村振兴研究所(筹)教授,以下简称严教授。

住家龙桂长:53 岁,新科村二组农民,以下简称龙先生。(龙姓为村中大姓,这里很多村民都姓龙。)

日　期:2017 年 7 月 8 日晚上。

地　点:花垣县麻栗场镇新科村该农户家里。这个访谈是在他家一起吃晚饭时完成的,当晚调研小组就住在他家里。

严教授:你家现在有几口人?

龙先生:九口人(包括夫妻两口、三个儿子、两个儿媳、两个孙子)。

严教授:他们的户口都在这里吗?

龙先生:大儿子有工作,所以户口迁出去了。小儿子考上县里公务员,户口也迁出去了,另外大媳妇的户口也没有迁过来。

严教授:孙子呢?

龙先生:他们的户口在这里,两个孙子是二儿子的。

严教授:也就是有六个户口在这里。你们是哪年分的地?

龙先生:1981 年。

严教授:你家当时有几个人分地?

龙先生:我们三兄弟以及父母五个人的田地。

严教授:你是哪一年结的婚?

龙先生:1986 年。

严教授:当时的五个户口总共可以分得四亩水田(人均 0.8 亩),旱地呢?

龙先生:旱地只有三亩。

严教授:那个前支书说是人均一亩。你们是一个队吗?

龙先生:是一个队,但是我们的(旱地)没有人均一亩,只有六分。

严教授:1981 年分田到户之后调整过土地吗?

龙先生:没有调整过。分家之后,水田我拿了一亩五,旱地我拿了一亩。

严教授:你们是户内分?

龙先生:是的,我和我二弟分,三弟有工作就不需要了。

严教授:那你(指女主人)有没有分地?

龙先生:她没有。

女主人:我们建房占用了三分,现在只有一亩二。

严教授:你们两兄弟分田,你分一亩五,你二弟就是分两亩五?

龙先生:他分了两亩五。

严教授:这是你父亲定的?

龙先生:是的,父母在世时就定好了,我分家了就要少拿点,父母还要吃饭。

严教授:也就是你父母跟你二弟一起生活。

龙先生:是的。

严教授:那你二弟分了两亩旱地?

龙先生:对。

严教授:你觉得现在不在外面打工,在家种地会怎么样?

龙先生:那就养活不了家里人了。

严教授:这里种一季水稻也就是一千斤粮食,就意味着必须要有农外收入。

龙先生:对。

严教授:你觉得以后土地是再分一次好,还是一直不动好?

女主人:肯定是重新分一次好啦。

龙先生:三十多年了,土地应该重新分一次,才能公平,中国人讲究"耕者有其田"。

严教授:你觉得一定要动?

龙先生:对,要保证基本口粮。种别人土地不好,土地还是别人的。现在有的人家子女多了,(就种别人的地),但感觉就像过去地主老财一样把土地送(租)给他们种(一样)。送(租)给他们种只是暂时的,他种不了就借给你种,但是种子补贴、粮食补贴都是别人拿的,种地人拿不到。这是不合理的。

严教授:你认为不合理?

龙先生:是啊,他不种也有这个补贴,我们帮他种却得不到。

严教授:那么,你是赞成动地的?

龙先生:那是一万个赞成的。

严教授:有些村民就觉得动不动无所谓。

女主人:有的人占有的面积多,就不愿意动。

严教授:你对土地确权有什么看法?

龙先生:在湘西,没有什么厂子,除了耕地,也没其他的。年纪大了不能出去打工,只能依靠土地,有些人(外出打工)田地放荒了,有些人没地可种。放荒了也是他们的,不会让其他人种,你就不能动他的。

严教授:因为承包权在他那里。

龙先生:土地应该要动,人人要平均。我们国家人口多,田地应该不能放荒,不管是哪一层、哪一家。(如果)放荒,国家就可以没收,这样才合乎道理。放荒之后,产量就没有了,会影响到其他人吃饭。钱再多,纸票子是进不了口的,还是要粮食。保住粮食,就是保证了国家的平安。老话说"军中无粮,千兵逃散;家中无粮,妻离子散"。

严教授:我们在其他地方调查时,很多人也有一些想法,但你的想法很明确,就是要调整土地。

龙先生:应该重新调整,我们小的时候听老人说过,五年一小动,十五年一大动。到现在三十多年了,一直没动。也许其他的地方在动,但我们一直没动过。

严教授:很多地方在1996、1997年小动过一次。

龙先生:我听说过,但没见过。

严教授:你们这个地方和贵州有点相似,他们就是一直没动过。

龙先生:我们这地方田地少,有的出去打工或者在外工作的,他们反对动地,保留着土地,老了以后还可以回来种。当官的不让动,下面的人就没办法了。

严教授:如果要动,你认为动得了吗?

龙先生:难度很大。田地少的占一半人,田地多的占一半人。有些人有其他经济收入,他就不想动;有的经济收入少的,就想动也就动不了。

严教授:你估计一下,你们村上、组上支持动地的和支持不动地的各占多少?

龙先生:支持的占五分之二,不支持的占五分之二,中立的还有一些。

严教授:(这个比例)是村里还是组上的?

龙先生:组上。有的人不管这些就是属于中立的。你"动"他不管,"不动"他也不管,就是不表态。还有一些人不同意,因为他占得田多,比如,有五分之三的(人)田地多,那他就可能不动,有五分之二的(人)田地少,那就认为还是要动一下,有的人田地合理,他就认为"动"也好,"不动"也好,两边都不支持。五分之二支持,五分之二不支持,还有五分之一中立。

严教授:这样看来,你认为动不了。

龙先生:对。

严教授:如果政策支持动呢?

女主人:政策支持动,那他们就没办法了。

严教授:你的意思是,就看政策站在哪一边了,政策支持动,那就动。不过就目前来看,政策是支持不动的,"生不增,死不减"政策还在用。

龙先生：也就需要你们深入全国农村找到原因。

严教授：很多地方都有"死结"，好像没办法解决。但说到底，中国没有"死结"，就看高层下不下决心。

龙先生：（如果）全国都有你们这些人去搞清楚，那国家就会清楚很多。

严教授：国家领导人有很多事要处理，所以很多时候需要有做研究的人去熟悉情况，再反映上去。现在有些情况还是不太清楚的，比如：人口在变动，土地也在变动，如果不动土地，就会导致不平均。要"平均"是有道理的：集体所有制决定了我们要（实现）平均，这是入了宪法的，是制度要求。我们还有承包制，也有承包法，但承包法只是下位法，它应该服从上位法。政策现在为什么想不动呢？原因很多，有一个原因，就是研究者发现农民在调地时，矛盾越闹越大，所以干脆不动。但是近年来的调研发现，即使不动，农民也有意见，这样的意见也可能（会）越来越大。

龙先生：有些人也有意见。

严教授：还有一个不动的原因，就是农村土地要实现市场化。如果经常动，就没办法交易。我个人认为农村土地可以实现不动，但不是在户上不动，而是在组上不动。你们这个组是两个队合并的，但队上的土地没动。其他地方合村时，组上的土地也是不能动的。证明土地可以在组上不动，也就能为（土地）市场化创造条件。如果放在户上不动，至少家里"人多地少"的就有意见，难以服众；如果放在组上不动，那么所有（农户）就都没办法反对。这种理论上的推论，既符合宪法要求，又符合农民意愿，还符合市场化发展，所以符合这三个条件的方案还是有的。

龙先生：农村人就是要吃饱饭，吃饱之后才不会闹事。

严教授：土地承包期限到后，如果土地不再重新调整，你认为农村会闹事吗？

龙先生：不会。现在有厂子，好多人都可以出去打工，可以维持生活。

严教授：你倒是很清楚。

龙先生：现在湖南、四川、贵州可以说是全国外出打工大省。如果农村人不出去打工，那些厂子就遭殃了。

严教授:还有江西。

龙先生:对。小时候吃不饱饭,"天宽地窄",叫小孩努力读书,要走出去。闯不出去,在家搞什么!

严教授:你现在就你二儿子在家吧? 你家老大、老三都出去了。

龙先生:对。

严教授:(你们公司的)老板流转了多少田地?

龙先生:一千多亩。

严教授:他种什么?

龙先生:种桃树,也有一部分种烟草。

严教授:果园的盈利情况怎么样?

龙先生:桃树,种了两三年了,现在结的比较好。

严教授:听说三年才挂果?

龙先生:黄桃是三年挂果,他是 2014 年种的苗,今年正好是第三年。所以,今年果子比较好看,明年就是盛果年(丰产年),今年可以产 20 万斤。

严教授:这个桃子卖多少钱一斤?

龙先生:去年刚结果,不大好吃,所以没有卖,送给大家吃。

严教授:我在四川的一个同学,前几年叫我去看了他们那里的"胭脂桃"。

龙先生:我们的黄桃肉是黄色的,又脆又甜,味道比较好。

严教授:这个苗在哪里买的?

龙先生:湖南祁东。

严教授:当时买的时候,苗有多大?

龙先生:60—70 尺。当时买回来后,公司种了一千亩,每亩 33 株。而且给每家分了三株苗,就是说,(希望)以后(村民)不去搞(偷)公司的(果子)。

严教授:他是请人栽吧?

龙先生:请人栽,请人管。

严教授:栽树时怎么算工钱?

龙先生:每人每天 60 元。

严教授:(公司给每家发了三株苗),每家都种了吗?

龙先生:都种了,但是我们的没有公司种的好。

严教授:为什么?

龙先生:农民不重视,也不懂得管理。公司一年上三四次肥,我们(农户)不上肥。在不同时期要施肥、打药,还要选果,每株树 80—100 颗果,多余的摘除,我们(农户)不懂这些。十八洞村也种黄桃,但没我们新科村的好,也是因为他们管理技术不好,自己栽,自己管,不请技术员,我们的管理技术要好些。

严教授:现在技术很重要,没有技术是不行的。还有,你们这里存在大规模流转水田的吗?

龙先生:有,他今年下了一千五百斤稻种。

严教授:他流转了多少亩?

龙先生:不清楚。

严教授:能不能估计一下?

龙先生:(通过稻种计算)三斤种一亩,那就大概有五百亩,有的他还用来养稻花鱼。他可能有项目,有国家补贴。真正来讲,祖祖辈辈做农民,租人家田地是不划算的,赚不了钱。现在他们租田是 500 元一亩每年,平常都是请人种。

严教授:我来的时候,有人说你们这里在搞田地确权,搞 70 年不变。你们这里搞航拍你知道不?

龙先生:不知道,我每天很晚回来。

严教授:确权呢?

龙先生:确权知道,但没有听说 70 年不变。

第四部分:新科村村口的访谈

对话人:

严小龙:湖南师范大学公共管理学院、湖南师范大学科学社会主义研究所、湖南师范大学县域发展研究中心、湖南师范大学乡村振兴研究所(筹)教授,以下简称严教授。

麻先生:73 岁,新科村一组村民,原村会计。

龙 A 先生:51 岁,新科村二组外出打工返乡村民。

龙 B 先生:34 岁,新科村二组本地打工轮休村民。

时　间:2017 年 7 月 9 日上午。

地　点:花垣县麻栗场镇新科村村口商店。

严教授:你家有多少田?

麻先生:两三亩。

严教授:是几个人的田?

麻先生:两三个人的田。

严教授:你家不止两三个人吧?

麻先生:原来分到户时就是两三个人,现在就多了。

严教授:现在有多少人?

麻先生:现在有五六个,还有一些出去了。

严教授:那户口在这儿的有几个人?

麻先生:六个。

严教授:那你家的人口增加了。

麻先生:人口增加了,田没增加。

严教授:你觉得这样好不好?

龙 B 先生:只有三个人的地,六个户口怎么分。

龙 A 先生:他(指麻先生)还算好的,他(指龙 B 先生)家更困难。

龙 B 先生:我家有七口人,现在只有八分地。

严教授:你是指人均八分吗?

龙 B 先生:不是,当初分下来的时候(总共)就只有八分。

严教授:你家七个人都有(本村)户口吗?

龙 B 先生:都有。

严教授:也就是说,原来分地时就只分了一个人的田?

龙 B 先生:对,就我父亲一个人的。

严教授:你还有兄弟姐妹吗?

龙 B 先生:有两个。

严教授:你们(龙 A 和龙 B)是几组的?

龙 A 先生:(我们是)二组的。

严教授:像你们这种情况,村里多不多?

龙 B 先生:多咧。

严教授:那你怎么想的呢?

龙 B 先生:没有吃的,就只能出去打工啊。

严教授:你觉得需要重新分,还是就这样下去算了?

龙 B 先生:重新分(当然)是最好的。

严教授:那你觉得重新分可不可能呢?

龙 B 先生:不可能。

严教授:为什么呢?

龙 B 先生:上面说要分,那么就分;上面说不分,(我们)也就算了。

严教授:听上面的?

龙 B 先生:对。

严教授:从内心来讲,你觉得分(调整)公平,还是不分(调整)公平?

龙 B 先生:重新分肯定要公平一些啊,如果不分,我就只能打工(买粮食吃)。

龙 A 先生:现在好就好在可以打工,要是不能打工的话就只能饿死。

麻先生:有的家庭以前分到户时得了七八个人的田地,现在就只剩(下)一个人了,他就享受(了)七八个人的地。

严教授:有没有这个情况?

龙 A 先生:这个情况多。

麻先生:他一个人享受那么多的田地,他吃不完,也种不完。

严教授:你们这个组有几户(是这种情况)?

麻先生:有好几户。

龙 A 先生:还有家里一个人都没有了,就把家里的田土送给了同族。

严教授:这种情况有多少户?

龙 A 先生:也多。

严教授:到底有几户啊?

龙 A 先生:每一个自然寨都有那么几户。

严教授:那你们这里的寨是什么?

龙 A 先生:就是村民小组

严教授:每一个村民小组都有(这种情况)吗?

麻先生:都有。

龙 A 先生:还有的家庭全部农转非了,户口全部转出去了,但是他们还有土地。

严教授:是你们组的吗?

龙 A 先生:(每个组)都有。

严教授:讲具体一点,你们组的这种情况有几户?

龙 A 先生:我不清楚,我也是打工刚回来。我舅舅(麻先生)知道,他以前是会计。

严教授:他们也把土地送给了同族吗?

龙 A 先生:没有送,租给别人了。如果家里全部都是女儿,她们全都嫁出去了,最后自己也死了,家里没人了,那么他们的土地就会送给同族。

严教授:哪个组有这种情况?

龙 A 先生:一组就有。(还有)当时分地时,有的家庭人口比较多,可能有好几个女儿一个男孩,他们分了七八个人的地,后来(女儿)都嫁出去了,老人也去世了,最后他一个人享受七八个人的田。他(龙 B 先生)家的情况就相反了,以前只有一个人分地,但现在他有两兄弟(而且)都结婚有小孩,一个人的田地就要养六七个人。

严教授:(向麻先生提问)你们这里的直补有多少钱?

麻先生:没有多少,几十块钱(含糊地没有回答)。

严教授:你(龙 B 先生)现在在哪里打工?

龙 B 先生:在县里面做小工。

严教授:多少钱一天?

龙 B 先生:150 元每天。

严教授:管饭吗?

龙 B 先生:只管一餐。

严教授:地方不同就会不一样,衡山那边是 180 元每天,管四餐饭。

龙 A 先生:(我们这里)多数是管两餐饭,做工是三餐。

龙 B 先生:你们过来是登记这个的吗?

严教授:我们是来调查人口和土地的。

龙 B 先生:那就实话实说,(最好)到时能让我也有点土地。

严教授:你(家)的情况是,过去人少地少,现在人多地少了。

龙 B 先生:对。

严教授:你怎么看(这件事)?

龙 B 先生:肯定不公平,家里人都要吃饭,肯定要土地。

龙 A 先生:他家穷得都不像样了,他出去打工还能找到媳妇,他弟弟上个月才找到媳妇。

严教授:你是哪年结的婚?

龙 B 先生:2008 年。

严教授:你有几个小孩?

龙 B 先生:一个。

严教授:你弟弟什么时候结的婚?

龙 B 先生:今年结婚。

严教授:你们俩(指龙 B 先生两兄弟)户口都在这里吗?

龙 B 先生:都在。

严教授:那你们家里有哪些人?

龙 B 先生:有很多,我、我老婆、我小孩、我弟弟、弟媳还有我父母。

严教授:你老婆和你弟媳的户口也迁过来了吗?

龙 B 先生:迁到这边了。

严教授：他们是哪里人？

龙B先生：我老婆是我们村的。

严教授：那么她也没有地吧？

龙B先生：没有。小孩现在越来越大，几乎每天都要买吃的，家里压力有点大。

严教授：你现在种田吗？

龙B先生：不种，(因为)没田种，只有八分田，我老爸自己种。

严教授：那租了别人的田种吗？

龙B先生：没有。

严教授：你们可以租别人的田种。

龙B先生：租人家的田也是帮别人种，(土地承包权)也不是自己的。

严教授：收成是你的呀。

龙B先生：收成是我的，但(如果)人家不愿意让你种，就(可以随时)不给你。

麻先生：我们农村的土地起伏(变化)太大了，以前人少地少的，现在(变成)人多地少了；以前人多地多的，现在(变成)人少地多了。

龙A先生：我们跟村里面的领导反映了一些情况，希望出台相关文件，哪一家人有人去世了、出嫁了或者农转非了，他们的土地就回收到组上，把这些土地分给那些因结婚进来的人或新出生的小孩。村干部说，这些事他们也想做，但没有中央文件，他们也就没法做。还有一个情况，我们这边搞美丽乡村建设，有些人家里只有那么一块田，但是修路必须占用这块田。如果让(出来)，那么他家就没田了；但如果不让，路又修不了。像这种情况也只有通过流转组上的其他田地来给他，这样既可以修路搞建设，他(家)也不至于没地可种。(不过)，现在娶媳妇进来也不怕没地种，因为到你家里来，没田土(种)，还可以跟你去打工。我还要反映一个情况，以前有的人家里确实比较穷，父母年纪大，而且小孩多，因此他们享受了低保。但是30多年过去了，现在他们的小孩也大了，劳动力也多了，有的家庭已经脱贫了，甚至比以前富有的人还要有钱，但他们依然享受低保。(相反)，以前有些人

273

家劳动力多又年轻,但现在却比他们(过去的贫困家庭)差了,(还)无法享受低保。

严教授:(你讲的这个情况是)几组的?

龙 A 先生:每组都有,大家都知道。

严教授:我们需要具体一点。

龙 A 先生:这个你知道的,别人如果知道了就会说哪些人在说我,远远看到了就会骂我。(所以)这个情况只能反映到这里,但我不是瞎说的,百分之百有。

严教授:你不方便说也没关系。

龙 A 先生:因为贫困是变化的。

麻先生:我都没享受,低保、扶贫(的事)我都没说什么。

龙 A 先生:他(麻先生)以前是贷款修房子的,他父母两个人还都是残疾。在村里已经评了可以享受(低保),但后来(工作组)一句话:你有楼房就不给了。像我爸妈,那时我家也是贷款修的楼房,还是买的指挥部老房子修的。我爸妈还说找工作队,我说你不要找,没用的。

严教授:这个应该有个标准吧,就是具体明确(什么是)贫困的标准,根据这个标准来评就可能比较公平。

龙 A 先生:现在他们做低保工作也有问题,有些人享受低保之后,又享受了其他优惠(扶贫)政策,有一家人享受了三个(扶贫)政策。国家的政策是好,但(每家)享受一项就可以了,其余的(名额可以)分给其他人。

麻先生:他们就是通过各种手段搞国家的钱。

严教授:那他们是怎么评上的?

龙 A 先生:村上评的。

严教授:那还是你们村里自己评的啦。

龙 A 先生:我们在外打工刚回来,也不想看到这些事。

严教授:那村务不公开吗?

龙 A 先生:前几年没有认真对待这些事,(所以没有公开)。现在工作队进来后也没有完全公开,有些能公开,有些不能。在农村做工作是很难的,一碗水端不平。只有那些有能力的、心里想做点事的人当选,才有可能(端平)。

严教授:你们村委换届选举,竞争激烈吗?

龙A先生:还是很激烈的。

严教授:就是说,有很多人想做?

龙A先生:有能力、有本事的人不想做这件事,(而)没本事、没能力的想做。(因为通过村委会可以)钻空子,占国家便宜,所以想搞这个。但村民不会选这些没本事的人,能够为老百姓做实事的,老百姓才会选。

严教授:你刚才讲有能力、有本事的人不想做村干部,然后又讲村民不会选那些没本事的人,这两者不是有矛盾吗?

龙A先生:我是说做村官的都是老百姓选的,都还可以。我是说有的人想钻空子,这些人也是有的,但老百姓不会选他们。

严教授:也就是说,现在选出来的村干部老百姓还是认可的?

龙A先生:相对认可。

严教授:你认为选出来的这些人有能力吗?

龙A先生:这一届才上任两个星期,还看不出来。

严教授:那过去的呢?

龙A先生:马马虎虎,工作队进来之后好一点。

严教授:有能力、有想法的不愿做,是不是?

龙A先生:有一个想做,也有能力。他以前在矿上那边做法人代表,但是矿山出事了,死了人,不是他的(直接)责任,但因为他是法人代表就有连带责任啊,所以就被取保候审了,最后就陷在那里了。还有,比如你家里以前在马路边有块地,有人来买你家马路边的地修房子,你就卖了。现在你再去分那些没有卖地的人家的土地,人家肯定不答应。

严教授:用农地建房,政府是怎么处置的?

龙A先生:在政策没有那么紧的情况下,政府也没有人去找他们。现在房子已经修起来了,不可能把房子推平恢复农田。如果要推平,那也是要出问题的。我在和别人闲谈时听说,假如国家要重新分田,他家该分几亩还是几亩，比如分五亩下去，你之前卖了一亩，那么现在就只给你四亩。

严教授：办法总比问题多，这也是一种可能吧。

龙A先生：这个我们就不知道了。

9.民跃合作社访谈音录

对话人：

严小龙：湖南师范大学公共管理学院、湖南师范大学科学社会主义研究所、湖南师范大学县域发展研究中心、湖南师范大学乡村振兴研究所（筹）教授，以下简称严教授。

龙明跃：44岁，麻栗场镇各鱼村四组村民，湖南省明跃现代农机专业合作社理事长。

日　　期：2017年7月9日下午。

地　　点：湖南省花垣县城湖南省明跃现代农机专业合作社门店。

严教授：你在搞农业合作社吗？

龙明跃：对，叫湖南省明跃现代农机专业合作社。

严教授：你现在除了搞农机，还搞种植吗？

龙明跃：肯定搞种植。

严教授：那你现在流转了多少田？

龙明跃：八百多亩。

严教授：（合作社是）怎么个合作法？

龙明跃：主要投资人是我，社员主要是入股。

严教授：合作社的社员都是村民吗？

龙明跃：不局限于村民，花垣县的都可以加入，唯一的条件是要有基础，搞现代农业不比传统农业，需要一定基础。（期间，拿出相关资料给我们看）。

严教授：这份资料上的"托管"和流转有什么区别？

龙明跃:"托管",意思就是他种田,我服务,比如我来给他打田(耕田)、打谷子,他给我付服务费。像这种服务,现在有一万多亩。流转就是我来种他的田,给他付租金。

严教授:(托管)一亩多少钱?

龙明跃:全套服务一亩450元,收益权在他。

严教授:那流转呢?

龙明跃:500元一亩每年。我是从2008年开始做这个农业的,期间失败了好多年(次)。后来我就想,中国的农业发展在于机械化,没有机械化就不能提高生产力,劳动力成本就必然很高,就没有附加值,那么企业就不能生存下去。去年,我们创业者协会在长沙搞了年货节,展示了社员种的本地大米。湘西有几十家企业参展,有两家是种米的。我印象最深的是十八洞村,那里的老百姓也种米,包装之后就在那里卖。我没有(他们那种)包装,自己就搞个布袋,就用那个装米。当时我打(提供)了一千斤米,别人卖米,我就送米,(免费)送给人家品尝,如果好,可以打电话给我。当时,长沙中铝集团的老总就在那里,一个星期以后就和我联系了。(不过),下一步我们企业(该)怎么走,需要上面布局一下,但县农业局对我们不闻不问。

严教授:我们是搞农村发展和农村政策研究的,现在关注农村土地确权问题,尤其是农地。你的委托、服务都涉及到农地权利问题。

龙明跃:权利都是老百姓的。

严教授:你说的八百多亩,是流转的还是委托的?

龙明跃:流转的。

严教授:委托的(土地)有多少?

龙明跃:一千亩。

严教授教授:这两个(委托和流转)不交叉吗?

龙明跃:不交叉。

严教授:流转的加上委托的土地有一千八百亩?

龙明跃:对。但是,我服务的范围有一万多亩,现在花垣县的涉农服务,比如翻地、耕地,基本都是我们公司提供。

严教授:你们还是有一定规模的。

龙明跃:是有规模。前年我们的收割机有 3 台,去年又增加了 4 台,拖拉机是 12 台,烘干机有 1 台。除了机械作业方面,托管和服务我们都可以提供。托管就是老百姓和我们签合同,我们做事;服务也是这种类型,老百姓叫我们(我们就去),比如打谷子,从这个镇打到那个镇。

严教授:服务也要签合同吗?

龙明跃:托管签合同,服务不签合同,服务签不了。

严教授:服务签不了? 可以随时议价呀?

龙明跃:有行情。比如现在打谷子,江苏、河北等外面来的要 200 元一亩,我们只要 150—180 元一亩。

严教授:服务的内容包括哪些呢?

龙明跃:开荒、深耕、起垅、收割、烘干、伐木运输等。我全部都设了(服务)点的。(给我们看服务范围的宣传海报)。

严教授:那你有哪些服务?

龙明跃:水田里的稻谷收割(是)180 元一亩,干田(是)150 元一亩,深耕的面积有七千多亩。

严教授:深耕也收费吗?

龙明跃:国家搞的(政策),53 元一亩。

严教授:国家拨款吗?

龙明跃:财政拨款,我们帮老百姓耕作。

严教授:就是这个田还是老百姓的承包田,只是国家出钱,你们去耕?

龙明跃:对,我们负责耕。现在很多种粮大户都是我们服务的,还有种烟的。

严教授:种烟? 你们怎么服务呢?

龙明跃:开荒、起垅、保护林田等。

严教授:(它们的)价格都不一样吧?

龙明跃:不一样。起垅是 50 元一亩,保护林田 150 元一亩,玉米收割 100 元一亩,复杂运输按天算,一般是 100 元一天。

严教授:你现在的主要业务是(服务)这一块吗?

龙明跃:也是,但我现在重点是发展产业。服务的主要负责人是石明方,负责调配整个公司的机器。

严教授:你现在正式职工有多少人?

龙明跃:去年是十二个人,今年增加了五个人,还要增加。公司的农业服务,有一万到两万亩,花垣县有,跨省的也搞了。吉卫镇过去不远就是贵州省,由于我们这边海拔低,所以我们打谷子时候,就从这边开始打,一直到西边的贵州。

严教授:你的第二种(形式)是托管,托管合同主要有哪些内容?

龙明跃:比如种植水稻,有多少亩,(托管的内容有)育秧、整田(耕田)、施肥、抗旱、收割等。可以选一条龙服务,也可单选或者多选。

严教授:承包权和收益权是他(委托方)的吧。

龙明跃:我只帮他(委托方)服务。全部托管是 450 元一亩,如果只是农药喷洒,就只收 15 元一亩。

严教授:托管期为五年?

龙明跃:对。

严教授:托管的面积有一千亩?

龙明跃:对。

严教授:都是在本县吗?

龙明跃:是。这种形式包括老百姓的以及公司的。比如玫瑰园就有两千多亩,一直是我们合作社服务的。

严教授:那是服务不是托管吧?

龙明跃:服务也是托管,实际上就是我们签合同,从 2013 年开始,玫瑰园从开荒到育苗、栽培都搞完了,当时的服务费是十四万。我们这里有几个大农业公司。

严教授:他们(这些大农业公司)也流转了土地吧。

龙明跃:玫瑰园流转了两千多亩,苗汉子公司有几千亩。

严教授:玫瑰园种什么?

龙明跃:种玫瑰。

严教授:你不是也流转了八百亩吗?(龙明跃给我们拿来了流转相关资料)。你这个租赁合同的期限是十五年,算是比较成熟的,很多地方都是以一年、三年、五年为期。还是(还)有别的形式吗?

龙明跃:全部都是十五年。要钱的全部都(给他们)算了钱,不要钱的就给粮食。

严教授:你现在种几种(作物)?

龙明跃:两种,水稻、油菜。

严教授:水稻种了多少亩?

龙明跃:八百多亩。

严教授:那油菜呢?

龙明跃:种完水稻就种油菜。

严教授:种几季水稻?

龙明跃:我们这里只能种一季,夏秋水稻,冬春油菜。

严教授:有没有政府补贴?

龙明跃:我到县农业局问了一下,他们说水稻有规模经营化补贴,到底是多少钱一亩,我也不知道。

严教授:就是说,你没领过?

龙明跃:没有。去年油菜种了三百多亩,目前一分钱没拿到。

严教授:种油菜也有规模补贴吗?

龙明跃:有啊,他们说 105 元一亩。

严教授:种水稻应该也有规模补贴。

龙明跃:好像也是 105 元一亩,具体多少不知道。听说有个农场有一百多亩,好像补了几百块一亩。

严教授:你是从 2008 年开始搞(水稻和油菜)的吗?

龙明跃:当时没搞这个,搞的是蔬菜,2010 年搞金银花。

严教授:你搞水稻是什么时候开始的?

龙明跃:今年才开始搞。去年我觉得合作社的业务季节性比较强,比如说这个时候我们的员工就没事可做了,因为水稻该打田的打完了,现在还不能打谷子。而种烟的也不要去打土了,机器就闲置在那里了,那我怎么办? 我想了很久,(于是)就开始搞粮油作物,它适合机械化作业,还有一点就是有保障,也就是没有卖不出去的粮食和油。(但是),2008 年我种蔬菜的时候就卖不出,如果当年是种粮食就不存在这个问题。第二个是粮食加工,卖不动我可以烘干之后慢慢卖呀,蔬菜就不一样,今天卖不掉,明天就老了,后天就报废了。

严教授:(蔬菜对)保鲜度有要求。

龙明跃:为了保鲜度,我搞了冷库这些。本来价值就不高,搞了这些之后就更没有什么利润了,亏得更厉害。我搞农业十年了,我认为搞什么样的农业都是一样,生产力解决不了,什么都免谈。

严教授:生产力解决不了? 什么意思?

龙明跃:现在就是靠生产力。比如种一颗辣椒(苗),搞得好(收成)有四五斤,这个是赚钱的。但是采收辣椒的人,在(采收)第一批果时,一个人一天可以采 300 斤,第二批一个人一天只能采 150—200 斤,管理不好时,第三批(果)一个人一天只采 50—60 斤。我们这边工人是 60 元一天,但是采第三批(果)时就没什么赚的了。

严教授:你种辣椒赚了钱吗?

龙明跃:亏了,我从 2008 年一直亏到 2013 年。我原来在玫瑰园担任总经理,2014 年我注册了现在这个公司,2016 年从玫瑰园出来(专门)经营这个公司。

严教授:你当时在那边工资多少?

龙明跃:3000 元一月,主要是个人爱好,我喜欢搞农业。

严教授:(这个工资)也不高。

龙明跃:是啊,那我也没钱供小孩读书。

严教授:在这三块(业务)中,哪一块是赚钱的,哪一块是亏损的?

龙明跃:合作社(的业务)全部都是赚钱的。

严教授:这三块总共赚了多少钱?

龙明跃:去年搞服务有 190 万收入,机械投入(花了)107.25 万,这些成本已经搞回来了。

严教授:你搞一年就把买机械的费用都搞回来了,还有几十万的利润。第二年就纯赚?

龙明跃:对。

严教授:那你现在尝到甜头了。

龙明跃:搞农业还是看到一点希望了,毕竟我亏了那么多年。

严教授:你亏损是因为搞蔬菜、金银花,种烟,现在赚钱是因为你调整了产业结构,种粮食、油菜?

龙明跃:对。也是从只搞农机(服务)转变到产业开发。今年打出来的米就是纯赚了,我今年增加了一千亩的服务范围,就是不算水稻(种植)的钱,我的机械作业也赚钱。

严教授:汨罗那边也有人搞这个(水稻规模种植),但他觉得没什么钱赚,可能是什么事都要请人,劳务费太高。你们这边的劳务成本,可能要比那边低一些。

龙明跃:不是(因为)劳务成本低。就是请 30 元一天的工人,也是亏的。因为现在的人比较懒,也比较"狡猾"。老板在的时候就出工不出力,他就是来混老板工钱的,而不会替老板着想。发展机械化就不一样,没有偷懒的情况。这就是我们现在面临的问题:(机械替代)人工的问题。没有机械化,种什么都是亏损的。比如一斤水稻按市场价是一块三角五,算起来我是亏的,但是从机械化作业来说,一亩地打 1000 斤谷子,他(土地流出户)拿 500 斤,我拿 500 斤。这 500 斤水稻种子(成本)要 40—50 元、机械油耗(成本)要 60元、肥料(成本)也要几十块,总共的成本是 200—300 元。但 500 斤水稻(可以卖到)650 元左右,还赚了 200—300 元。而且,还可以发展其他产业,比如"有机"大米,200 斤大米卖到长沙就是 3000 元。

严教授:优质大米的终端价格好像不便宜。

龙明跃:有的十八块一斤。我还有一百亩的有机栽培米,定价五十元每斤。

严教授:每斤一块三毛五是稻子的价格吧?

龙明跃:是稻子的价格。谷子打成米的成本是一毛钱一斤,(一般的)米,价格是两块三到两块五。

严教授:不论(价格)怎么样,你现在总是赚钱的。

龙明跃:我们现在搞农企的压力还是比较大的。

严教授:也就是开始的时候投资比较大,一旦投了就比较稳定了。你们这里是这两年才开始有变化的,别的地方好像也是一样。哦,你们这里办合作社的标准是什么?

龙明跃:合作社是一百亩以上,五个农民合作的就是合作社。

严教授:中国的农业还是有希望的,但是农地确权和农地流转之间还是有点矛盾,也就是人口的变化和土地的变化不平衡。比如湘西在1981年分地之后就再没有动过了,但是在全国很多地方在1981年分地之后十五年不变,到了1996—1997年的时候动过一次。后来就三十年不变,到了2027年就开始三轮承包。你们这边有一种情况,就是过去人多地多,现在变成人少地多了。怎么办? 如果确权不稳,流转就不稳,因为不能确定土地的归属。

龙明跃:我们流转都是只承认之前承包的人,只能认他。

严教授:就是只承认(有承包权的)农户。如果不动,就这么下去算了,这有利于流转和地权稳定,问题是可能有一半的农民不满意。

龙明跃:我认为,现在的农地确权要把那些死亡的和已经出嫁的人的地收回来,分给那些新出生的人。我们的土地必须要生产,但有些人把地放在那里,不让人流转,我们发展产业就会遇到困难。

严教授:你是哪里的人?

龙明跃:麻栗场镇各鱼村四组,户口在组上。

严教授:你有承包地吗?

龙明跃:有啊,我是七十年代的。

严教授:你家当年分了几份地(水田)?

龙明跃:我家是六个人口。现在我爸不在了,我和我兄弟分家,各拿一半。

严教授:(组上)人均多少?

龙明跃:我们那个组大概是(人均)两亩多。

严教授:就是说,当时(你家)分了十二亩,现在你兄弟分家各拿一半?

龙明跃:对。我有个远房的哥哥,当年分田时只分了一个人的,但现在他家有六七个人,只有两亩。我认为国家的政策要调整,要在村里建一个机构,回收土地,再分给新出生的人,这样才是公平的。

严教授:你现在几个小孩?

龙明跃:一个。

严教授:你弟弟几个小孩?

龙明跃:也是一个。

严教授:你爱人有田吗?

龙明跃:她娘家有田,这边没田。

严教授:包括你兄弟家在内,你们现在的六个人还是十二亩田。

龙明跃:我们家人口没怎么变,但是有些家庭的人口变动得很厉害。

严教授:举个例子。

龙明跃:有一户人家,两夫妻,有四个女儿,一个儿子,还有一个老爸爸,全家八个人都分得了土地。

严教授:就是说,当时他们家分了八个人的田地。现在呢?

龙明跃:四个女儿已经嫁出去,老爸爸已经死了,他的儿子已经通过考学转走了户口,现在只剩他们两个人,并且已经跟儿子进城住了,但那个(八份)承包地还在他家。

严教授:那他家的十六亩承包地是怎么处理的?

龙明跃:部分租了,剩下的放在那里荒着。

严教授:他不靠这个(承包地)吃饭吧。

龙明跃:不靠。

严教授:其他的村是不是也有(这种情况)?

龙明跃:村村寨寨都有。

严教授:你说的这个情况是哪个村的?

龙明跃:不是我们村的,但我了解他家的情况。还有一个情况,就是有户人家几口人不清楚,但是现在家里基本没有人了,一个女儿已经外嫁,其他的都死完了,但田还在他户口上。还有户人家,开始只有两口子,现在又娶媳妇,又有孙子,但是就只有一个人的土地。我认为中国的土地(占有局面)是一定要变的。

严教授:你说的"变"的意思就是要调整吗?

龙明跃:第一个是要调整,第二个就是要发展产业。农业发展不起来,搞农企的基本都是亏损的。

严教授:那你分析一下原因?

龙明跃:第一生产力太差;第二小农经济意识,没有加工概念;第三交通闭塞,信息交流不便,种瓜亏瓜;第四人为因素,自己脑袋不灵光也会导致损失。国家的政策要调整,如果有承包地不种,可以对承包户进行罚款,况且国家还有各种补贴,拿了补贴为什么又不种地呢? 如果不种,就要收回。

严教授:你听说过休耕制度吗?

龙明跃:听说过,我的农场也要那样搞。

严教授:你是怎么认识休耕制度的?

龙明跃:休耕就是一种最好的农业生产模式,休耕就是培肥,有机生产就是培肥。

严教授:你认为休耕和放荒土地有什么不同。

龙明跃:放荒就是恶意荒在那里,不是有意识的休耕。

严教授:是不是可以认为放荒就是一种休耕呢?

龙明跃:不能这样认为。因为休耕是一片一片的搞,放荒是周边的都在种,你一家不种。如果你有一百亩地,都休耕那可以。你就一小块地,休耕干什么,别人打药可以飘到你地里。

严教授:也就是没有达到休耕的效果,休耕是有条件的。

龙明跃:一定要是一大片都不种,才能叫休耕。

严教授:按我的理解,休耕还是要有组织、有统一行动。

龙明跃:但现在我们是农民。

严教授:你是新型农民,现在有政策,就是要培养你这样的农民。

龙明跃:那我搞不清楚。

严教授:很多地方搞培训班,有的地级市把规模农业的领头人组织起来去培训,我们见过几次了,但是效果怎样不知道。

龙明跃:我也参加了好多次培训班了。我认为如果要培训,就好好培训,要不就不要搞,发个证得了,还不是浪费我们时间。搞培训班必须在农闲时搞,而在插秧、薅玉米的时候,我们本来就忙,你又要搞培训班是什么意思。

严教授:他可能没有考虑到你的情况,只考虑他自己了。

龙明跃:政策培训可以搞,但要在农闲,比如秋收之后就可以搞十几天。你就搞一天没什么用啊,那是在浪费时间和资源。要搞就要搞好,不好好搞就别搞。

严教授:我们过来看到这边多是大山,怎么会有那么多水田?

龙明跃:有水就有田啊。

严教授:这边的田不是平坦的吧,你们的机械化作业怎么搞?

龙明跃:这得益于我们的农机部门,有田的地方就修建了机耕道,有一百亩良田的地方百分之百有机耕道,是政府投资修的。现在中国的农业已经处于风口浪尖了,人地矛盾比较突出,我们的土地(制度)必须要改革。而且,农村老龄化越来越严重,70后种田的人没有多少了,80后如果没什么特殊情况,根本不可能去种田,90后也不种田。所以,现在种田的50后太老,60后勉强搞一点,70后是主力军。

严教授:这里流转水田要收费吗? 多少钱一亩?

龙明跃:要收费,500元一亩。我们这里种水稻也种烟。

严教授:种烟搞了好多年?

龙明跃:一二十年。

严教授:也就是说,从90年代开始的?

龙明跃:(政府)发动起来种的。

严教授:流转土地,不管种水稻还是种烟,要不要收费?

龙明跃:要收费。

严教授:最开始收费的时候要多少钱?

龙明跃:旱地300元一亩,水田是500元一亩。

严教授:水田是近年才 500 元一亩吧?

龙明跃:前几年也是 500 元一亩。我和老百姓(签)的合同上说,500 元是最低保障,你觉得我粮食种得差,你觉得分粮食划不来,你就拿那 500 元。我前年去长沙黄花那边去考察,我想承包(流转)一千亩,那边(流转)也收钱。

严教授:那边是多少钱一亩?

龙明跃:800 块。我那里有个亲戚,他家的田是免费(给别人)种的,因为(自己)不种就要罚款。

严教授:长沙那边的农村信息比较灵敏,建设得也比较好,各个地方可能不一样。像流转收费,你们这里收 500 一亩,在湖南省来说可能算高的,湘乡高的有 600 一亩、低的 100 一亩,汨罗大致是 350 一亩。

龙明跃:我认为我们这边还是要搞新型化农业,规模化建设。(政府)一个一个地补贴到家里,什么事也干不了。我们种粮大户也是生活在水深火热之中,我们要发工资、筹农资。

严教授:你是独立经营、自负盈亏,肯定是要担风险的。在性质上和办工厂没什么差别。

龙明跃:但从国家层面来说,粮油是国家战略物资,和一般的商品是不一样的。

严教授:对,农产品事关国家安全,(政府)一直也是这么做的。

龙明跃:无粮不稳。

严教授:农业安全和粮食安全问题一直是共产党关注的重点,每年的 12 月 30 号的一号文件,粮食安全都是摆在首位的。

龙明跃:对。但是还要实施下来,上级的政策下级不实施,(问题)还是解决不好。

严教授:并不是没有认识到这些的问题,只是执行过程中可能出了问题。

龙明跃:我们去年申报的农机补贴,当时省里配套的有十五万补助我们企业,州里有七万五,县里有七万五。省里和州里的都到位了,但县里的就没到位。哦,玫瑰园在我们这边算是比较成功的,它已经改变了我们这边的传统农业。

严教授:玫瑰园老板是哪里人?

龙明跃:花垣的。

严教授:户口在农村还是在城市?

龙明跃:那就不清楚了。

严教授:他有地吗?

龙明跃:不清楚,估计是没有。以前是个矿老板,现在转型搞农业。

严教授:种黄桃那个老板和玫瑰园老板是同一个人吗?

龙明跃:不是。

严教授:用水田种果树是不是一种浪费呀?

龙明跃:我在玫瑰园做经理时,上面是明文规定水田不能动。

严教授:对,我们国家有一种政策叫"用途管制"。

龙明跃:我们有基本农田保护政策,我和黄桃老板比较熟,我不好发表意见,但他是违背国家政策的。

严教授:违背了用途管制政策。可能他不懂政策,现在就担了风险。再说黄桃可以种山上,为什么一定要种在水田里?

龙明跃:国家政策规定水田只能种水稻。

严教授:十八亿亩土地红线不能突破,农田不能随便改变用途。

龙明跃:那他种黄桃怎么办?

严教授:可能有风险。但也不一定啦,因为国家一直强调稳定承包关系。我昨天在那里问了一个管理人员,发现那个老板不关心政策。一、他的合同签了三十年,三十年不变,也就是到2027年。他是2008年签的,签三十年岂不是突破了2027年?

龙明跃:我也没有考虑那么周全,我做这个企业我不亏,老百姓也不亏。对于精准扶贫户来说,每一亩地我(给他)加一百块钱,他给我务工十天以上我又加一百块。我还帮助过那些贫困家庭的大学生。做企业也是做人,帮助他们就是贮备人才,对我企业发展也是有好处的。现在已经这么搞了,最近发工资就发了七万,帮扶的也发了一万。

严教授:你们合作社流转的土地有哪些村的?

龙明跃：新科、江堰、各鱼、新桥、沙科、马鞍山都有。

严教授：我们就说新科村，你流转了多少？

龙明跃：四百多亩，我自己测量的。

严教授：你用什么测量的？

龙明跃：GPS。

严教授：你测量的结果与他们村里原来的数字相比，有差距吗？

龙明跃：有出入，有的测出来比原来的多。

严教授：那你是按哪个数字（算钱）呢？

龙明跃：按我测出来的。

严教授：他们的田是分等级的吧。

龙明跃：那我们合作社（流转过来）不能那么分。

严教授：你流转那些田的时候，是直接和村民打交道，还是先和村里或组上打交道呢？

龙明跃：我是和农户直接打交道，组长给我引荐农户，（向农户）说明政策。

严教授：是不是说，你是先找组长，让组长带你去。

龙明跃：对。

严教授：你流转的八百亩地都是先找组上吗？

龙明跃：马鞍山那边有几百亩是先找村上的，（因为）那边村上发动我们去帮扶他们。

严教授：那组上是公益帮助还是有偿服务呢？

龙明跃：公益的。

10. 芙蓉镇王村访谈音录

对话人：

严小龙：湖南师范大学公共管理学院、湖南师范大学科学社会主义研究所、湖南师范大学县域发展研究中心、湖南师范大学乡村振兴研究所（筹）教授，以下简称严教授。

符先生：53 岁，芙蓉镇符氏酒店老板。

曾先生：芙蓉镇居民，芙蓉镇旅游公司退休员工，现在芙蓉镇内经营牛角饰品店。

田村长：70 岁，芙蓉镇某村退任村长。

日　　期：2017 年 7 月 11 日下午、晚上。

地　　点：湖南省永顺县芙蓉镇王村。

第一部分：访谈芙蓉镇饭店老板符先生

严教授：你贵姓？贵庚？

符先生：姓符，竹头"符"，53 岁。

严教授：家里几口人啊？

符先生：十二三个人（符先生两兄弟没分家）。

严教授：这里为什么叫王村呀？

符先生：以前叫王村，刘晓庆拍了电影《芙蓉镇》之后，这里就改叫芙蓉镇了。这一段全部属于芙蓉镇，上面也是芙蓉镇，是芙蓉镇新开发的地方。

严教授：老芙蓉镇在哪里？

符先生：在下面。

严教授：芙蓉镇和双桥村是什么关系？

符先生：双桥村是在芙蓉镇边上的一个村。

严教授：芙蓉镇下面有多少个村？

符先生：有七八个村。

严教授：那芙蓉镇下面还有社区吧？

符先生：现在改叫双桥社区。上面一段叫双桥社区，下面这里叫芙蓉镇，这里有河畔街、商合街，比较杂乱，附近很多村里的人都搬来这里住。

严教授：芙蓉镇的镇政府在哪里？

符先生：以前在这里，后来（因为这里）搞旅游，就搬到新区去了。

严教授：你（家）是镇上的，还是哪个村的？

符先生：我是双桥村五组的，但也住在镇上。我们两兄弟一起住，没有分家。

严教授：父母还（健）在吗？

符先生：母亲还在，父亲不在了。我有一个儿子、一个女儿，（以及）儿媳和两个孙子。

严教授：你弟弟有几个子女？

符先生：两个儿子。

严教授：你弟弟的儿子结婚没？

符先生：没有。

严教授：你家在村里还有地吗？

符先生：大部分被征收了，只剩几分地了。

严教授：那原来分地时，是在 1980 年还是 1981 年？

符先生：1981 年。

严教授：你们当时一个人分了多少地？

符先生：一个人分了八分地。

严教授：当时你家哪些人参与了分地？

符先生：我父母、我们两兄弟以及一个妹妹。

严教授:5个人。那你们家当时应该分了四亩地。

符先生:对。

严教授:后来调整过吗?

符先生:一直没有调整。

严教授:这四亩地现在还有多少?

符先生:现在总共(剩下)还不到一亩地了。

严教授:地在哪里?

符先生:在上面开发区那里。地已经被征收十多年了,只给我们支付了2.3万一亩,其他什么都没有。

严教授:那你收到这个钱了?

符先生:收到了。当时我不同意(征收),是被强行征收的。(准确地说),是(政府)经常找我们的亲戚来做工作,没办法就同意了。前一段时间又在征地,很多人都不同意。

严教授:你家(最初)征地是在哪一年?

符先生:征收七八年了,也就是2010年左右。

严教授:那剩下的地现在种什么?

符先生:以前政府号召种橘子树,现在橘子树老化了(没有完全死,但也没有产量)。可是,(被征收的)土地仍然闲置在地里。现在的征地款比以前多一点,但也是两万多。我因为不同意,所以就没有去取那个钱(征地补偿款)。那是我们的口粮田,也要被征了,又没给我们安置。

严教授:现在那几分地还在种粮食吗?

符先生:还在种。

严教授:自己种吗?

符先生:我叫别人种。他是我亲戚,我们两家的田挨在一块,我就叫他种。

严教授:你收费了没有?

符先生:没有,是免费给他种的。

严教授:他分给你粮食吗?

符先生:不要分,主要是避免田被抛荒。

严教授：你家住宅占地多少？

符先生：八百多平方。

严教授：这个地是怎么来的？

符先生：跟别人买的，都买了几十年了。

严教授：什么时候买的？

符先生：是在分田到户后买的，到现在差不多三十多年了。

严教授：那个时候好像不能买卖吧？

符先生：以前是柑橘地，转让的。

严教授：芙蓉镇现在的房子好像是经过规划之后修建的。

符先生：对，经过规划了。

严教授：什么时候规划的？

符先生：前十年。规划以前我就在这里了。

严教授：你(家)规划以前的(宅基)地(面积)有多少？

符先生：几百个平方，以前没有那么严格，现在严格了。

严教授：你们分田之后一直没有动过，有没有意见？

符先生：肯定有(意见)，田地少了吃不上饭。还有，就是征收之后，又没有什么安置，我们今后的生活没了保障，只能依靠打工、做生意维持。

严教授：你们这里有没有出现人地极端不平衡的情况，比如说某一家人很多、地很少，但另外一家人很少、地很多的情况？如果有，老百姓是怎样议论的？

符先生：这个主要看政府怎么调解。以前就已经分好了，过了几十年都没有动，老百姓肯定有意见。其他人的看法我不知道，但我的看法是：我家土地基本被征收了，现在口粮田人均不到两分，所以政府要安置我。我在开发区那边有一片柑橘地，有八百多棵柑橘树，总共才给了四万块钱。那里以前是荒山，是我后来自己开发出来的，都被征收了。现在只有八分田，地没有了。

严教授：政府给你钱了呀。

符先生：那有多少，只有几万块，我今后的生活保障都没了，不干(同意)又不行。他们经常上门做工作，天天和你说。现在(被征收的)三亩水田还闲在那里,什么也没搞,都十几年了。

严教授:(那些被征收的田地)是要做什么用的?

符先生:不清楚,好像是搞开发。(这种情况)牵涉到好几个组,不止我一家,起码有一百多户。

严教授:你们村的土地(被)征(收)了多少?

符先生:60%,总共征(收)了六个组的田,有些人家里(的田)都被征完了。

严教授:有多少得到了开发?

符先生:只用了30%—40%,还有60%多闲置了。

第二部分:访谈芙蓉镇牛角饰品店老板曾先生

严教授:你家还有地吗?

曾先生:我参加工作之后就没地了。

严教授:大概是什么时候?

曾先生:大概是七十年代。这条街道上的人家,土地都被征收了。

严教授:这里有几个街道?

曾先生:两个街道,一个是上河街,一个是河畔街。

严教授:土王庙那边呢?

曾先生:那边是一个组。他们那边是村,这边是街道。

严教授:两边不一样吧。

曾先生:不一样。

严教授:那边有几个村?

曾先生:不清楚。河对岸就是古丈县,这边是永顺县。

严教授:七十年代你就在这里吗?

曾先生:是啊,我是这里旅游公司的(员工)。

严教授:原来(七十年代)就有旅游公司?

曾先生:原来没有,八十年代才开始创办。我原来是在湘江、沅江帮厂家开船。

严教授：那你怎么到了旅游公司呢？

曾先生：在外面找不到货源了，所以全部回来搞旅游。

严教授：你能把你家的情况详细地说一说吗？

曾先生：可以。

曾先生妻子：我们老家离这里有 70 公里路程。

曾先生：那个地方叫长官镇长官村。

严教授：你多大年纪参加的工作？

曾先生：我 17 岁就参加工作了。现在的旅游公司，它以前是航运公司。

严教授：那个时候参加工作好像都没有临时工。

曾先生：我们是招工进去的。

严教授：你回来搞旅游也是正式工吧？

曾先生：肯定是正式工。

严教授：你的户口在哪里？

曾先生：在这边。

严教授：不是说你是其他镇的吗？

曾先生：我是因为在这边工作，所以户口就（迁）在这里了。

严教授：那你是在旅游公司退休的吧？

曾先生：是的。

严教授：你什么时候在这里落户的？

曾先生：我是 1970 年通过招工之后就落户在这里了。

严教授：那你和农地就没什么关系了。你知道这里有退下来的村干部或者说话比较清楚的老人吗？他们可能对这里的变化比较清楚，我们想通过他们了解一下这里的土地情况。

曾先生：我认识一个，他原来就是这里的村长，现在应该七十多岁，现在退休在家。不过，我现在忙，等我忙完了就和他联系，估计要等到晚上。这样，晚上六点我们再联系，如果联系好了他，我就带你们去。

（晚上六七点，曾先生把我们带到田村长家后，便回家照顾生意去了。我们和田村长说明来意,他欣然接受了我们的访谈。)

第三部分:访谈芙蓉镇退任村干部田某,
以下简称田村长

严教授:您贵姓?

田村长:姓田。

严教授:今年高寿?

田村长:七十了。

严教授:你家现在属于哪个社区哪个组?

田村长:这里属于芙蓉镇河畔社区,社区下面有三个组。这里是居民和农民杂居在一起的。

严教授:这里叫村民小组还是居民小组?

田村长:居民小组,这里大部分是居民,小部分是农民。

严教授:你们是第几组?

田村长:三组。

严教授:您是居民还是农民。

田村长:我是农民,儿子是居民。

严教授:现在家里有几口人呢?

田村长:现在四口人,以前是五口,女儿嫁出去了。

严教授:现在户口在这里的,是哪几个?

田村长:我、老伴、两个孙子,媳妇的户口在单位上。

严教授:您儿子的户口在这里吗?

田村长:在这里,但他是居民户口。70 年代土地征收的时候,给了他一个农民转居民的指标。现在儿子和儿媳另外有一个居民户口。

严教授:您有几个子女?

田村长:一个儿子,一个女儿。

严教授:女儿嫁出去,户口迁走了吗?

田村长:户口没有迁走,都是河畔社区。但她和我离户了,都在同一个村。

严教授:您的两个孙子和您一块落户,没有和他们(父母)落在一起?

田村长:对。

严教授:那两个孙子为什么落户在您这里,而不是和他父母一起呢?

田村长:我们在农村有土地,落过去之后,我们怕土地被收回去。

严教授:您现在有多少田地?

田村长:我们以前是五个人分地。

严教授:你们什么时候分的地?

田村长:1981年分田到户。

严教授:分田到户的时候,您家有几个户口?

田村长:五个,我的母亲、我和我爱人,还有我儿子和女儿。

严教授:当时分了水田、旱地吧。

田村长:我们分了水田、旱地,大部分生产队都分到户了。但我们这儿的山地没有分,山地是政府造的林,当时还没有还给我们,所以就没有分。

严教授:人民公社时期这里叫什么名字?

田村长:叫太平人民公社。那个时候王村是一个大队,我们还有蔬菜大队等十几个大队。后来太平公社变成了王村镇。公社有几个大队,当时我们大队叫走马大队。

严教授:走马大队就是这里吗?

田村长:在小河那边,我们这里三个小组是搞农业的。这边以前是王村大队,后来又改叫蔬菜大队了。

严教授:那王村大队和蔬菜大队原来是不是一个大队呢?

田村长:七十年代王村就是一个大队,里面有搞蔬菜的小组,有田、牧、林(小组),还有一些搞政治的社区(派遣军粮)。六十年代的时候就叫王村大队,七十年代就分出来了,搞蔬菜的就变成蔬菜大队,搞手工业的变成另外的大队。

严教授:分田到户的时候你家分了多少田?

田村长:(五个人)人均九分,总共四亩五。

严教授:那旱地呢?

田村长:一个人一亩左右。

严教授:林地呢?

田村长:当时我们只分了茶山,荒山没分,(但)别的小组都分了。

严教授:(茶山)分了多少亩?

田村长:一个人一亩多。

严教授:那荒山到现在也没分吗?

田村长:没有。

严教授:(荒山)现在用了没?

田村长:后来为了搞开发,只要本组的人愿意开就可以开,外组的就不行。

严教授:你的意思,是不是说这些山都是组上的?

田村长:是的。

严教授:那是不是村上的呢?

田村长:村里有管理权,如果你要流转就要经过村上。

严教授:如果(本组农户)自己用就不要经过村上吧?

田村长:不用,自己挖就好了。

严教授:当初分地的时候,水田都在哪里?

田村长:我们住在这里,但是水田都在小河电视塔的那边。

严教授:我们好像没有看到水田。

田村长:这里三沟两叉的,我们的田都种柑橘了,90年代我们这里是柑橘产地。种粮食要打水,划不来,柑橘经济效益高。所以大部分田都种了柑橘,种了十几年了。

严教授:你们的田是平田还是梯田?

田村长:我们这边是山地田。这里一坝,那里一丘,大部分都是梯田。

严教授:(柑橘)现在还有收成吗?

田村长:现在没有了。以前橘子好卖,很多人都种。后来只卖几毛钱一斤,因此没多少人种了。一些人砍掉之后种烟,种水田的很少,一些人种了玉米。种水田需要牛,很麻烦,所以都种旱粮了。(这里的田地),好管理的都种了橘子(树),我家有二十多亩种橘子(树),不光是田,把那些荒山都开了种橘子(树)。

严教授:二十多亩都是你的(承包地)吗?

田村长:都是。我们都是挖的生产队的(荒地)。我们的土地不是成片的,田边地角有的人不开,有的人打工去了,有的人肯开,谁挖谁管理。

严教授:你是指荒地吧?

田村长:对,丈量地他不会答应让你种。

严教授:你的二十亩柑橘地就是你的丈量地加上你开垦的荒地吧?

田村长:对。

严教授:1981 年分田到户以后,调整过吗?

田村长:没有,调不动。有的人增加了人口,他要求分,但别人不答应。我们这里都调不动,一般都是小调大不动。

严教授:小调可以调吗?

田村长:小调就是一些人农转非或迁出本村之后,把土地退给生产队,然后生产队再把这个土地分给那些人多地少的或者新迁进来的人。

严教授:这种小调整也有局限,就是要有退出来的土地。别人不退就不会调整吧?

田村长:对。现在还有好多人不种粮食,出去打工就把不好的田都荒了。

严教授:你们这个组上荒了多少(田)?

田村长:边缘田、差田荒了 7%—8%。丈量地也荒了好多。

严教授:可以给别人种呀?

田村长:本来(是)不种了就可以收回(的),但农村人想不通,(他们认为)分好之后就是他的,就不允许你搞,所以荒了好多好田。(其实),别人也不愿意种,(因为)种粮不值钱,比如叫别人种,他种了几年之后也打工去了,之后就没人种了。

严教授:你们这里可能是因为山地多,梯田多,不连片,又不好灌溉、不好规模化,再加上种粮不值钱,所以一些人不愿种。哦,你们这里在 1997 年"二轮延包"的时候是怎么搞的?

田村长:1997 年没动。就是在原来基础上再写一张协议。(此前)农转非的都没有取回(意即:将土地退回组上),但那一次取掉(清理)了一部分。

严教授:那也算是搞了呀,比如清理了农转非的和户口转走的。

田村长:当年承包到户时,大家认为很快又会集中在一起,所以在一两天之内就分好了,根本没有考虑到个人(农户个体)利益。

严教授:那就是说,你们分得很匆忙?

田村长:对。

严教授:既然很匆忙,那么你们的丈量地也(测量得)不准确吧。

田村长:(其实)分地应该要有很多种搭配(方式),(那次分得)不行。

严教授:"不行"是什么意思?

田村长:就是分得不合理。(比如)田地搭配、土地(等级)搭配、远近搭配,(当时)根本不考虑,只要(尽快)分土地。因为搞生产队搞怕了,吃不上饭。我有一个疑问,拿我们吉首地区来说,当时各个县都有生产队,都种粮食,田地没有荒,但就是吃不上饭。我们一个人一年最多只有 200—300 多斤,产量硬是搞不上去。

严教授:这个问题一直有人在问。哦,在公社时期,你们都种粮食,每亩的产量是多少。

田村长:300—400 斤,后来搞了杂交水稻之后,产量到了 1000 斤左右。我现在七十岁了,1966 年我在读初中三年级,后来不久"文化大革命"就开始了,我就在家务农,在生产队搞了十几年,产量硬是搞不起来。(我觉得)主要还是积极性提不起来,我们生产队九十多亩田,九十几个人,但一年的产量就是搞不起来。

严教授:还有一个(种子)原因吧,现在(亩产)都有上千斤了。

田村长:现在我们不种田也比以前吃得好,我们这里的大米都是湖区和东北的米。国家怎么能供应到这么多人吃饭,是不是向外国进口的?

严教授:可能是国家规划了很多产粮区吧。还有,你们的土地一直没有动,但人口有变化,比如现在某一家人很少,但是占了很多地,另一家人很多,但没有什么地。你们对这个问题有没有看法?心里平不平衡?

田村长：像这种情况很难解决，平衡是不可能的。因为有些（家庭）劳动力多，但没地种，有地种的（家庭）又不种。分给他们的责任地又不妥善管理，他们杀鸡取卵，把土地给"种死"了。

严教授："种死了"是什么意思？

田村长：就是只撒化肥，不耕土地，种了几年之后，（土地）就"死板"了。

严教授：他们为什么要这样（种）呢？

田村长：（因为）他们是种别人的"承包"地，种几年就不种了。

严教授：你的二十亩柑橘地每年可以收多少？

田村长：收成好一亩可以收五六千斤，但卖不起价也白搞。（如果卖）两毛、三毛就会亏，（卖）七毛、八毛就有赚。

严教授：你是什么时候开始种柑橘的？

田村长：大面积种是在 1991 年。

严教授：你靠种柑橘可以为生吗？

田村长：可以。

严教授：没种柑橘之前是种水稻吧？

田村长：是，但没钱用，粮食不值钱。

严教授：你现在主要的收入来源是柑橘还是别的？

田村长：我现在老了，大部分柑橘（地）给别人种，不收一分钱，但别人还不愿种。

严教授：那你现在种了几亩？

田村长：八亩。剩余的流转了一部分。

严教授：别人也是种柑橘吗？

田村长：是。不要钱，要钱别人就不种了。

严教授：种柑橘要像种水稻那样管理吗？

田村长：水稻成本低，柑橘的成本高。（如果种柑橘），粗放型管理的话，一年耕一次、施两次肥、打四五次药，主要（费用）是采橘子的工钱。现在的工钱是每天 90—100 元，一个工只能采 300—400 斤橘子，所以成本高。

严教授：（现在）你就是种橘子，没有做其他的吗？

田村长:没有。但我们现在两个人(两夫妻)都买了社保。

严教授:什么时候开始买的?

田村长:(买了)四五年了。

严教授:医保(你们)也有吗?

田村长:有,农村现在都买。医保政策相当好,如果不买,害了大病一下就要十万,我们负担不起。

严教授:农民对(土地)占多占少的看法是什么?

田村长:老山区的(农民)我不知道。住在城镇附近的人,一部分人的土地被征收了,如果现在重新分,没有被征收的人肯定不答应。

严教授:那是的。

田村长:还有一些人,以前分田时分得匆忙,有的分了近处的,有的分了远处的,有的分到了山区。现在分差田的人就想调,分了好田的人就不想(调)。

严教授:也就是说,分了好田的、没有被征收的人(农户)就不想调。

田村长:对。

严教授:你认为想调的和不想调的比例各占多少?

田村长:那要看这个组征收的面积,大面积征收的组迫不及待地想调,没征收的一般调不动。新的政策下来说要搞集约化生产、股份制和旅游,已经开始启动了,人家愿意投(入)股。

严教授:你是说,那些地少的也好、地多的也好,都愿意搞股份制?

田村长:对,自己不能种,巴不得搞股份制。

严教授:你们三组想调的和不想调的比例各占多少?

田村长:想调的可能占40%,不想调的占60%。

严教授:调与不调实际是与每一户的利益关联在一起的。

田村长:对。比如现在有五亩田,有的人被征收之后没剩多少了,每亩的钱都补给他了。有的人一点都没有征收到,现在调他肯定不会答应。难道把钱退出来,再分土地?他有钱也不会退。

严教授:一方不愿意出钱,一方不愿意出地。

田村长:就是这个意思。但如果真的平衡了,也是调得动的。

严教授:你不是说调不动吗?

田村长:集体的东西都是按人口分的,现在出生的人也(应该)有分地资格。但是一些生产队要按1981年的人口分,另一些生产队(则)要按现在的人口分。在老百姓眼里,分田到户就就意味着田是他自己的,所以他不答应。

严教授:你是不是认为过去分田到户搞错了呢?

田村长:没错,不搞分田到户,积极性搞不起来。

严教授:如果土地征收款打到组上,再由组上(平均)发放(给每家农户),那么是不是就公平一些呢?

田村长:在我们这里行不通。征收了他的地,他就巴不得拿到所有钱,因为土地本身不值钱。

严教授:我们今天采访到一户农家,他认为以前两亩地的征收款不划算,现在征收时他就不让。

田村长:他不是不同意征收。在我这里有一个土办法,按政策一类田有七八万,但实际上只有两三万。另外,个别的土地位置比较好,他就想多拿点钱;还有一些人自己想搞一点建设,所以也不答应。

严教授:你觉得你们这里以后可以调吗? 还是就这样下去算了?

田村长:如果要调就要解决好多问题,不解决的话,即使强制都调不好。

严教授:是不是意味着现在的情况就是以后的情况?

田村长:目前就是这样。如果用股份制,那么可以,重新分地的话就不行。首先,以前分得好的和分得差的就是一个难题;其次,现在人口迁动性大,他家分的五亩田一点都没动,全家搬到别处去了,在当地只有一两个人,他就不会同意。再一个,土地被征收或者自己卖了所得的钱被用了,现在要重新分,那么那些没有动地的农民肯定不答应。如果土地一点都没动,还是以前的老底子,那么就好办了。

严教授:就是说,你们这里一开始就没分好。另外,这些年已经发生了很多变化,(由这些变化带来的)问题不解决,就动不了。所以说,你们这里现在的情况,(可能)就是以后的情况。

田村长:我们这里有些人(的田地)全被征收了,他巴不得重新分,但是别人不干。

严教授:是不是可以这么说:过去累计的矛盾太多了,一下子捋不清了?

田村长:是的,就是这个意思。

11. 塘约村访谈音录

第一部分：访谈小郭妻子的姐夫的父亲

对话人：

严小龙：湖南师范大学公共管理学院、湖南师范大学科学社会主义研究所、湖南师范大学县域发展研究中心、湖南师范大学乡村振兴研究所(筹)教授，以下简称严教授。

小　郭：27岁，酒店司机、访谈引导人，妻子为塘约村村民。

老　者：塘约村村民，小郭妻子的姐夫的父亲。

日　期：2017年7月22日上午。

地　点：贵州省安顺市平坝区塘约村该农户院子。

严教授：您有几个孙子啊？

老者：两个孙子。

严教授：您有几个孩子呢？

老者：一个男孩两个姑娘。两个女孩都出嫁了。

严教授：女儿出嫁了，户口还在家里吗？

老者：户口在家里，都没迁走。

严教授：你家里现在一共有多少个户口？

老者：有8个人8个户口。我们老两口，一个儿子一个媳妇，两个孙子，还有两个女儿的。

小郭：我岳父过世了，岳母改嫁了，老婆有姐妹三个。我老婆是老二，这个房子是姐姐和姐夫的,姐姐、姐夫常年在外打工,姨妹子在重庆读书,现在平时都是姐夫一家在这里住,姨妹子只有放假回来会在这里住。

严教授:你岳父过世后地还在吗?

小郭:在。

严教授:你岳母改嫁了地还在不?

小郭:不清楚。

严教授:按地方政策,在贵州、湘西包括云南一些地方,土地是五十年不动的。你推算一下,如果你岳父、岳母及三个女儿的地都在,一共有多少?

小郭:姐夫是入赘的,没有地;我老婆没地,因为她是 1992 年(出生)的。她们三姐妹都是 85 后,没有赶上分地。

第二部分:访谈塘约村杨家园组第三支部书记杨定忠的父亲

对话人:

严小龙:湖南师范大学公共管理学院、湖南师范大学科学社会主义研究所、湖南师范大学县域发展研究中心、湖南师范大学乡村振兴研究所(筹)教授,以下简称严教授。

杨　父:83 岁,塘约村杨家园组村民,村党总支支委兼第三支部书记杨定忠的父亲,以下简称杨父。

日　　期:2017 年 7 月 22 日。

地　　点:贵州省安顺市平坝区塘约村该农户家中。

严教授:您家里现在有多少人?

杨父:9 个人,我们老两口,一个儿子和一个媳妇,孙子和孙子媳妇,三个重孙子。

严教授:四辈同堂好福气哦。9 个人的户口都在村里吧。第一次分地是哪一年啊?

杨父:第一次是土改的时候,第二次是改革以后分地,邓小平时期1980 年。

严教授:(1980 年)分地时,家里几个人有地?

杨父:7 个人。

严教授:哪 7 个?

杨父:我们老两口,两个儿子,三个姑娘。

严教授:一共(有)五个子女,(他们)当时都没有结婚吗?

杨父:两个女儿(没结婚),当时有一个结婚出去了。那时候我的父母亲还在。我兄弟两个人,一人负担一个老人。

严教授:7 个人的地有没有变化? 女儿出嫁户口动没?

杨父:(她们的)户口迁走了(但地没出户)。1980 年(分了)7 个人的地。现在是(两个儿子)两个家,一个家三亩半。小儿子前几年因故去世了,现在(我们老两口跟大儿子一家过)9 口人一共三亩半田地:水田一亩半,旱地两亩。

严教授:荒山、山地有多少?

杨父:(两家共)10 亩荒坡。

(老人很健谈,给我们介绍了一些村里的基本情况)

杨父:当时(家里有)7 个人,(分了)7 亩田地,10 亩荒山。山栽树了。(我们)寨子有 3 个生产组,这个寨子有一个党支部。村里(一共)有 11 个组,(设)3 个支部。(村里)一共(有)10 个自然村,3300 多人口,不到一千户。田地确权前是 1000 亩,确权后是 4000 多亩,多了很多。

严教授:现在的地还找得到地方吗? 还是换成货币的形式入了股?

杨父:入了股。

严教授:知道怎么入的股吗?

杨父:交给合作社了。田 700 元/亩,地 500 元/亩,荒山 300 元/亩的价格入股。

严教授:现在(家里是)谁当家?

杨父:我都 80 多了,不管事了,现在儿子当家。他是村委委员,比较清楚,中午在村里干活,在村里吃饭。

第三部分:访谈塘约村党总支支委兼
第三支部书记杨定忠。

对话人:

严小龙:湖南师范大学公共管理学院、湖南师范大学科学社会主义研究所、湖南师范大学县域发展研究中心、湖南师范大学乡村振兴研究所(筹)教授,以下简称严教授。

杨定忠:51 岁,塘约村党总支支委兼第三支部书记,村里农机管理员,同时负责村子修路、厂房建设等。下面称呼杨支委。

日　期:2017 年 7 月 22 日上午。

地　点:贵州省安顺市平坝区塘约村该农户家中。

严教授:刚才和您父亲谈了很多,你们家现在是三亩半田地,两家一共 7 亩田地,荒山 10 亩。重新确权之后,田是 700 元一亩,地 500 元一亩,荒山 300 元一亩的价格入股,那么重新确权之后(的土地数量)是怎么入股的?

杨支委:按现有重新丈量土地入股。(而且)是按区域入股,看合作社用到哪个区域。用到了就按照重新实际丈量的数据入股。现在入股的面积是按照合作社实际使用的面积入股的。(合作社)没用到的自己种,没有被用到,就没有入股资格,用到的土地入股需要重新丈量。重新丈量的数据与当时的可能符合,也可能不符合。

严教授:就是说,实际入股要(符合)两个条件:一是在合作社规划的范围内,二是重新丈量。确权是确权,入股是入股。

杨支委:先确权,确田地权,每一户都重新确。但是确权证书没有下来。原来土地数字都是估计的,现在的基本都变了。

严教授:(确权后的田地数量)现在有多少?

杨支委:大体上一般农户都记不完整,具体数字村组上有登记档案。

309

严教授:你家里新的确权面积有多少?

杨支委:水田 2.2 亩,过去 1.5 亩;旱地 2.7 亩,过去 2 亩;山地 5.4 亩,(山地过去有多少)这个记不太清楚了。(这三种土地类型重新确权的数量)反正都比过去多了,但没有全部(被合作社)用上。

严教授:那就是确权确地确股。田地的具体位置您自己知道吗?

杨支委:知道。村子里有电子档,具体的图。

严教授:是确权确地的,确权确地清楚以后再入股,按(上面的)两个条件。

杨支委:(农户)自己种的很少了,大多入股了,但是有些家庭也留一些自己种菜(自留地)。有的说不清是什么地的,农户也自己种了,有的山沟沟里,合作社不好管理(的地方),也自己种了。现在入股的(田地)是合作社用到的,但绝大部分(估计有 80%)都入股了。合作社把用到的(土地),按田 700 元一亩,地 500 元一亩,荒山 300 元一亩的价格折算后,再按 500 元一股折算入股。

严教授:把你们家的(田地)折算成货币,然后除以 500 元一股入股,一共有多少股?

杨支委:我们家的山地还没有(被)用到,还不能入股,因为旅游还没有起步。入股之后要等到有产出效益后再分红,(一般就是)年底(分红)。这个(事情)村里有人专门负责,搞得很好。村民自己大都记不住,但很信任村委成员。

严教授:你负责什么?

杨支委:(我)负责第三支部的党建,我是第三支部的书记,还是农机管理员。(如果有)修路、(建)厂房等事情,(我)也会去办。我们支书人很好,又会用人,他是本村人,(他)老父亲(原来)也是支书。他(现任支书)当了 10 年了,三届了,大概是从 2007 年开始的。(塘约)村改变面貌是从 2014 年下半年开始的,2014 年之前是个空壳村,(村民)打工的、外出的,都出去了。2014 年这里连续发了两次洪水。上面的干部很信任支书,还带来了项目,我们支书又很能干,而且他绝不给领导添麻烦。村里成立了村民代表大会来处理大小事,

15 户派一个代表。

（因要处理村务,杨支委歉意地匆忙出门了,但同我们约好下班后晚上继续接受访谈）

第四部分:访谈塘约村摆摊农妇。

对话人:

严小龙:湖南师范大学公共管理学院、湖南师范大学科学社会主义研究所、湖南师范大学县域发展研究中心、湖南师范大学乡村振兴研究所(筹)教授,以下简称严教授。

摆摊农妇:五十多岁,塘约村村民、粉面摊摊主。

日 期:2017 年 7 月 22 日下午。

地 点:贵州省安顺市平坝区塘约村小吃摊。

严教授:(你)家里有多少人啊?

摆摊农妇:7 个人,老两口,一个儿子、三个女儿,三个女儿户口不在家不算,儿子、儿媳妇,三个孙子。

严教授:那(你)家里有多少地呢?

摆摊农妇:三个人的地,两夫妻一个老母亲,母亲(已经)去世了。(我们这里)没有调整过地,其他地方"变"过,我们没有"变"过。

严教授:你认为现在调地好不好?

摆摊农妇:要调就会大家平均一点。感觉好啊,我们地少啊。四川一年一次。我觉得是上面不让调。

严教授:现在(你们家)7 个人有户口,如果调整,那人多了就要进地。像你们家这种人多了地少了的情况村里多吗?

摆摊农妇:(在)李家园组,多了,大概有一半。(但我们也发现,许多农民自己会平衡人地关系,例如涟源、湘乡一带农村有一些农民,会自己调整家庭人口与承包地的关系。这些农民对此心里有杆"秤",在这一点上,我们感觉他们比某些城里人聪明。)

摆摊农妇:一般的人家生两个孩子正常,我们家(孩子)多,四个,躲着生的。

严教授:像你这种情况村里多吗?

摆摊农妇:也不多。现在(上面)不管了,只要养得起(就可以生),现在是普遍让生而不(愿)生了。

严教授:村里的劳力,是村里集中安排的,还是自己自由(选择)的?

摆摊农妇:土地给了合作社,打工 80 元一天,不去也可以。年底 100 块有 30 块的红利(30%)。2015 年土地入了股,去年分了 4000 多(元)。前年入了一部分,去年全部都入股了,(总共)分了 4800 块。

严教授:你们家有多少地啊?

摆摊农妇:一共 4 亩多田、土、山。

严教授:你认为土地是生产队的,还是每家每户的?

摆摊农妇:田土是国家的,农民要生活,所以分给农民。我们这里征地是 24000 元一亩,别处是 30000 多元一亩,我觉得两万多太少了。

严教授:你们村有征地吗? 我们好像没有发现。

摆摊农妇:修路征了村子的地,说要赔钱还没有赔,(于是)农民就不准(他们)修路。阻工不知道是自发的还是有人组织的,最后书记来做通了村民的工作。(我们)村主任不被人信任,村书记有 90%(的村民)相信。主任不如书记,他方式方法不被接受,不会代表群众,书记对百姓好。我摆摊,主任三天两头喊我撤,因为影响他家生意。(可是),这地方是彭家园的,是我们队的地。

严教授:你为什么不去做 80 元一天的工作呢?

摆摊农妇:因为要带孙子,要煮饭送学校,做饭洗衣服。

严教授:你摆摊一天(可以)赚多少钱?

摆摊农妇:四五十元一天。(摆摊)主要是时间自由,就是为了带孙子。我原来在上海的食堂打工,3000 元一月。(如果在村里)上班的话(上午)7 点到(下午)7 点,没有时间带孩子。现在生活上随便都要花 1000 多元一个月,

(但)土地(入股)收入一个月才400来块,而且要到年底腊月二十八才分红,(靠这个钱)维持生活是不可能的。

严教授:村里在外面打工的人是否都回来了?

摆摊农妇:有一部分回来了,具体不知道有多少回来了。村里(打)零时工二三百一天。

严教授:村里好像都是新房子,谁帮你们建的?

摆摊农妇:自己建的,国家给刷油漆。

严教授:刷油漆,是村里还是国家?

摆摊农妇:肯定是国家。房子漆和顶外观都是政府的钱。看到的(地方)就建了新的,里面的看不到的就没建新的呢。因为有领导参观,把外衣穿漂亮了,人家才来看、来旅游。

严教授:(你们这里)好多都是新房子。

摆摊农妇:家里要出钱的,(但)银行给贷款,我们家就贷了6万。

严教授:这些房子是村上要求建的吗?

摆摊农妇:是村上要求盖的。没有钱就贷款建,银行给贷款,国家给刷漆盖瓦。(而且)国家给起三尺高,自己负责往上建,(建)三尺房子和盖瓦刷漆都是国家和政府负责。

第五部分:访谈塘约书屋管理员。

对话人:

严小龙:湖南师范大学公共管理学院、湖南师范大学科学社会主义研究所、湖南师范大学县域发展研究中心、湖南师范大学乡村振兴研究所(筹)教授,以下简称严教授。

管理员:塘约村塘约书屋管理员。

日　期:2017 年 7 月 22 日下午。

地　点:贵州省安顺市平坝区塘约村塘约书屋。

严教授：你是怎么到这儿来的？

管理员：聘进来的。旅游建筑公司是这里的大股东，村里面（作为）一个股东。（我们）公司是负责规划建设一个叫'遵义阳光'的建筑公司，还有北京一个做规划的老师合作，（一起）搞旅游。

严教授：外面建筑公司和（北京的）老师是一个股，村里面是一个股。你们这边有住的地方吗？

管理员：住的都是农家。下午北京外国语（学院的）九个同学，住农家；四川来的调研课题组，五个人也住农家。（这些农家）三、五十（元）一天，一般三十（元）左右。目前（村里）还没有商住。民宿已经设计出来，民宿方案已经定出来了，要开工了，到国庆节就能住了。

严教授：这里的河水很好，很清，很不错。

管理员：（这里）有两条河，一股是山泉水，片区都喝这个；另一条是煤矿下来的。最后汇成一条河下去。水质不错。

严教授：你多少钱一个月？

管理员：现在刚进来，也算是创业。这里有整体规划，（还有）农业公园等，未来发展感觉还可以。我们现在已经开发了一些产品出来，有些人（游客）也会带特产回去，但来这边消费的（人）很少。

严教授：只要有人流就好办。把吃住解决好，还可以开发农特产品，一下子就可以带动起来。

管理员：村子（里的农家），一层自己住就够了，二楼（以上）都可以开发（为）民宿。我们在给他们规划，打算提供酒店管理课，帮助培训村民，让他们自己经营。

严教授：你估计下村里年轻人（愿意）回来的有多少？

管理员：具体不清楚，现在很多青壮年还在外面。村里面开会说，我们这里很有前途，动员家庭叫年轻人回来。村里总人口（有）三千多，具体回来的人数说不清楚。我自己来了半年，看起来在村里做事的年轻人少一些。他们可能觉得回来打工收入少，在外面做事情干脆，厂里上班打工，工资高。

严教授：只要村里的工资比外面不低，（他们回来）就有动力。或者在村里收入稳定,和外面基本持平,也可能会回来。(总之),只要回来后村里有事做,(他们)就有动力(回来)。

管理员:我们这里的总体产业规划,旅游公司在做;蔬菜种植这一块产业,和安顺、贵阳以及周边(的单位)合作。旅游公司做产业规划和项目规划。

严教授:只是你们公司投资吗?

管理员:是公司和村子双方投资。我们公司也会融资,也希望外面的商家来考察来投资,挖温泉开宾馆,还要修寺庙。原来这里也有寺庙,好像叫回龙寺,但现在荒废了,看起来跟民房一样。现在这里地多,要把种植带动起来,就要找商家,搞生态种植,弄得好的话,可以做蔬菜生态无公害交易市场。

严教授:产业规划是旅游公司在做,外面的资本进来,除了你们公司还有其他的吗?

管理员:暂时不清楚。这边的基础设施都是政府投钱做,市政府投资。外面的资本一定有收益才会做的。修路、修民宅、修基础设施,都是政府出资。一般农户贷款贷不了,但这边(农户)可以贷款建房。政策引导,政府带动。三年前(村里)都是石板房,很有特色。现在(我们)也在想,要不要把石板房加固,而不是只修新房。

严教授:外形要有特色,把传统色彩保存下来,里面弄成现代化。要看的远一点,现在房屋的设计太大众化。在浙江那边,(有些)民宅设计(注重)江南民宅元素,很有本地特色,很有文化的景象,里面又很现代化。拆了再建很浪费。

管理员:这个(建房)确实看得近一点,都承认是个败笔。浙江、台湾做得好,莫干山那边。

严教授:塘约有基础,怎么建由农户选择,建石板房就很有特色。现在建的房,目前来讲比较整齐,但没什么特色,要做到几十年不过时。

管理员:农民其实有想法,就是政府没有支持。

严教授:只要政府关注,就会投钱。但是政府为什么会关注,政府不会无缘无故投钱。如果这样,问题就来了,都是农民,都是村庄,为什么只投资这里?

管理员:(前几年发大水),整个村子都淹没了,很少见的,村干部也下了很大功夫。还有就是北京的王宏甲过来看过,出了书。

第六部分:访谈塘约村党总支支委兼
第三支部书记杨定忠。

对话人:

严小龙:湖南师范大学公共管理学院、湖南师范大学科学社会主义研究所、湖南师范大学县域发展研究中心、湖南师范大学乡村振兴研究所(筹)教授,以下简称严教授。

杨定忠:51岁,塘约村党总支支委兼第三支部书记杨定忠,村里农机管理员,参与村子修路、厂房建设等。下面称呼杨支委。

日　期:2017年7月22日晚上。

地　点:贵州省安顺市平坝区塘约村杨支委家及办公室。

严教授:(除了金土地合作社),你们村里还有其他的合作社吗?

杨支委:没有其他的专业合作社,但(金土地合作社)有分支机构,有妇女联合会,还有劳动服务公司,合作社里种蔬菜的还分类别。

严教授:种蔬菜的和金土地的关系是什么?

杨支委:(种蔬菜的)都是金土地是合作社里面的。种莲藕的、种羊肚菌的、种果树的都属于金土地合作社,都是(它)下属的机构。(这些机构的)负责人都是集体委派的,承包给他们要产量。产量不够扣工资,多了有奖金。

严教授:我们在村口听讲解时听说,高级管理人员产值挂钩,中级管理人员产量挂钩,都是在金土地合作社里面。我们还看到有的牌子上不是写的金土地(合作社),(而是)什么莲藕合作社,它们是不是(金土地合作社)下面的机构?

杨支委:它们都是承包给个人的,都是下面的机构。它们的名字也叫合作社,但都是金土地(合作社)的下属机构。现在的大棚在搭架子,有一家机构来合资干,搭架子是它做的,但利益分配(尚)在拟方案,(这个)要有民主方案,(这个合作机构)就是平坝区农艺局。

严教授:也就是与政府机构合作,他们引进和投资,能赚钱吗?

杨支委:说实话,搞产业赚不了钱。但是没有平台,没有合作社这个平台,就没有人来修路。所以要把产业搞好,政府就会来这里建基础设施。我们支书很有头脑。

严教授:就是说,产业赚不了多少钱,但只要巩固好了就行,这样就会有政府投资。这是个聪明的发展思路。

杨支委:最难的地方,是很难把农民组织起来,如果他们不愿意也不好办。(组织起来就)必然要把土地集中在村里,(这样)想怎么干就好弄了。(如此一来),如果国家征用(土地),或者哪里被弄坏了,不是农户各自漫天要价,而是(双方)都有数的,这样就不会扯皮打架。

严教授:2014年以前,这个合作化和集体化为什么没有搞?

杨支委:之前没想到,是(市委)周书记来了,他提出后才搞合作社的。(市委)周书记讲要搞合作化,对村委干部有作用,但对老百姓没作用。就是多开会,讲出好的一面,还是有人不同意,怕把土地拿出来后搞失败了,2014年有80%(的农户)不敢全部流转,那时候还没提到入股。而且,流转要现金,支书没办法,就要求领导班子成员拿出自家的承包地去信用社抵押贷款,要求两夫妻都签字,(这样)就借了将近200万。后来,我们和台湾的合作失败了,因为品种不适合,气候不适应。这个合作是在2015年,那时候是政府介绍的,是有政治任务的,不做又不行。当时种的是甘蔗,种这个跟种高粱一样,气候不适应,不适合本地种。种红秋葵就很好,但今年没有栽,因为销量不大,其实(它)是好东西,但是都吃不习惯。支书胆子大,有能力,没有他的带领,很难(有现在的局面)。党建和村民自治这一块也很有思路,当时也是经历了很多问题,比如红九条,乱办酒席等。

严教授:村民犯错了怎么办?

杨支委:就用红九条制止。如果(村民)犯错了,就不给办手续。不用土政策不行,这些事是上不了法庭的。不听,就喊当地派出所来参与,把饭菜给他端上敬老院,看你怎么办,都晓得厉害了。2013以前(许多村民)不是吃酒就是在吃酒的路上,太泛滥了。考学校、生小孩都要办酒(席),消费不少的,老人死了要消费一二十万。还有一些有点地位的,办一次(酒席要消费)五六头猪。现在一头猪都用不完,很简单了。

严教授:你们这种乡规民约管理红白喜事,很管用。

杨支委:省委书记陈敏尔,他去过我家,坐了四五分钟。

严教授:你们这里党政推动带动引领,色彩很浓。哦,你们这里用土地权证贷款,是从什么时候开始的?

杨支委:2015年。

严教授:问题是,新的权证还没发,凭什么贷款?

杨支委:因为有合作社这个机构,专门有人负责。由合作社来担保办手续,土地权证没到手也没关系。(或者说),由金土地(合作社)担保,贷款用(农户)自己的名义。

严教授:还有,比如宅基地权,用水权,哪些是村上的,哪些是组上的,你们知道吗?

杨支委:知道。我现在吃的是我本组的水,但我原来的宅基地和我现在住的地方不在一个组。我现在的宅基地是彭家的,(也就是)我儿子岳父家的,我是变相买的。

严教授:水权的问题怎么确权?

杨支委:从哪个组的地皮上流出来的水,这个组就有这个水的水权。水在哪,权利就在哪。但河水不是村的,是国家的,我们村要用,就要办水权,只是这个还没有确权。其实,就算是吃的水也是国家的,只是从我们这流出来(罢了)。我们这个组用的是泉水,是组上接通的管子。但附近两个组的(泉水)有污染,我们这个组的没有(污染)。

严教授:生活用水(村里)没统一吗?

杨支委:没有。有些是用电抽水,就会有成本;有些直接挑水,开支就少了。我们这个组,一年是12块,(因为)水是我们组接通的,所以水权就在组上。

严教授：生活用水是以组为单位吧？

杨支委：是。各个组自己搞自己的。我呢，以前是跑运输的。

严教授：那你现在没跑运输了，有没有收入损失？

杨支委：损失大了。（过去）在外面（跑运输每个月）随便（赚）六七千，现在（每月只有）两千四，其他就没有了，年终还要考核。（不过），这个事要看长远，我也是共产党（员），不做牺牲怎么行。我家里呢，老父亲身体很好，老母亲卧床 3 年了，因为弟弟 38 岁就走了，（为此）母亲思想压力太重，两个侄子在读大学。我上有老下有小，还有侄子，我压力大。但是现在想开了，钱生不带来，死不带去。搞基础设施建设，是要损害一部分人利益的。举个例子，这里要修路，村民不让，村里就强行挖掉，（那么）村民就会和村里叫板。比如挖了张家房子，虽然拆的不是主要建筑（房子），可他就要叫板。村里强行挖掉，是因为（这件事）通过了村民大会讨论，路就要这么修，是经过开会一致同意的。村里要修路，是对整村的农户好，如果他不让出来，我们就没办法进去。这件事如果协调好了，他就不会上访。这是"庭院政治"，（已经）接近尾声了。但有些农户不理解，做工作也不听。现在就有几户，要村里给他弄房子。其实，人年纪大了，能让就尽量让吧。但村干部没空天天听你"打滚"，有几户不信任村里，那村里也没法信任他们。又比如，改电网等事情不是一户人家能办的，但农户思想意识跟不上，只（知道）计较自己的利益。我们村 11 个组，一个组平均 50 户，一个组大约 2 户钉子户，（不过）现在他们也都在慢慢转变了。还有，2014 年以前办事程序不好，没规则，只靠关系，有的办事不经过村组，就直接往镇上跑。现在行不通了，现在规定，谁办谁（负责）处理。所以，安电表，小孩上学，都需要组、村出证明。

严教授：哦，你们的（土地）流转合同一般签几年？

杨支委：签五年，因为风险不好控制。

严教授：对于承包地，你们 1980 年分了之后，没有动过。但人口有变化，而且变化大，你们对这个问题怎么看呢？

杨支委：我认为应该按现有的人口，重新分配，这样才公平。比如有的人家，原来（按）一个人分的土地，现在（有）十个人吃，不够吃啊。所以要重新分,按现有的人口重新分配才有道理。

严教授:你们家当时是 7 个人,包括你奶奶,父母亲,还有自己,弟弟也有,两个姐姐也有。后来两个姐姐嫁出去,户口动了,地没动。现在家里 9 个人,你认为要重新分配才公平。你判断一下,你们这组,50 来户,大概有多少人想重新分?

杨支委:感觉有 80%。现在新增的人口比较多,我们组分田地的时候是 92 人,现在(有)140 多了,人多了,土地没动,人均地少了。

严教授:(这个情况)可以确定吗?

杨支委:只能是估计。一个人"吃"5 个(人田)的(农户)不想分,人多地少了的(农户就)要分。大概有七八成(农户)家里的人口多了,增加了。2013 年以前,撂荒(土地)很多,都出去打工了,(村)书记看准了这一点,就要搞集体化。

严教授:有人说,七八个人"吃"一份田,不够吃可以去打工。你怎么看?

杨支委:能打(工)和想打(工)是两回事。这里面有问题。我们村里有一家,一个人"吃"9 人的田,他自己不用种,给别人种(获得的租金)就吃不完。实际上,他在外读书(教书),但是户口在家里。家里姐姐妹妹多,都出去了,爷爷奶奶父母又过世了,田都是他一个人的,(此外他)教书还有一个月几千块。

严教授:是否可以认为,他姐姐妹妹都(嫁)出去了,田留在家里,是他家里的利益分配问题,这跟外人没有关系,跟组上也没关系?

杨支委:我认为不对。土地应该拿出来,他吃不完,所以就要拿出来。当然,辛勤劳动得来的,不能给别人。但是(土地)放到那,(自己)不能耕种,就该给(别人)。

严教授:过去考上学校的,户口转走的,土地就要收回。现在政策和法律有点"打架"。

杨支委:还有,林地划分(确权)很难,航拍的话,界限很难区分。2002 年,我们这里搞"退耕还林",但有几个组,还没找到好的方案。(问题在于),很多人家领了十几年的"退耕还林"补贴了,现在重新搞,如果(林地确权数量)少了,怎么办(难道要农户退钱吗)? 以前退耕了,就写个名字在上面,就不管了。还有,退耕补贴,是国家补贴,价格不等,前几年多,这几年少了,也不知道为什么。

严教授:你们这里的确权情况,好像是林权很模糊,但水权清楚,水田、旱地(的权利)也清楚。过去应该是有测量有数据的,但是从新的确权结果来看,都是确多了,农地多出来两千多亩,林地是否也是这样呢?

杨支委:很可能,都确多了,也可能(确)少了,怕退钱。(现在我们)请公司测量了,还要喊农户来监督。(如果)测了之后,测的不合格,农户不同意,这个问题也不大。(我们可以)去办公室看入股和土地流转的资料。

严教授:(从村上与农户签的合同来看),你们现在这个流转合同上的水田(流转费是)700元一亩,付给农户了吗?

杨支委:如果入股了,年终付给他(农户),分红是按三三四的比例,村上、合作社(各)30%,农户40%。(流转租金)700块(每亩)没有付(给农户),而是直接入了股,之后(年底)再分红。

严教授:(从中西部农村调查的情况看),有的是先入股再入社,你们这里入股就是入社了。有的是先入社后入股,那个是资本带动,这里是政府参与、党政带动。你们这里比较好操作,没有资金压力,有的则要先出资。你们这个是直接入股,不需要垫付,赚钱了就分红,而且入股要一年有经营成果才分红。每种地都有流转和入股两种合同,这是两件事,但是有联系的两件事。对不同土地,你们签订的期限也不一样,果地是10年,水田是5年。你们这里最大的亮点,是确权确地之后再集体化的。这与"老集体化"不一样,虽然都是政府支持,但"老集体化"是没有确地到户的集体化。

12. 小岗村访谈音录

对话人:

严小龙:湖南师范大学公共管理学院、湖南师范大学科学社会主义研究所、湖南师范大学县域发展研究中心、湖南师范大学乡村振兴研究所(筹)教授,以下简称严教授。

严俊昌:"大包干"带头人之一,当年的小岗生产队队长。

严美昌:"大包干"带头人之一,当年的小岗生产队队员。

日　期:2017 年 8 月 21 日下午。

地　点:安徽省凤阳县小岗村严俊昌家。

严教授:您贵姓啊?

严俊昌:我姓严。

严教授:我也姓严,这个姓比较少。我们是湖南师范大学的老师和学生。

严俊昌:我叫严俊昌,"大包干"带头人就是我。

严教授:你叫严俊昌啊,还有一位(队长)叫什么?

严俊昌:严宏昌。

严教授:你们俩是两兄弟不?

严俊昌:堂兄弟。当年他副队长,我队长。

严教授:严俊昌队长就是您哦,幸会幸会。

严俊昌:这是一些证书。

严教授:红手印有您一个吧。

严俊昌:有啊,生产队长。

严教授:我们今天运气好。能不能问您一些问题。首先,当年你们这十八户农民为什么要按红手印? 这十八户是一个组吧? 是一个生产小队吧? 为什么您要组织他们把田分了?

严俊昌:对,是一个生产队。如果当时不走这个路,中国人永远逃不了贫穷,永远吃不饱饭。

严教授:我们是想让您回忆一下当年那个情况,您跟社员是怎么说的,是怎么一种心理,怎么样的想法,能不能回忆一下?

严俊昌:过去,共产党胜利,解放全中国。蒋介石飞机坦克为什么不胜利呢? 因为毛泽东带着人民打天下,带着中国人民过好日子。

严教授:是。

严俊昌:但是,他们创业了,守业没守好。创业难,守业更难。从(19)55年(开始搞)互助组,要求入互助组。有的人入了互助组,结果过去了一年,没什么收益。不入的呢,自己搞的还蛮好。(19)56年,强行走进高级社。

严教授:入了互助组的还不好,是吧?

严俊昌:互助组的好处,(就是)宣传得那么好。宣传就是人多能办事,"狗撵羊,雨奔场,小孩趴在井栏上"。如果你去救小孩,你家羊就被狗咬死,场就被雨淋了。我们如果入了互助组,你看我们人多,有人去救小孩,有人去抢场,有人去打狗。你看这,三全其美。

严教授:这就是互助组的好处,分工合作咯。

严俊昌:结果怎么样呢,不管再怎么宣传,有的就是不愿意入。到(19)56年,你不愿意入也不行,那就强行,(这是)国家政策。

严教授:你的意思是,1956年开始搞强行政策。

严俊昌:(19)57年呢大食堂吃上一年的饱饭,也没好吃的,(但)也没饿肚子。(19)58年来个"大跃进","大跃进"整个地摧毁了国家的整体。那就是一天到晚说空话,"人有多大胆,地有多大产"。(19)58年的大跃进、大炼钢铁,把农民家的锅全都砸掉了,你看,吃大食堂要锅做什么呢。一个队里就两口锅。大炼钢铁,到处都是小高炉。向中央汇报,我们这炼出来多少铁,把农民家的缸塘锅碗全砸掉了。

严教授：哦，缸塘锅碗全砸掉了。

严俊昌：那可讲，比日本鬼子进中国还狠呢。你可知，饿死了多少人，从(19)59年开始饿死人。

严教授：那这里饿死了人没有？

严俊昌：我们饿死了六十七个人，死绝了六户。

严教授：是你们这个队还是(别的队)？

严俊昌：就我们过去的小岗，这十八户。

严教授：那就是说，过去(小岗)不止十八户，对吧？

严俊昌：不止不止，过去有一百多人，真正到"大包干"的时候，才是十八户。也就是死绝了六户。饿死了六十七人，到最后跑的跑，饿死的饿死，还剩十八户人家。

严教授：以前不止十八户咯，至少有二十几户。

严俊昌：对，这个(情况)到后头，(19)61年，中央知道了，说空话把人饿死了。那他们后来不讲了嘛，我们在中央开会，哪能知道下面有人饿死了呢，都是下面说空话，对上面报。上面来检查，(下面就)把这些"好"人(家里没人饿死的人)，这些干部集中在一起，说我们这些农民都是"两干一稀"，哪有饿死人的呢。其实中央来调查时，他们(基层干部)那都是搞假的。

严教授：中央来搞调查，(基层干部)说你们这里是"两干一稀"，饿不死人的，是这个意思吧？

严俊昌：这个结果后面是怎么查出来的呢，也是中央的人。不知道是哪个回来，就是(休)探亲假。他回了家，结果他母亲饿到在床上都起不来了，(就)顺地爬，爬到门后面。他就问，娘啊，这是干啥嘞？他娘就回说，孩子，我就怕你回家，我还藏着一罐豆子。他一看，家里人都要饿死了，(就)赶紧去粮站买点米。(他)买完米还没回来，还在车站，他有个姐姐，听说他回来了，来接他，一激动，一下死掉了。死掉之后，他把他姐姐弄回来，葬下去，其实就是找几个人给埋上，不用花钱。后来，(他)又回到中央。回到中央，这个人刚开始没敢说，因为说了就怕被打成右派。

严教授：嗯。

严俊昌：这个人的老婆，后来说他们十几岁就干革命，结果现在干到自己头上来了，把我们家人都饿死了。我们就问她，你怎么不敢跟中央汇报呢？她说，就怕说了中央也不管。这个老婆就跟她丈夫说，她丈夫（就）跟中央汇报，结果当时就被打成右派。打成右派之后，这个人就说，我十一岁参加革命，不怕死，中央你们派人去调查，如果我说的情况是空的、假的，回来怎么枪毙我都行。革命革到我头上（了），我们家人都饿死了。这不，后面（中央就派人）下来查了。

严教授：（地方官员）为什么要把人看起来嘞？

严俊昌：那还不是心虚，地方官员心虚啊，他们怕农民说实话啊。（上面那件事的）这个结果，后面他（上级）说，那（派人）去调查，你（调查者）还没去呢，电话打到（这里）了。打个比方，中央说要来安徽调查，这些地方官就把"好"人聚在一起，饿死过人的（人家）都锁起来。当时（这些人）就是胡扯，说吃的是"两干一稀"，吃得肥又胖的。

严教授：这里说的是（19）60年代吧？

严俊昌：不就是（19）60年吗？结果（有人）就对他（调查者）说，你（调查者）还没去呢，就对别人讲，那地方干部不得有动作啊。这不，后面中央派了个干部，叫司方来（谐音）。过来就像你们一样的，戳在那街上。老百姓一看他是个干部，心里头有气，不理他。他一看别人都不理他，就问，老大爷你们怎么（都）不说话呢？大爷说，我们饿得没力气说话，你这个干部，你吃得肥又胖的，你有力气，我们没有力气。他证件一亮说，我是中央调查组的，你实话只管说。他又找到那个生产队长，让生产队长去统计，究竟一家饿死了多少人，少报一个查实后枪毙。这种情况，（若是）你当生产队长，你可敢作假？张家饿死多少，李家饿死多少，一家一家统计。这（里）真的饿死了人，（于是）就帮前面那个人平反了。

严教授：还是平反了。

严俊昌：平反了。他回来不说了吗，我们（的）中央常委在开会，都说让农民过上好日子，哪能知道下面饿死人了呢，都是地方官造假。

严教授：嗯。

325

严俊昌：你看从(19)61年解散大食堂，大锅饭不吃了，一直以生产队为单位。小岗(生产队)115人，常年(收成)徘徊(在)三万多斤、没到四万斤粮食。三万多(斤)粮够干什么的？全队一百多人，你说哪能够吃呢？结果就是常年在外面讨饭。

严教授：我知道，小时候我家住的那个地方就经常有河南人来要饭。

严俊昌：这个结果嘛，后头让我当干部，(开始)我不干，但这是党认可的。按照我这性格，我看不起过去那种作风。那种政策，可以讲是破坏中国人民的根了，劳动人民哪能受排挤呢？那时候养两只鸡也是资本主义，要受批判；养一头猪也受批判。那我们农民、中国人民就喝西北风吧，劳动人民不就倒霉了吗。你打击这种人，表扬懒汉、二流子，那中国不亡国吗？

严教授：嗯。

严俊昌：当时，我们庄上有的人饿得不行了。我讲我为什么(要)这样干呢，(19)60年我十几岁的时候发过誓，我对我自己发誓。

严教授：你发过什么誓？

严俊昌：嗯，我怎么发誓的呢？我们这有一户，家里头小孩饿死了，丈夫饿死了，剩一个妇女。这个妇女怎么恨呢，她就坐在这个塘沿上，叫天喊地地，说老天你没有听见吗，我家人都饿死了，干部家怎么都没饿死！还能生孩子呢！别人都饿死了，你干部家怎么还能生孩子呢！

严教授：她家饿死俩人了，干部家还能生孩子。

严俊昌：她在那喊：我没这个力量，要是有这个力量，(就)把干部家大人孩子肉都割了，我炒了吃，我使劲嚼。我的妈呀，我一想头皮都发麻。

严教授：她就是恨这个干部家咯。

严俊昌：嗯，我当时十几岁，我想我要是哪天当了什么干部，我可不当这种。我就宁可死在群众前边，也不能死在群众后面。死在前面，群众是不会骂我的，可如果死在群众的后面，群众能不恨我吗。所以，我当干部不特殊。就搁现在，我不腐败，人家腐败；我不特殊，人家还不高兴，说我不是干部队伍里的。后来，我气得不干了。但是，我后头又干了，是公社(把)队长又让我做了，(那时是19)70年底。

严教授：(19)70年底，你又当小队长了？

严俊昌：对。为什么是我干呢，这也是县里的工作组(要求的)。我尽可能地反对政策上的这种蛮干，结果他们承认我是正确的理论。我骂他们，他们跟我讲：你骂我们，我们也接受，但是没办法，国家就是这个政策。后来他们向上面反映，小岗只有严俊昌懂得政策。

严教授：有个性，老人家。

严俊昌：这不，后面公社书记找到我讲：你把这个担子挑起来，你不用干活，只要出个嘴，你的生活公社解决，不用你生产队(解决)。我说我不干。过去我不干，现在公社包我全家生活，我干了，这不是特殊吗？我不搞特殊，人家吃树皮我也吃树皮，人家八大两我也八大两。

严教授：嗯，你不搞特殊。

严俊昌：结果后头，(19)60年代那三年没饿死的(老人)，还剩几个老头子。

严教授：三年困难时期没饿死的老人？

严俊昌：对，还剩四五个老人。我跟那几个老人商量，你们老人都饿得不行了，我们年轻人也受不了。所以，究竟我们怎么(才能)救活我们自己？一个老人说，俊昌要不我们干一家伙吧。这不，一起搞了两年之后，受到一个事的启发：(19)62年，刘少奇搞一个农村政策，就是"三自一包、四大自由"。

严教授：嗯，"三自一包、四大自由"。

严俊昌：农民自己救自己，积极性调动起来了。(但是)，光种没有赶上收。因为后来刘少奇受批判，刘少奇都倒霉了。

严教授：嗯。

严俊昌：结果他们(社员)讲：俊昌，这条路(指包产到户)是走不通的。他们说，你是草木之人，刘少奇是中央大干部都被批判了，你能走通吗？他们说：现在是社会主义，社会主义车轮是往前滚的，严俊昌你这样干不是拉倒车吗？我当时怎么表态的呢，我说：管他车轮往前滚往后滚，只要能喂饱群众肚子，我就这样干。他们说，要杀头的。我说不管怎么样，只要我能看到你们吃上一顿饱饭，拉我去杀头我认了。

严教授:你是这么说的哦。

严俊昌:哎,我也认了。就是拉我去砍头我也不恼,我是诚心向党的。我为党做贡献,我不要国家救济,我自劳自救你还说我犯法,那你要我命我也没办法了。这个结果呢,大家为了(和)我们干部分担责任,就(一起)按了手印,按了手印也发了誓。

严教授:按手印,是十八户村民都按了吧。

严俊昌:那肯定少一个也不行啊,少一个就暴露了。当时按照我们的契约,就是潜心为党做贡献的。你看我们契约咋写的,坐牢杀头,小孩给养到十八岁。但是我们第一条,要完成国家的。首先第一条,要完成国家过去的"皇粮",过去小岗生产队就是一千八百斤"皇粮"。

严教授:我这里打断一下,"小岗"这个名称是你们队的名字,还是这个村的名字啊?

严俊昌:过去就是叫小岗,小岗队。

严教授:那就是说,现在这个小岗村实际上是你们队的名字,是吗?

严俊昌:对。

严教授:这个要记录清楚。我还以为你们这个村原来就叫小岗村,结果这是你们队的名字。这个知道了,您继续吧。

严俊昌:嗯。这个,第一个留足国家的,第二个留足集体的,剩下的才是自己的。

严教授:"交足国家的,留足集体的,剩下的是自己的。"这个话是你说的,是吗?

严俊昌:对啊,大家都没意见。

严教授:这个话很有名!

严俊昌:后来春天就来了。春天了,邻队就开始看出来了,说小岗怎么一家一户地干呢?那年第一次开生产队长会,那个党委书记找我,说让我到他办公室去。一找我去办公室我心里就打怵,这么多队长都没找,就找我,我这心里怕。当时就给自己壮胆:为人不做亏心事,半夜不怕鬼敲门。他说,据反映,严俊昌你们队怎么土地分到户了?我说,你听谁讲的?他说,听邻队讲的。我说,你听邻队讲,邻队说话没证据的。党委书记根本没见过我们把土地分到户,他也不相信,这事当时就这么过去了。又过了几个月,到了六月,国家的口粮、牛草之类的都要发下去了。党委书记就对我说,你今天交代,你要不交代,凡是党给农民享受的,就不给你们了;你不老实交代,从今天开始,你的待遇也全没有了。

严教授:当时你们都有什么待遇?

严俊昌:当时(农民的)衣食住行都是共产党给的,口粮、牛草、化肥、种子等等,这些都是社员的待遇。

严教授:社员的待遇,那大家都一样的。

严俊昌:对,一样的。后面我就召集了十八户,跟他们说了,从今天起,党的待遇没有了。我们吃国家待遇吃了那么多年,吃国家八大粮,人都饿死了。大家手印也集体按了,我们干部也不怕死了,如果你们(不)想吃共产党待遇,那我们就还一起干。大家就说,只要你们干部不怕,那我们怕什么! 我说,那牛要被拉走了。社员讲,牛没有了人拉(犁)。大家的想法很一致。

严教授:嗯。

严俊昌:第二天,我还没吃饭,党委书记就来我家了,跟我说:你老实交代,不交代不行;你跑不掉,你又不能跑台湾去。他看了我三天,到第四天,我向他汇报了。

严教授:你怎么说?

严俊昌:我说就像你了解的、邻队反映的那样,确实,我们把土地分了,确实土地分到户了。当时他被吓得不行,说我这(样做)是反革命。

严教授:说你反革命。

严俊昌:嗯,让我赶紧把土地并起来。我说,宁可砍头我也不会并起来。他当时怎么说的呢,说砍我头还得带着他的头呢。我说,砍我的头怎么带到你的头上呢? 他说,我是一级政府,我对上面说我不知道你们这个情况,党能相信吗? 我跳到黄河也洗不清。这不,后面吓跑他了嘛。

严教授:喔,把他吓跑了啊!

严俊昌:可不是。后来,县里来了陈庭元这个县委书记。他去找群众了解情况,但群众没有自发跟他说的。他就跟我们大队原来的会计了解情况,(因为)公社的书记一般不怎么认识社员,这个会计还跟社员熟悉一点。这个会计跟陈庭元说,我们生产队是一家一户干的。这个县委书记就说,小岗,就让他们干到秋天试试看。干得好我向党汇报,干不好我立即收回来,县委担责。我们队员就跟县委书记反映说,陈书记,我们的种子公社书记都没给我们,这个怎么办。陈庭元就让公社书记发下来,公社书记说,这可是你县委书记让我这么搞的,和我一点关系都没有。陈庭元讲,这个担子我担着。

严教授:这个县委书记叫陈什么?

严俊昌:陈庭元。因为县委书记表了态,大家决心也就大了。大人也不出去要饭了,让小孩去要饭。当时就号召群众,有一分钱拿一分钱,给庄稼投入,大家积极性也就调动起来了,当年的庄稼长得非常喜人。我们开会的时候,邻队的生产队长说,严俊昌他们队都分田到户了,他们队能分不? 公社书记说,严俊昌他们是县委书记批的,你要分去找陈庭元去。所以,当时只有小岗队这么干的。到了夏天,压力可大了。

严教授:为什么嘞?

严俊昌:报纸上说我"走资本主义道路,挖社会主义墙根",说解放、革命这么多年,严俊昌这么做,一晚上推翻了社会主义。

严教授:是什么时候发表的?

严俊昌:那个"大包干"纪念馆里面有。

严教授:您记不记得大概是哪一年啊?

严俊昌:就是我搞那个"大包干"的时候,(19)78年左右吧。当时这篇文章出来,陈庭元没跟我说。他来我家的时候兴头很高,看农民庄稼长势那么好,积极性那么高,他非常高兴。有一天我们在田里干活,他去家里找我,我不在家,就帮我把家里小孩喂饱了。后面到田里跟我说,小孩给你喂饱了,你们加油干。他的劲头足着呢。到后来,他来得少了,我觉得情况是不是不太好,就跟他说,陈书记,看来我们这路还是走不通。他还瞒着我呢,说不要紧,大胆干。又过几天,我说陈书记,你不要瞒我了。人家说这个人出门看天气,你懂吧?

严教授：出门看天气，我懂。

严俊昌：人进门看脸色，我这正吃饭呢，这饭还能吃吗？我说你不要瞒我了，我们农民饿死了是该死的，不然怎么搞呢，国家没有这个政策。你县委书记为了农民担责任，我严俊昌也甘愿被杀头。他说，《人民日报》头版头条，说我"革命几十年，一朝回到解放前"，严俊昌一晚上推翻社会主义。

严教授：这句话我们听过。

严俊昌：后面，他向地区汇报，王郁昭。

严教授：地委书记吧，王郁昭。

严俊昌：对，王郁昭就找到我。他也没说他是地委书记，就问我是不是严俊昌。当时我家房子就一间，家里到处堆的都是粮食，插脚的地方都没有，连床底下都是粮食。他说，你可是严俊昌？我说我是，你哪块的？他说，你别管我是哪儿的，你可愿意带我看看？我说可以，我带你看看。看了几家，我给他送到村口，有个黑轿车，他坐车走了。他回去开常委会，说，我去找过那个生产队长严俊昌了，人家确实干得好，收的粮食吃不完。他哪有什么罪，他们生产的粮食不还是在中国吗，又不会运到台湾去。就这样，地区常委会把这个担子担起了。他后来又来找我，告诉我他是地委书记，他说，上次我是自己一个人来的，不敢表明身份，没有得到常委会通过之前不能给你担起责任。这次我是代表常委会来的，以后再有人说你，你就说是地区批准你的。（后来）王郁昭又去找万里。

严教授：当时万里是省委书记咯，这个我知道。

严俊昌：嗯，省委书记。万里来到小岗，别人通知我。我想我能跑到哪儿去，万里那管的范围多大啊。后来我去见万里，腿一直打哆嗦。看见万里，没想到他很和气。他问我多大，我说我三十七。他问我可是共产党员，我说我不是共产党员。万里这句话说的很恰当，（他）说，中国这么多共产党（员），为什么不敢走你走的路：怕丢了官，没了乌纱帽！

严教授：这句话现在也适用啊。

严俊昌：你当官不为人民做主，当这个官做什么呢？你入党不想着服务群众，你入党做什么？全为自己捞好处，要不说现在要抓腐败分子呢！万里说，两级政府批准你干三至五年。

这是湖南来旅游的(对严美昌说)。

严教授：我们在听这个老爷子讲故事。

严美昌：那他讲的都是真的。

严俊昌：后面万里讲，是过去当生产队长好当，还是现在你这个生产队长好当呢？我说万书记，过去生产队长不好当。

严俊昌：他也是过去那十八户之一(指严美昌)。

严教授：您当时也是十八户之一啊？

严美昌：对，十八户之一。

严教授：那您看起来年纪还是轻一些。

严美昌：我是二十七岁那年按手印的。

严教授：哦，二十七岁那年。那您当年是多大(对严俊昌)？

严俊昌：三十七。后头万里说，我早就想这么干，就没人敢带这个头！当时我听万里这么一说，我腿也不抖了。当时搞"大跃进"的时候，万里他们反对，被打成右派了，在东北放了十年羊。他是为群众干事的。他看到我们收这么多粮食，很满意。他讲，我想啊，我们中国农民都能吃陈粮、烧陈柴、住上楼瓦房，才称我们的心。他说，我们到外国去参观，哪能说没有粮食吃呢；我们自己带的钱都没有花出去，都是在外国的中国人接待我们的，人家家家都有小轿车；我们自己的农民都能住上楼瓦房，电灯电话，楼上楼下，才能称我心。现在的居住水平，比万里的话，超过了！

严教授：对，现在超过了。

严俊昌：你看农民哪家不是楼房，哪家没有轿车，这就是改革的成功。后面我说，万书记，你批我干，不能嘴上说说吧，给我弄个红头文件吧；不然你走了，不做省委书记了，别人再来找我麻烦怎么办。我要这个红头文件把万里搞得难为情了。

严教授：要到没有哦，红头文件？

严俊昌：上哪要去呢？万里那时候也是为人民(被)弄得倒霉的。当时万里讲，我没有红头文件给你，你只要为人民的利益而死，死的就是光荣的，历史会为你平反的。

严教授:老共产党人都这样。

严俊昌:对啊。万里后来调走了,把这个情况向邓小平汇报了,邓小平认可了。后来某领导来这跟我说,老弟,你这是碰到了邓小平,要不是邓小平,一百个严俊昌也干不了这个事。你看我比他(年龄)还大呢,他叫我老弟。

严教授:是吗?

严俊昌:是啊。他说,幸亏是碰到了邓小平,要不然我这情况,真是一百个严俊昌都不够杀头的。这是推翻了一个阶级,推翻了一段历史,推翻了当时的社会主义,这还得了吗?

严教授:嗯,怎么讲您的呢?

严俊昌:后来,另外一位领导也说,过去(是)"好政策",你干的是"坏政策","坏政策"变成了"好政策"。你这个"坏政策",解决了全国人民的吃饭问题。

严教授:噢,是这么说的。

严俊昌:对啊。过去宣传的那个不是好政策吗,你敢说那是坏政策?我干的是要倒霉、要杀头的事,那我干的不是坏政策吗?

……

严教授:还有一个(问题),刚才老爷子没说清楚。就是你们这个队,原来叫小岗队,对吧?你们当时那个村叫什么名字?

严美昌:这个我得给你讲清楚了。开始叫严岗村,他(严俊昌)以前在那个大队当干部的时候是二把手,那时候我们还是一个村的;后来我们从严岗村划出来,单独成了小岗村,他(严俊昌)是村长;再后来严岗村也并入了小岗村。

严教授:就是你们原来的那个大队叫严岗大队,是吧?

严美昌:是。

严教授:那就清楚了,原来老爷子当生产小队队长的时候,你们那个大队叫严岗大队,小队叫小岗生产队,是吧?

严美昌:对。

严教授:当时小岗生产队有多少人?

严美昌:我们分地单干的时候是 115 人。

严教授:那现在有多少户,多少人啊?

严俊昌:不当干部,分不清了。

严美昌:我原来就我自己一户,现在底下又分成六七户了。你们没时间,你们要有时间,我带你们看看。

严教授:我们有时间啊。

严美昌:你不知道有多少荒地!就那四千三,还有不知道荒了多少。那荒地整片整片的,吓人的。

严教授:明天行不行啊? 我们约个时间,明天我们还在这里。

严美昌:好,我明天开车带你们看看。我带你们去金小岗看看,看金小岗荒的,它现在是凤阳县龙头企业。

严教授:那明天我们约个时间好不好,我们看您的时间。

严俊昌:你让小四开车去带着转。

严美昌:我让小四开车干嘛,我反正是倒霉倒透了,我不怕。小四可不敢带着去。这个官府要是知道了,是哪个带着去看的,还不给小鞋穿。这样吧,明天下午,我把那个车开过来。

严教授:这样,我们留个手机号。明天下午几点?

严美昌:吃过中饭吧。

严教授:行,明天吃过中饭见。

13.华西新市村访谈音录

第一部分:访谈接车司机

对话人:

严小龙:湖南师范大学公共管理学院、湖南师范大学科学社会主义研究所、湖南师范大学县域发展研究中心、湖南师范大学乡村振兴研究所(筹)教授,以下简称严教授。

李司机:华西外来人口,在华西新市村经营一家特产店。

日　　期:2017 年 12 月 30 日下午。

地　　点:江苏省江阴市出租车内。

李司机:你们属于哪块儿的?

严教授:我们是湖南师范大学的,因为做农村研究嘛,跑了全国好多地方。听说华西现在跟以前不一样了,并了好多地进来吧?

李司机:并了一二十个村的地进来。

严教授:听说华西股份化了?

李司机:这个我不是很清楚。

严教授:在华西担任一定职务的人,你应该认识吧?

李司机:村里有专门接待、衔接的。

严教授:你家是哪里的?

李司机:徐州。

严教授:城市的,还是农村的?

李司机:农村的。

严教授:你们那农村怎么样?

李司机:这几年肯定比前几年好多了。

严教授:你有地没有?

李司机:有的。

严教授:你的地谁种呢?

李司机:叔叔,婶子,家里亲戚。

严教授:是免费的还是要交钱啊?

李司机:亲戚朋友一般都免费。

严教授:你们村里的地没有流转吗?

李司机:流转是什么意思?

严教授:你这个也属于流转,给叔叔婶婶种嘛,但是你是不收费的。现在一般大规模的流转,比方说有外地人到这你里来,付你多少钱一年,你就把地给他种,(这种情况)你们村有没有?

李司机:也有的。

严教授:你说你把地给你叔叔婶婶种,那家里应该还有人吧,你父母啊,兄弟姐妹啊?

李司机:没有。

严教授:父母去世了?

李司机:嗯。

严教授:你家就你一个啊?

李司机:嗯。

严教授:那你父母应该也有地吧?

李司机:应该有。

严教授:按道理你父母有地应该是你继承。

李司机:应该是。

严教授:你是不是没管这个事了?

李司机:没管。

严教授:你领了地的补助没有?

李司机:没有,2003 年出来一直没问过。

严教授:你姓什么?

李司机:木子李。

严教授:你应该是 80 后吧?

李司机:80 后。

严教授:那你跟华西村比较熟吗?

李司机:嗯,还可以。

严教授:听她们讲联系的宾馆老板是一位女士吧,那位女士是你老板吗?

李司机:嗯,对。

严教授:她家里是华西村的?

李司机:她家是并过去的,好像每年给他们一些生活保障,每人每年 300斤大米,100 斤食用油。

严教授:像你这种不是华西村的,但是你在华西村做事,这又是另外一种待遇情况吧?

李司机:对,真是不同。

严教授:华西村的女的嫁到外面去,村里面要不要补偿啊?

李司机:这一块我也不敢肯定。

严教授:我们的酒店就在华西村附近吧?

李司机:就在华西村里。

第二天

严教授:这个环形建筑是作什么用的?

李司机:这是华西龙希大酒店的员工宿舍,以前龙希大酒店没建的时候,外地打工的居住在这里,建了龙希大酒店之后,这些打工的就全部搬进了厂里宿舍,(于是)把这里改建作为龙希大酒店的员工宿舍。

严教授:这里现在是龙希大酒店员工宿舍?

李司机:对。

严教授:那他们住这里要不要交租金啊?

李司机:员工的话肯定就是免费的了。像这个龙希国际大酒店总高度328米,为什么328米呢?这个酒店是2008年建的,当时北京最高的楼是国贸,高度也328米,老书记(吴仁宝)说要和党中央保持高度一致,一点不能高了它,一点也不能低了它。

严教授:这个解释蛮有意思的。

李司机:1996年的时候领导来到华西村考察,没有这九座塔,没有这个高楼,只有角上的一座老金塔和一个龙西湖。领导跟老书记(吴仁宝)说你这搞的什么东西啊,简直一塌糊涂。老书记(吴仁宝)说我来改,要做就做个十全十美的。他非常讲究风水,这里的2号塔是华西的金融中心,自己的小金库,其他八座金塔正好在四周,象征着八方进财。

严教授:哦,从一塌糊涂到十全十美,八方进财。华西村的村民福利是什么样的?

李司机:他们每年的分红奖金,这些福待遇都有的。分红奖金根据个人能力的不同,有的在厂里当个班长,有的在厂里当个车间主任,有的在厂里当个总经理,分红奖金从几万、几十万到几千万不等。这右手边的前方是法兰厂,有个厂长叫张建国(谐音),去年奖金就有3000多万。(但是),不管是几十万也好,几百万也好,几千万也好,只能拿走30%,70%还要放到村里,村里再拿这些钱再去做投资,再去做发展。

严教授:那这个70%还算他的吗?

李司机:算他的,但是村里面来用这个钱。

第二部分:访谈华西二村村民

严小龙:湖南师范大学公共管理学院、湖南师范大学科学社会主义研究所、湖南师范大学县域发展研究中心、湖南师范大学乡村振兴研究所(筹)教授,以下简称严教授。

老　者:华西二村村民,拆迁"钉子户"。

日　期:2018年1月1日上午。

地　点：江苏省江阴市华西二村老者家以及旁边早餐店内。

严教授：你是几村的呀？

老者：二村的。

严教授：嗯，二村的。那你现在在华西村上班还是自己开店呢？

老者：我不上班，在家。我的房子就在旁边。

（向我们指了指自己的房子）

严教授：那边不是要拆迁吗？

老者：有一个拆迁了，另一个没有。

严教授：那个没有拆的，是不是你不同意拆迁啊？

老者：不是，我同意拆迁，他们不拆呀。

严教授：为什么不拆呀？是不是你们两家没谈好？

老者：我跟他们谈了。就好比咱们买东西，我说二十块他们不同意，他们说十块我又不同意，那就没办法了。他们不拆我这房子，就把我这房子圈起来了。

严教授：什么意思？

老者：就是老书记嫌弃我这老房子不好看，就在周边建了许多新房子把它圈起来，其他人就看不见了。

严教授：那意思就是没谈好？

老者：不是，他们就不跟我谈，他们就是要我们的命呀，这你能听懂吧？

严教授：我能听懂，实际上还是之前谈僵了或者是谈崩了嘛？

老者：我们没谈呀。老书记去世以后，新书记就没和我谈过。

严教授：那最开始拆房是哪一年呀？

老者：十一年前。

严教授：那你们这里拆房有没有标准？赔多少？怎么赔？

老者：华西没有标准，没有规定。他们就不和你谈。你们要是同意拆迁就拆，不同意拆就算了。

严教授：那华西的拆迁总有一个框架吧？

老者:一平方 200 元,或者是一平方 230 元,或者是一平方 180 元。

严教授:那原来这里也有房子(被)拆了吧?

老者:这里(的拆迁价格)是一平方 180 元。

严教授:是不是说,你这里的老房子是按一平方 180 元拆的,然后赔给你货币,要么是新房建好后以面积换面积?

老者:那不行。我这个老房子拆掉以后,他也不是赔给我钱,原来的房子(拆迁价)是一平方 180 元,现在的房子(卖给我)是一平方 1050 元,这是老书记跟我谈好的。但是,老书记骗我了呀,(因为)我后来买这个房子要一平方 2800 元。(而且要)两天之内就得拿钱出来,你要是拿不出来钱就卖给别人了。后来,我两天(之内把钱)给他了。再后来,他要拆我这个老房子,我就没让他拆。你懂了吧?

严教授:我明白了。那你这个老房子有多少平方?

老者:300 多平方。

严教授:那你的老房子是出租吗?

老者:没有,我现在就住在那边。

严教授:问题是,二村有那么多人,其他人家都弄好了,怎么就你一个人弄成这样子? 那别人是怎么说的呀?

老者:我和你讲,我在这里房子多,其他人没有这么多房子。我(的情况)是老书记骗了我,(因为)我买这两套房子花了六十多万。后来他又叫村委和我谈,我没同意。

严教授:所以还是你们之间没有沟通好,就是怄气了。

老者:我这四个门面也买了六年了,还有一套别墅花了 52 万。

严教授:你这几个门面是按一平方 2800 元买的,那其他人呢,是不是也是按一平方 2800 元买的?

老者:其他人是(按)一平方 1050 元(买的)。因为其他人在这里(大都)只有一套房子,我在这里有好几套呢。当初拆迁的时候是(补偿)180 块钱一个平方,后来又说是 1050 块钱一个平方买进。

严教授:那意思就是这是老书记承诺的,那有没有凭证呢?

老者:没有凭证,他不给呀。我和老书记讲,讲话要算数,说话不算话这是不行的。四个多月后,这边房子拆了,那边房子建好了,老书记就叫我过去,通知我去拿房子,说你要就是按一平方2800元,你不要就拉倒。一百多个人开会,我就在那里。老书记就说是误会了。我跟老书记说,房子我也不要了,你不要杀我。他没有骂我,我也没有骂他。我说这老房子我也不要了,送给你。

严教授:那拆迁这个老房子,有没有给你补偿呀?

老者:没有,他不给。为什么呢? 他知道我这个人。我这边(旧)房子没有了,那边(新)房子也没有。老书记知道后,让会计记下来,说新房子修好之后第一个卖给我。新房子修好之后,就通知我说2800块钱一个平方,两天交出钱。你交不出钱,这个房子就拆掉,钱也不给你。我就去那个老金塔里面找老书记,说你讲话不算话。后来我买了这个房子以后,他们要那个(旧)房子,我就没给,我也不要新房子了。

严教授:你和老书记年龄谁大?

老者:他大。他大我20多岁。

严教授:按理说,就你和他的关系,很小的时候你们就认识了,那你应该是很了解他的。

老者:了解呀。

严教授:你们二村现在还有没有村民小组,就是生产队?

老者:有的。

严教授:那你是二村几组的?

老者:四组。

严教授:你们二村原来有几个村民小组?

老者:二村原来是四个。四个队嘛,原来叫队。你们讲的是组,我们讲的是队。领东西的时候都是去大队领的。

严教授:是的,然后再分给每个人。那老华西村有没有(村民小组)?

老者:他们没有。

严教授:那就是老华西村没有生产队了,但并过来的村还有生产队,对吧? 你们并过来之后,你们的地包括宅基地和农田都并到华西了,那你们的生产队和地还有没有对应的关系?

老者:有呀。我跟你讲呀,我们队原来有一百亩田,华西给800块钱一亩田一年(的口粮钱)。但是人有差距嘛,钱给到生产队后,再分到人。(不同的队),有的人是950块钱一年,有的人是1000块钱一年。为什么有(这种)差距呢,因为有的队土地多人少,(而有的队土地少人多)。

严教授:就是外村并入(华西)以后,田和生产队是有对应关系的,然后每个队的田亩数是不一样的,有的队是田多人少,有的队是田少人多。

老者:他(华西)给所有(并入华西的生产队)都是800块钱一亩(一年)。

严教授:这个是不是一次性买断?

老者:不是,每年都是这样分(口粮钱)的。有钱的时候就给的早一点,没钱的时候就给的迟一点。

严教授:你们是什么时候并过来的?

老者:我们最早。93年左右吧。

严教授:当年你家里分了多少田?

老者:我家四个人分了一亩七分口粮田,三分五一个人。

严教授:老华西村原来分过田吗?

老者:他们不分的。

严教授:你们一亩七分田是叫口粮田,那是不是还有其他的田呀?

老者:还有交公粮的公粮田,有一亩一,(家里)总共有两亩八。

严教授:你们并到华西以后,一亩一年800块钱(的口粮钱),是按一亩七(的口粮田)算的,还是按两亩八(口粮田加公粮田)算的?

老者:按两亩八(算的)。我们原来还有荒地、河田,每个人还有一分多的自留地,它们有的算了,有的没算,不清楚是怎么算的。

严教授:你们生产队对自己的田地还有没有概念?

老者:这边就是按六十万一套别墅(卖),你要买就买,不买就算了。(老者带我们去看他的房子)

严教授:这就是你家?

老者:哈哈哈,我家,你看看行不行?

严教授:这都是你家的鸡、鸭?

老者:是,我养的。

严教授:你们二村村民的房子拆了以后,他们都住哪里?

老者:住别墅的也有,住公寓的也有。

严教授:你有一栋别墅,你不住别墅,住这里干嘛?

老者:我跟你讲,我儿子和媳妇在那边住。原来老书记和我讲,这个房子拆掉以后给我一套房子。但我去找现在的书记,人家不认账了。(所以),这个房子我就不给他们了。

严教授:实际上你们是怄气了,就是不合作的态度。这个地是你家的?

老者:都是我种的。这是人家荒了的,我就种上了。

严教授:你觉得活在这样一种状态中怎么样,是有劲儿呀还是怎么样?

老者:这个有一句老话:你有钱就马马虎虎,自己独立,不用靠别人。我儿子现在都不进华西村,一个月才(赚)几千。

严教授:你儿子和儿媳在哪儿工作呀?

老者:我儿子玩呢,我也玩呢,不干活。我儿媳在药店(工作),私人(开)的。

严教授:你现在是华西村的一道“风景”。

老者:之前也有常德的人来问我,我就实事求是地讲了,不说实话是要杀头的。

严教授:都有性格。

老者:对,这人没有性格是不行的。

严教授:你们二村是有社保的?

老者:对,一到三村都有,四村是一半有,一半没有。

严教授:那你这个社保是你自己保的,还是华西给你保的?

老者:我自己保的,年纪大的是180块钱一个月。一个人是8000块钱左右一次性买断。在厂里工作的就是华西村出一半钱,自己出一半钱。有的还不给保。

严教授:为什么呢?

老者:他狠嘛。厂里面也是有的人保,有的人不保,慢慢的保么。

严教授:按照你的说法,那他们应该是有规则的。

老者:有的是三年后就可以保,有的人家不给你保,你也没办法。

严教授:老人家,你还有没有了解情况的熟人,给我们介绍一下,我们想多了解点情况。

老者:我给你讲,新书记也好,老书记也罢,人家都不让讲的。原先(外面来采访)的人多,现在人少了。现在没有说真话的了。

严教授:那你有没有熟人引荐一下,我们也想听听他们怎么说的。

老者:都去上班了,他们不像我。

严教授:我们来就是想听听不同的声音,然后我们自己去判断。

老者:人家干部不一定给你们讲,他们还要(在这里)吃饭的。

严教授:我们听说华西村在搞股份制,你知不知道具体情况?

老者:股份制呀,前几年是想搞股份制的,后来没有搞起来。

严教授:那到底有没有搞?

老者:具体的我也不清楚。

严教授:好的。那华西村现在的产业怎么样?

老者:还是以钢厂为主。

严教授:那我们怎么没见过? 离这里远不远?

老者:从那个桥过去,那边都是工厂。

严教授:好,那我们先去那边的工厂看看,有什么问题再来麻烦你。

老者:好。

第三部分:访谈旅店老板娘

对话人:

严小龙:湖南师范大学公共管理学院、湖南师范大学科学社会主义研究所、湖南师范大学县域发展研究中心、湖南师范大学乡村振兴研究所(筹)教授,以下简称严教授。

老板娘:华西三村村民,经营一家旅店。

日　期:2018 年 1 月 1 日下午。

地　点:江苏省江阴市华西村老板娘经营的旅店内。

严教授:你们那个地方原来叫什么?

老板娘:路桥公社,现在是华西三村,合并过来的。它(老华西村)已经合并 20 个村了。

严教授:已经有 20 个村了?

老板娘:嗯,加上本村是 21 个村。华西一、二、三、四等周边村都是合并过来的村。

严教授:21 个村呀,那就很大了。要是按照过去的公社算,至少有两三个公社那么大了。

老板娘:不止,有五个公社呢。

严教授:五个公社,按照一个公社一个乡镇来算,那就是五个乡镇了,五个乡镇就可以成立市了。

老板娘:我们现在就是华西新市村。以前老书记在的时候是很要面子的,第一桶金就是钢铁炼出来的,然后再扩大就成立了钢厂,钢厂在以前(一年)要赚几千万呢。

严教授:钢厂现在还有吗?

老板娘:有呀,很大很大呀。

严教授:我们没看见钢厂在哪里呀?

老板娘:今天晚上或者明天我带你们去转转。我们这里什么都有,吃的穿的用的,而且生产出来的东西质量都很好。烟酒也都有。只要你发现了一包假烟,可以在华西老金塔十五楼去领奖金十五万。不管什么假的,只要你买到一样假的,就可以去举报,领到十五万奖金。人们都想找个假货,但找不到。

严教授:过去有一句话,没有这个金刚钻,不揽这个瓷器活。

老板娘:我们过去的衣服叫仁宝牌,我们老书记叫吴仁宝,现在都叫华西村。

严教授:看来不管是本村村民还是合并过来的村民,包括外来人员,都挺尊重老书记的呀。

老板娘:尊重。他确实有很大的功劳。老书记死的时候,好多人来吊唁,包括外国人。一个香港人哭得不得了,跳上跳下地哭,真的哭地死去活来。

严教授:那是为什么呢?

老板娘:她说老书记帮了她很大的忙,给她带来了不少好处。吊唁的时候大概排到了五公里以上。我们都去了,给他去鞠躬。这个老书记确实给我们老百姓带来了不少好处。说实话,现在我们也没有什么多大的担忧,像我公公婆婆他们,满了五十岁每个月就有八百块钱的退休工资。(每年)还发米、油,还有其他的一些东西,比如花生、瓜子、鱿鱼等。

严教授:你们合并过来的村民都有那些待遇?

老板娘:我们一、二、三村,我是三村的,一下子给我们买了十五年的社保,我公公婆婆他们每个月有八百块钱,给我们分了一套别墅,那套别墅大概四百多个平方,那时候我们只拿了十六万出来。

严教授:那这个是怎么分的?

老板娘:我们以前有老房子,老房子那个地给它(华西)占去了,就是用来建厂呀。老书记为了带动我们,就给我们分了一套别墅,叫我们住好一点的房子。我们补点差价,当时补了十六万。

严教授:我们一点一点地来理解。你们作为非本村村民,你们家就有两种待遇,一种是你公公婆婆每个月 800 块钱,然后到年底还要分五样东西?

老板娘:嗯,还有米和油,300 斤米和 10 斤油。

严教授:这个是一种待遇。另一个是你这种待遇,买了十五年社保,还有吗?

老板娘:还有就是每年给我们发米、油,米和油是每个人都有的。

严教授:这就是你们非核心村民的利益。还有就是你们的房子被征用了,你们就花少量的钱就可以换到一套别墅,这是按户来算的。

老板娘:那也不一样,我们要补 16 万,有的人补不出来,就只能买公寓楼。

严教授:公寓楼要补多少钱?

老板娘:没多少,就几万块钱。最多十万。以前那个时候钱是很紧张的,很多人都拿不出来,大概是十多年前。

严教授:公寓楼大概可以换多少个平方?

老板娘:有的人买一套,有的人买两套,有的是买三间,有的是买两间,按平方来算的。

严教授:那可以买多少个平方?

老板娘:这看你自己意愿,多买也可以。如果家里有两个儿子就买两套,有一个儿子就买一套。现在这个别墅卖60多万,好多人都抢不到。这个别墅是建在我们村的,只有我们村的人有这个资格。

严教授:这就是成员权。不是这个村的人是没有资格买别墅的?

老板娘:也不是。有的人可以托关系,有的人官大,有钱,村里有的人在南京上班、买房,这里的房子就不要了,然后就高价卖掉,这是可以转卖的。网上对华西的谣言挺多的,有好的,也有不好的。但谣言毕竟是谣言,好的都是真的。本村人(的福利)更好。

严教授:本村人(的福利)有什么好的?

老板娘:老书记在世的时候是很要面子的。但华西有这么多村,收的(村)太多了。老书记和新书记是"对立"的,新书记讲实在,他说不能收那么多村,收多了会像拖油瓶一样拖不动的。老书记在世的时候,出行都有警察和卫士,但是吃饭是很艰苦的,只吃面条。老书记在世的时候,华西本村的人福利是非常好的,当时华西村只有5000多人。村里的人都去厂里(上班),最低级别是班长,还有车间主任,厂长。班长奖金最低三四十万,不算工资,工资一个月一千多,车间主任的奖金是七八十万,厂长是一百多万,一个家庭一年就有几百万。钱用不掉的,就放在村里,村里就分红,一百万(一年)就是十万的利息,利滚利太多了。本村的人是真的好。现在新书记开始改革,把所有的钱都分给他们,然后就分房子,钱多的人就住高档别墅,每个家庭都有几栋别墅。

严教授:如果有人不想分别墅怎么办?

老板娘:那不行,必须分。他(本村人)的钱太多了,利滚利的。还有奖金可能要少一点了,工资(则)会高一点。那个龙希大酒店住一晚是568元,原来是 598 元,价格最高的那个(房间)离一万只差两块钱。村里奖金高的人就去酒店住,然后以奖金相抵。

严教授:是啊,奖金不是放在村里的吗?

老板娘:只要你想要,村里面也可以给你。但是放在村里面利息高,所以很多人都不想拿回来。

严教授:新书记的改革就是把钱分出去了,或者分房子,或者去酒店住。

老板娘:本村有的人一家有好几套房子,住不过来,还有的人去江阴市买房子。

严教授:捋一捋本村人到底还有哪些福利?

老板娘:房子是按级别分的,有班长、车间主任和厂长三个级别。

严教授:我们今天也去看那些别墅了,但我们发现好多别墅都没人住了,尤其是那些普通别墅。

老板娘:那些普通别墅是分给新村民的,这些村民是老书记招过来的高材生,包括高中生、大专生、大学生等。这些人进来高中生交 5 万,大专生交 8 万,大学生交 10 万,就能获得本村户口。

严教授:为什么学历越高交得越多?

老板娘:他们的工资高。这些人进来就有一套房子,上五个人的户口,还安排工作。我们后悔没有买,当时我们也可以买华西村的户口,但要贴 10 万块钱,我们只要买了就赚了。当时我们村有三家买了,现在生活好死了。他们工作好,工资高,奖金也高。

严教授:除了房子、工作,本村人还有什么福利?

老板娘:还有发米和油,他们还吃食堂。华西本村的可能一家人都上班,厂里的饭他们可能吃不习惯,不想吃,就给他们专门弄了一个二号食堂,每个月给他们饭票,他们拿着饭票去吃就行了。我们也可以去吃,但是要花钱。外村人如果在厂里工作,(在厂里)吃饭也不要花钱。

严教授:听说华西本村是没有分过地的,但你们是分过地的,你们的地现在被征用了,还听说近几年华西确股了。

老板娘:没有,就是那个分红,是按照级别来分的。

严教授:我们来之前也了解过一些情况,想知道华西村是怎么股份化的?

老板娘:我们说的就是那个分红,而且华西本村人是不能自己做生意的。

严教授:我们讲的那个股份化是指将资产股份化确到人,你说的分红实际上还是按照成员权益算的。这种股份化有些地方是按照土地入股的,你们是按什么算的?

老板娘:我们就是把钱放在村里,然后拿利息。你放十万块钱就给你一万的利息,你放一百万就给你十万的利息,是按照百分之十给的。

严教授:这个就不能叫作股份了,就是你说的分红。

老板娘:华西村是没有股份制的,就是分红。奖金多的人就分房子,级别最高的人就住高档别墅。

严教授:那你对华西村的收益有没有一个概念?

老板娘:有,它每年都会公布出来的,今年已经超过去年75%了。去年改革了,分红少了,如果把分红放在村里生息,村里也不收了。

严教授:也就是说,华西村没有股份化,只是在分红上面有所改革。

老板娘:嗯嗯。

严教授:你还认识其他在华西村做事的人吗?最好是华西本村人。

老板娘:做事的人多了,有说好话的,有说坏话的。有的人知足,有的人不知足。今天晚上我再给你找一个人,我们村的一个水电工,经常在我们这里来玩。他是实实在在的,讲实话的。还有,老书记死之前就是住在普通别墅的,他的几个儿子住在高档别墅,还有一个女儿嫁给了一个五村的人,但户口还在华西本村。现在华西所有的房产、物流都是归他女儿管的。

严教授:他的女儿户口还在本村没有迁出去?

老板娘:对呀。

严教授:其他人家嫁女儿,户口要迁出去吗?

老板娘:那看你自己了,不想迁就不用迁。

严教授:其他人嫁到本村,能有本村户口吗?

老板娘:只要满三年就可以拥有本村户口了。女婿招进去也一样。现在我们可以大声讲了,以前都不敢(讲),每天都有记者来采访。那时候,老书记在的时候,每天都有人来采访,不敢乱说话。有一个本村的人乱说话,后来他们一家都倒霉了。事情大概是这样子的:有一天一位记者在一户村民门口看见一个老伯伯端着一碗稀饭,便走上前去询问:"华西村如此富裕,为何您还只端着一碗稀饭?",当时这位老爷爷面对镜头说了一句:家里都没有米啊,我只能吃稀饭。就这么简单的一句话,在电视台一经播出,各方舆论风起云涌。老书记勃然大怒,晚上就到这家村民中,质问这个村民:我每年给你发那么多米,你怎么说没米啊你,你面对镜头你怎么说话的啊你! 第二天老书记运了25吨食物,有米面肉鱼等,统统倒在这个村民的家门口。炎热的夏天,25吨食物在太阳的暴晒下,(结果怎样)可想而知。现在,他的儿女整天做苦力,住在老房子,不给他们分房子。

严教授:这位老书记还是有点手段的。

老板娘:没手段管不了这么多人呀。后来,我们讲话都很小心,老书记派了很多人暗访,只要你说错话了,就给你打电话。他有每家每户的电话,就说那个谁谁谁,你来老金塔喝喝茶,然后培训你几天。我们那时候吃饭都关着门,不敢大声说话。后来老书记还把江阴的记者还有其他人都给撤了,吓得江阴的领导都不敢下来了。我们的治安是相当好,没有偷鸡摸狗的事情。联防队二十四小时巡逻。

严教授:还有一个问题,就是没有受过教育的那些人也都在厂里上班?

老板娘:现在他们都退休了,按规定50—60岁必须退休。男的稍微高一点是60岁,有的人闲不住就去找点零活,一般人都在家里面带孙子呀等等。村里面还组织他们轮批去旅游,还是出国(旅游)。还有,他们去四号金塔体检不要钱。

严教授:这里的年轻人结婚,村里面管吗?

老板娘:管呀,村里出一部分钱,就在龙希大酒店办酒席。但还是自己出的多,从他们的奖金里面扣。

严教授:你也累了,能不能找几个其他人,比如做工的或者班长来。

老板娘:我那个水电工就可以,只不过他们都不愿意多讲。

严教授:我们主要是了解实情,不会给你们添太多麻烦的。

老板娘:我知道,该说的我也和你们说了,好的坏的都说了。村里正在开一个会议,想把一到五村纳入华西村,剩下的村都退还回去,但是好多人不愿意。那个社保现在也是只有一到三村买了,其他村没有买。现在这个结果还没有出来,不知道大家能不能接受。现在华西村在外面有很多企业。新书记是靠脑子的。

严教授:(这种做法有可能)是外部股份化,内部是没有搞股份制的。我们想找一些管理人员了解具体情况,你看能不能帮个忙?

老板娘:我老公的弟弟就是管理级别的,我跟他说说,给他做一些思想工作。

严教授:你把我们的情况跟他说说?

老板娘:行,我跟他好好说说。

14. 狮山镇及其谭边社区和白沙桥社区访谈音录

第一部分：访谈南海狮山镇城乡统筹局陈副局长

对话人：

严小龙：湖南师范大学县域发展研究中心（科学社会主义研究所所长）教授，以下简称严教授

陈副局长：狮山镇城乡统筹局副局长，以下简称陈副局长

日　期：2018年7月18日上午

地　点：广东省佛山市南海区狮山镇政府二楼会议室

严教授：我们是湖南师范大学的老师和学生。我们是做农村问题研究的，来狮山主要是为了解南海的土地股份制问题。在这之前我们也跑了很多地方，比如湖南、湖北、贵州、河南、安徽等等。广东南海是改革开放的前沿，也是农村改革的前沿。从20世纪八九十年代开始，广东南海就一直是农村改革的试点地区。

陈副局长：是啊，那时候叫南海先行先试，许多地方来南海学习。不过南海作为改革的试点，在土地股份制的过程中出现了很多问题。其他地方来南海学习时克服了这些问题，所以很多地方现在比我们这里做得好。

严教授：各有特色嘛，所以我们这次来主要是想了解南海的情况。比如我们想先了解一下狮山镇的总体情况，然后再了解狮山镇的农村（社区）在土地股份制过程中所取得的成就以及出现的问题等等，以便我们形成一个全国性

的整体的框架结构。

陈副局长:如果你们真正想了解南海区土地改革的情况,最好去南海区城乡统筹办,因为它的前身是农业局,再之前是农村工作部,整个南海区的土地改革都是由它统筹规划的。1992年或1993年左右,南海市在狮山划了一个南海高科技开发区,当时又称南海市狮山镇西部开发区。但狮山区真正成立是1995年。在2004年时狮山区又整合了周边四个镇,成立了狮山镇。在2013年时又将罗村街道管理处以及大沥镇的五个社区吸纳融合,形成了今天的狮山镇,也就是佛山高新区所在地。佛山高新区与狮山镇是一套人马,两个牌子。佛山高新区负责经济发展统筹,狮山镇负责社会管理。所以说在介绍土地股份制这一情况时,我说的可能不是特别全面。严教授,多多包涵。

严教授:没关系。

陈副局长:那现在我就介绍一下南海区股份制改革的发展过程。在1992或1993年时,南海市在其下辖的几个区开始推行土地股份制改革。当时也恰逢小平同志南巡,改革精神得到大力倡导。在经济的推动下,推行以土地入股,推动村一级的经济发展。在推行的过程中,当时的村委会(村民小组)都是一套人马,几个牌子。在经过十多年的发展以后,在成员资格以及成员权益的确定方面出现了很大问题。所以,2004年南海市在1993年的基础上对股份制进行完善,推行"生不增、死不减"和"生增死减、三年一调整"两种模式。大沥镇的谭边社区就实行"生不增、死不减"这种模式。但这种模式也存在问题,触发了新增人口(婴儿或者是娶进来的媳妇)的利益,这部分人没有享受成员权益,所以他们要求推翻"生不增、死不减"这种模式。而"三年一调整的生增死减"模式是符合大部分农村人口的利益的,所以2004年以后,(在实行这种模式的农村)新增人口可以出资购股。

严教授:我打断一下,2004年以前,他们需要出资购股吗?

陈副局长:他们不需要,他们(作为农业人口)是自动成为股东的。

严教授:那出资购股的人口是指哪些人?

陈副局长:是在2004年以后新出生的婴儿,或者是新嫁入的媳妇,还有户口迁到本地的人。只要是符合章程,在每年年底,都允许他们出资购股。

严教授:那出多少资呢?

陈副局长:每个经济社不一样。有的是五千,有的是三千,都是按照2004年每一股的价格去购买。2004年时我们对人员和土地进行了核查。因为我们实行的是以土地入股。我们将除宅基地外的建设用地和农用地进行核查,然后由镇或者是区给一个指导价。比如建设用地是多少钱一亩,农用地是多少钱一亩,然后算出一个资产总额,然后再算出每人持有多少股。

严教授:那我打断一下,你看看这样理解对不对。就是在2004年时将建设用地、农用地和宅基地进行核查。这三种土地是不同的价格。

陈副局长:宅基地不作价。除此之外,还有一种是物业。比如店铺、厂房等是按照当时的物价确定一个评估价。这些资产总额都是经济社的总资产。经济社是指股份合作经济社。这个名称也变了三次。最开始是中央推行的经济社,是合作社的一种;2004年时叫股份经济合作社;2006年时广东省出台了《农村集体经济管理规定》,将名称规范为股份合作经济社。

严教授:那么,这个经济社和行政村是什么关系?

陈副局长:这个问题比较难解释。我们现在有行政村、经联社和经济社三种。村委会是行政组织,其余两种属于集体经济组织。经联社是隶属村的一个下属机构。(上世纪)八十年代末九十年代初,广东省推行社区合作社,将乡、镇的生产大队(经济成分)联合建立经联社。村委会和经联社是上下级关系。经济联合社负责发展经济,保障村委会日常的行政支出、基础建设和村民福利。而经济社是由生产队演变过来的,原来也是隶属村委会监督和管理的。不过,在广东省出台相关规定后,经济社则是自我管理和自我发展的,村委会和村党支部(对它)只有监督权和指导权。其实,关于这三者之间的关系中央也没有明确的规定。中央出台的文件中对村委会有规定,但对经济组织并没有明确的规定。所以你问我这个问题,我也不是很清楚。

严教授:我是想问一下它们在实际运作中的关系。

陈副局长:也是监督管理的关系。经联社属于村一级的资产(管理机构),它可以向下属的经济社租用一些土地发展经济,(它们)是上下级的关系

（注：这种关系界定可能不太准确，后文会有说明）。（还有），2011 年推行政经分离时，也将村委会和经联社分离开来，村委会是一个管理架构，经联社是另一个管理架构。

由于我们在 2004 年对人员、资产和土地进行了比较清晰地界定，所以现在土地股份制中出现的问题不是很大，主要问题是外嫁女及其子女的问题。刚开始时，很多人对"生增死减和按人配股"这种模式是肯定的，但是随着经济发展，土地价格也随之上涨，现在推行土地确权到户很难。因为我们和其他地区或者其他省份不一样，我们在 1996 年时没有搞第二轮延包。我们在 1993 年时推进股份改革，将分到农户的土地由村委会或者是村民小组集约开发，开发不了的土地按照期限（三年或者五年）分给农户去耕种。期限到了，如果有人来租地开发，根据（村民）表决再将它承包出去，剩下的土地再分给农户去种植。

严教授：三到五年的期限是怎样一种考虑？

陈副局长：是按照当地的一种发展。1993 年以后每个村委会都有它自己的考虑，有自己发展集体企业的，有外来老板发展的。关于发展模式，南海是鼓励五个轮子一起转。

严教授：哪五个轮子？

陈副局长：是指区、镇、村、村民小组以及公有资产。由于土地承包到户的时间过长可能对发展不利，村民自己可能也会不满意，所以经村委会讨论确定三到五年这一期限。2004 年完善股份制之后，2015 年我们又根据中央文件以及南海区的要求，开始推行"确权确股不确地"，将之前的两种模式全部打破，实行确股到户，以户为单位进行分配。所以我们以 2015 年 12 月 15 日为始点，对所有在册的股东进行重新界定，然后根据各个经济社的规定重新确股，有的（经济社）是一人十股，有的（经济社）是一人一股，然后再确定（每个）股权户以及每（个股权）户的代表。

严教授：这里的户是指一户人家吗？

陈副局长：原则上是按照户口本来组户，但也可以是自由组户。分配时是按照股权户分配，并不是直接分配给每个人。新增成员只能享受户里面的股份,实行户内共享的原则。

严教授:所以,你们实际上是将(股权)"生不增、死不减"放到户里面去了。

陈副局长:是,长久不变嘛。户里面的股权可以转让、赠与、继承,但这几种方式只针对户里面的人员。比如说我和我老爸,如果我老爸去世了,不存在我继承他的股权的情况,他的股份是户内的所有人共享。除非这个股权户里面的所有人都迁出户口或者是去世以后,才存在继承问题,(也就是)根据继承法或者是遗嘱继承股份。

严教授:这种情况是否意味着,这种资产属于私有资产?

陈副局长:也不完全是私有资产,它是户内共享。

严教授:继承是按照股权户里面最后一个人的遗嘱吧? 但是继承也不可能是随便继承吧,是不是有什么要求呢?

陈副局长:是根据最后一个人的遗嘱。继承是分两种的,一种是可以继承股权户里面的股权,另一种是可以继承由经济社提供的股权赎回金。如果继承人是社内的集体成员时,可以继承股权;如果是社外人员,只能继承股权赎回金,股权赎回金是按照上一年度每股分红的三倍给予的。经济社(将股权)赎回之后再进行公开交易,将它分配给那些达不到每人一股的股权户。但是股权只能在社内流转,不允许在社外进行交易。其实经过这么多年,有很多专家建议说我们这里能不能发展成公司,但是土地决定了它发展不了。因为土地是国有的(注:未征收前应该是集体所有的),是集体建设用地,所以公司化是很难实现的。之前听说中山那边也想实行公司化,最后发现太难了,必须得有政府的管理,所以不了了之了。所以,我们整个狮山镇的股份制改革总共有1993年、2004年和2015年三次。

严教授:1993年是开始探索,2004年是完善,(也就是)界定人员、土地以及股份,2015年是确股到户,农村这些问题的确蛮复杂的。

陈副局长:我这里有一份文件,你可以先看看,内容是为了理顺读书迁出去、当兵迁出去以及自理粮人口迁到城市的问题……

严教授:自理粮人口是什么意思?

陈副局长:自理粮人口是指当年为鼓励农村人口迁入城市发展第三产业,

户口可以迁入城市,但粮食必须自理,所以简称自理粮人口。在2015年,为满足这部分人的诉求,他们也被允许出资购股。有少部分地区是免费的,但大部分地区都要求出钱购股,(其方式)是根据每个经济社上一年度股东分红的十倍到十五倍确定的。因为有些村民比较抗拒这一部分人重新迁入本经济社,所以经济门槛就定得比较高,从几万到一百万之间不等。从2011年政经分离后,经济方面的管理都由经济社社委会负责,政府只是有指导和监督作用。(也因此),我们现在还有十个经济社没有确权(股)到户。佛山市要求在2019年前完成,但我们南海区要求在今年年底完成。这十个经济社存在的问题比较多,主要是土地的历史遗留问题。这些农户要求我们帮他们解决他们的诉求,然后才会配合我们。

严教授:那你们之前没有租出去的土地有没有确权到户?

陈副局长:2004年时,我们就将这些土地以股份来反映资产份额了。

严教授:你们狮山镇这边剩余的土地还多不?

陈副局长:有的经济社剩余土地还挺多的,有的经济社的土地基本上全部承包出去了,因为近几年我们这边开发力度较大,特别是佛山西站的修建。纯粹是农地的经济社不多,大部分都是鱼塘,现在正在公开招标,对于农地比较多的经济社,我们正在鼓励他们将农地集约,然后再承包出去。

严教授:意思就是,你们没有出租出去的土地的股份是按人头分配的?

陈副局长:也可以这么理解。这部分土地是由经济社分配给农户无偿使用的,在土地承包出去以后,股份才能起到大作用;在土地没有承包出去之前,股份的作用不是很明显。

严教授:中央规定承包期十五年或三十年不变,集体组织没有权力收回农户的承包地,这个问题你们是怎么理解的?

陈副局长:确权(股)到户时,我们都会征求村民的意见。如果村民赞成将土地集约发展,我们也会听从村民的意见,这也不算违反国家规定。如果土地长久不变,对经济的发展以及农民的收入还是有制约的,所以当时我们南海才实行这种股份制改革。

严教授:你们在推行这种改革的过程中有那些阻力呢?

　　陈副局长:主要是关于外嫁女子女的问题。有些经济社想要将不允许外嫁女及其子女继承股权写进章程,但是这一规定又违反《中华人民共和国妇女权益保护法》,所以政府对它的审核不予通过。很多外嫁女认为她们是土生土长的本地人,即使出嫁也应该享有成员权益。既然男成员的子女拥有成员权益,那么同样女成员的子女也应该拥有成员权益。

　　严教授:那这些子女的户口在哪儿?

　　陈副局长:(他们的)户口跟母亲。如果户口不在这里就不能享有成员权益。

　　严教授:那就是外嫁女及其子女的户口都在本村(才可以享有成员权益)。

　　陈副局长:是的。新出生的外嫁女子女的户口必须第一时间落户在本村。如果他先是在父亲那边,然后才迁到母亲这边,他有没有成员权益就得根据(经济社)章程规定(来界定)。

　　严教授:如果是后一种情况,那本社的成员会有意见吧?

　　陈副局长:这种情况就等同于嫁入的媳妇。比如说我新娶的媳妇是城市户口,和我结婚以后户口迁到本地,那她有没有成员权益就取决于章程规定。有的(经济社)章程规定必须是农业户口,有的就没有规定。

　　严教授:是不是说,只要是户口在本村的村民都有成员权益?

　　陈副局长:不是这样。对于那些户口迁入到本村的人员,只有符合章程规定才是经济社成员,否则就只是村民。自从(2011年)政经分离以后就有两种身份:一种是村民,一种是成员。只要是成员就一定是村民,但是村民就不一定是成员。

　　严教授:那不是(经济社)成员的村民(权利和权益)是怎样一种情况?

　　陈副局长:他们按照村委会的规定,享有村委会的一些公共福利以及村委会的选举权利、表决权,没有成员权和分配权。

　　严教授:这种人(群)是怎么形成的?

　　陈副局长:比如读书、当兵以及自理粮人口的户口回迁和之前所说的集体户口。原先大学生的户口必须迁到他所在的学校,学生毕业之后,户口及档案如果放在人才市场,那么一年之内可以迁回村里面,超过一年就意味着你自动放弃。如果你要迁回村里,必须经过村委会的同意,人才市场才放。还有男成员的配偶是居民户口的情况。

严教授:他们要根据章程规定来界定是村民还是成员,那章程是如何规定的?

陈副局长:章程里面有一章是专门关于成员资格界定的。比如男成员的配偶必须是农业户口(有的经济社没有这个规定),成员所生育的子女(包括合法收养的子女)自动享有成员权益。但每个经济社的规定是不一样的。

严教授:那入赘呢?

陈副局长:那就要求女方必须是独生子女或者是独女户,多个女儿中只有一个女婿可以享有成员权益。

严教授:关于男成员配偶的权益有没有规定?

陈副局长:之前没有规定,现在为了防止男成员假结婚骗取成员权益,所以有所规定。(这项规定就是),男成员初婚的配偶享有成员权益,如果再婚,除非初婚的配偶放弃成员权益,现在的配偶才能享有。

严教授:如果之前的配偶不愿意放弃成员权呢?

陈副局长:这就是他们自己的问题了。其实这样做也可以防止男青年们盲目结婚。之前南庄那边就因为即将实行"生不增、死不减"的政策,所以许多未婚青年为获取更多的成员资格就盲目结婚,导致之后的离婚率激增。所以我们当时实行这一政策,就是考虑了这一问题。

严教授:这样做对稳定家庭很有好处。毕竟,如果没有成员权益,女方可能就不会考虑嫁给男方。

陈副局长:确实是这样。如果双方闹矛盾,村委会调解时也比较方便。确权(股)到户实际上就是将一些矛盾细化到家庭身上。实际上,从2004年之后,我们就一直在考虑享有成员权益的村民的义务。既然他们已经享有了相应的权利,那么义务也应该履行。现在他们的义务只局限于村规民约的规定,并没有涉及其他方面,他们的义务承担的比较少,这样对整个经济社的监管还是有影响的。

严教授:他们怎么对经济社进行监管?

陈副局长：对于成员需要承担什么义务的规定比较少，对其约束较少。要求成员对经济社做什么贡献也没有明确规定。

严教授：之前提到说还有十个经济社没有完成改革，除了外嫁女及其子女这一问题之外，是不是还有其他问题？

陈副局长：外嫁女及其子女这一问题已经困扰我们很久了。从2009年南海区要求落实外嫁女及其子女的股权到目前为止已经快十年了，这一问题还是没有得到很好的解决。村民们大都同意外嫁女享有成员资格，但对其子女的抵触还是很大。按照法律规定，其子女也应该享有成员权益；但村民们认为既然你们享有成员权益，那你们就应该履行赡养义务。我们和法院沟通时，法院指出享有成员权益和履行赡养义务是两回事。所以村民们对其子女的抵触还是很大的。我们狮山镇截至去年年底有4000多名外嫁女子女，还有9000名多外嫁女。

严教授：这是怎么回事？

陈副局长：外嫁女子女问题要考虑到多方面的因素。（例如）他们的户口有的是跟父亲的，现在还有外嫁女的孙辈或者是孙辈媳妇（的成员权问题）。所以我们主张实行确股到户，就是说外嫁女及其子女享有成员资格，但是股份分红是户内共享，国家不再另配股份给你们。

严教授：也就是股权固化。

陈副局长：但是我们又考虑到随着人口的增加，股权固化也是有局限性的，不是一劳永逸的。

严教授：你的意思是说这种股权固化也是要改变的？

陈副局长：嗯，虽然我们当时提出是长久不变，但是按照《土地承包法》第二轮延包期限是2028年，所以如果在这一期限内有村民提出意见，我们会在股权数不变的基础上向外扩股。不过这都是以后的问题。这些问题会由政府引导、经济社自己解决。

严教授：扩股的原因是因为人口的增加？

陈副局长：很有可能。毕竟随着经济的发展，人们生活水平的提高，人均寿命增加，人口会越来越多的。现在这十个经济社就存在着这方面的问题。有的人考虑到自己的儿子快娶媳妇了,就不同意现在改革,而是想再等几年。

严教授:是不是说,确权(股)到户很难长久固化?

陈副局长:是这样理解的。其实随着人口增加,这种问题肯定会出现的。其他地方肯定也存在这种问题,只不过还没有显现出来。

严教授:据我们的调查,其他地方(省份)已经显现出来了,只不过是因为你们这边的土地更值钱,所以问题才更突出。现在十九大已经召开,决定土地再延包三十年,关于这个问题你怎么看?

陈副局长:因为我们这边实行确权(股)到户,所以可以进行调整,问题不是很大。但是,其他地方可能会比较麻烦。我个人觉得土地再延包三十年或者是长久不变,可能会存在隐患。

严教授:那你觉得要怎么解决这个问题,直白一点讲,你觉得是确权到户好、还是确权到组好?

陈副局长:确定到组,再由组去分配,这实际上和确权到户差不多,只不过一个范围大,一个范围小。如果确权到组,管理方面还是有优势的。

严教授:你觉得确权到组可以解决现在存在的股份或是土地分配不均的问题吗?

陈副局长:我觉得应该和确权到户差不多,我们也是由户组成经济社的。

严教授:你们现在的经济社是独立经营的吗?

陈副局长:经济社是独立的。

严教授:那是一个村一个吗?

陈副局长:不是,我们狮山镇有63个农村社区,有64个经联社,631个经济社。

严教授:那经济社是怎么形成的?

陈副局长:以当时的生产队(作为)区分的。

严教授:那就是村民小组。一个组只有一个经济社吗?

陈副局长:也不是,还有两个的,或者三四个的。每个地方不一样。这是由当时的自然村决定的。

严教授：你们这里的情况比较复杂。是一个组一个经济社的情况比较多，还是两个经济社的情况比较多？

陈副局长：一个经济社的情况比较多。1993年时由于征地，有的生产队矛盾比较突出，所以为了缓解这种矛盾，生产队就分成两个或多个经济社。不过有些生产队还存在总社，由总社进行集约发展，收益按照比例分给两个生产队，再由生产队进行分配，所以这些事情说起来比较复杂。

严教授：正是因为复杂才有研究的必要。这些事情回去我还得捋一捋。你能不能在谈谈那十个经济社的问题。

陈副局长：问题不是没有确权（股）到户，只是有些经济社不愿意把股权分给外嫁女。所以我们现在正在制定政策，经济社必须执行，如果经济社不愿意执行，外嫁女可以去法院申请，强制经济社执行。

严教授：那法院会受理吗？

陈副局长：根据我们总书记依法治国的要求，这属于民事纠纷，法院肯定会受理的。之前法院就一直受理这类案件，后来由于人数太多，法院就要求政府先收集材料，然后再由法院受理。

严教授：案件执行成功的多不？

陈副局长：每年差不多都有几百起案件可以执行成功。

严教授：我们能不能去到村里的经济社去实地看看呢？

陈副局长：去两三个经济社？

严教授：是的。

陈副局长：经济社还是村委会？

严教授：我们主要是想了解农地股份制，看去哪里可以了解的情况比较多，我们就去哪里。

陈副局长：那我联系一下附近的经济社。

严教授：辛苦你了。最好类型丰富点，这样能更加了解狮山镇的情况。

陈副局长：那我先联系一下狮山镇城区的谭边社区，下午带你们去。

严教授：好的，非常感谢。

第二部分:在陈副局长陪同下访谈狮山镇谭边 社区党委书记和经联社社长

对话人:

严小龙:湖南师范大学公共管理学院、湖南师范大学科学社会主义研究所、湖南师范大学县域发展研究中心、湖南师范大学乡村振兴研究所(筹)教授,以下简称严教授

陈副局长:狮山镇城乡统筹局副局长,以下简称陈副局长

谭社长:谭边社区党委委员、经联社社长,以下简称谭社长

谭书记:谭边社区党委书记,以下简称谭书记

日　期:2018 年 7 月 18 日下午

地　点:广东省佛山市南海区狮山镇谭边社区党委书记办公室

严教授:我们这次来主要是想了解南海地区的土地股份制情况,经过这么多年的发展,有什么变化,有哪些问题。我们想更细致地从纵向和横向两个方面了解一下这些情况。

谭副社长:因为我做社长的时间也不是很长,2009 年才上任,之前一直是我们谭书记管理,具体的情况他比较了解,不过他现在正在开征兵动员会,一会儿才能下来。我就知道什么说什么吧。

严教授:知无不言言无不尽嘛。我们做学问讲究的就是真实。对于南海我们也是慕名而来,想来证实一下书上所讲的内容是否真实,向你们学习。

陈副局长:谭边社区是从 2005 年开始实行股权固化,实行"生不增、死不减"的模式,在 2015 年按照中央的要求实行确权(股)到户。

严教授:对"生不增、死不减"和确权到户你们是怎么理解的?

谭社长:我的理解就是定了两次股权。第一次就是在 2005 年我们经联社确定了户籍在本地的在世的人口,当时的股民是 2300 多人,之后的新增人口就没有股权。在 2015 年时,针对从 2005 年起没有股权的新增人口,我们实行

扩股。将当年的 12 月 25 日作为确权日。社区内符合规定的没有股份的村民根据要求可以购股。但是从 2005 年到 2015 年之间去世人员的股权不变，所以增加的股民只有 400 多人。我们现在的股民总共是 2965 人。

陈副局长：这种情况相当于我之前所说的（生增死不减），他们在 2005 年确定经联社的总股数不变以后，在 2015 年根据新增人口再向外扩股，允许他们购股。

严教授：那你们 2005 年的总股数是多少？

谭社长：我们 2005 年是 16 周岁及其以上的村民每人十股，16 周岁以下的青年虽然是每人十股，但分红时是按照每人五股计算的，直到 16 周岁才会给全额。

严教授：那购股的是那些人？

谭社长：购股的主要是两类人。（一类是）新出生的婴儿和新嫁入的媳妇，这些人是三万块钱一个人十股，但是（全额）分红也要满十六周岁；另外一类人是由于当兵、读书或者其他原因户口迁出本地，然后再迁回来的人是二十五万块钱一个人十股。

严教授：如果是入赘的女婿呢？

谭社长：这种一般都是纯女户。如果这家有三个女儿，只允许其中一个女儿的丈夫花三万块钱购股。第二个或第三个都是二十五万块钱。前提是他们的户口必须经公安审核，落户在本地。

严教授：2005 年时你们一个股年终分红是多少？

谭社长：当时很少差不多是几百块钱十股。

严教授：那现在是多少？

谭社长：八千块十股，也就是一股八百块。

严教授：我们听说还有几百万的呢？

陈副局长：那是征地和拆迁款。

严教授：你们这分红应该每年都不一样吧？

谭社长：我们去年是 6800，前年是 5400。分红主要来源于土地出租，还有物业出租。

陈副局长:谭边(社区)的是一个总社,经联社每年收入两千多万,扣除经营成本、日常支出以及维护村委会的支出和20%的发展基金,剩余的才分配,它和经济社不一样。

严教授:不一样在哪里?

陈副局长:首先是土地不一样,有的经济社土地多,有的经济社土地少;还有就是人口也不一样。

严教授:那谭边社区的前身应该是一个村吧?

谭社长:在2005年,我们谭边社有10个经济社,但后来由于政府(实行)一村一社的改革措施,所以我们谭边社就成立了经联社。

这时,谭书记推门而入。

严教授:谭书记您好,首先我自我介绍一下。我们是湖南师范大学来做调研的,(调研的)主题是土地股份制改革,你们这边实行的比较早,现在又有很多变化,所以我们想实地来考察一下。希望得到谭书记的大力支持。

谭书记:我们当然支持。

严教授:我们想更细致的了解一下在土地股份制改革中,谭边社区所取得的成绩以及所遇到的问题。

陈副局长:你们2005年实行生不增、死不减的模式,后来那些新出生的婴儿和新嫁入的媳妇有没有提出诉求?

谭书记:没有,因为我们当时是已经确定好的。我们当时是一户一户分的。

陈副局长:因为这些人当时除了不能享受股份分红,其他的福利还是可以享受的,所以抵触不是那么大。

严教授:其他的福利是指什么?

谭书记:医保、社保、读书补助等等。

陈副局长:所以除了分红以外,其他的福利都是一样的,人们的抵触就不会那么大。本来,南海区打算在整个区域都推行"生不增、死不减"的模式,但是当时里水镇对于"生不增、死不减"模式的抵触很大,所以在2004年左右,南海区就决定让各个镇自由地去推行股份制改革。当时,大部分地区都决定推行"生增、死减"的模式,只有少部分地区实行"生不增、死不减"。

严教授:你们的第一次改革是在1993年吧,你们能详细介绍一下当时的改革情况吗?

陈副局长:我是在1995年才参加工作的,所以对当时的情况不是很了解,只是听一些老前辈谈起过。1993年时,除了搞股份制以外,每个村还成立了集团公司,集团公司就是以土地的形式入股办村级企业或对外招租。但是当时有的集团公司运作起来了,有的集团公司却是有名无实。所以在2007年左右将这些有名无实的集团公司清除了。

严教授:那些集团公司和经济社是什么关系?

陈副局长:也是两个层次。集团公司就是当时想以公司化推行股份制,由经济社或经联社将土地集约,交由集团公司进行运作。

严教授:那现在还有集团公司吗?

陈副局长:有的地方还有,集团公司应该算是经联社下属的一个机构。

严教授:1993年你们是如何确股的?

陈副局长:1993年基本上没有确股,只是成立了经济社,分红也只是按照人头分。经济社(这种模式)打破了以往的分田到户模式,因为它是将土地集中起来发展的。

严教授:当时的分红是多少?

陈副局长:当时的分红基本上很少分给村民,资金基本上都集中起来平整土地,或者是由经济社集中起来发展经济。

严教授:你们2005年第一次确股时,当时不是有村民对"生不增、死不减"模式有异议么,你们是怎么处理的?

陈副局长:我们狮山镇这边没有,其他地区应该是通过扩股处理的。

严教授:所以你们2015年又进行了一次确股,应该是有调整的意味。当时增加的人口是可以购股的,但去世的人(的股份)并没有减去,所以(这种模式)应该叫"生增、死不减"。

谭社长:是呀,这样推行起来比较顺利。而且之前我们是户内共享,即使有人去世了,他的股份也是在户内共享的;直到2015年进行调整时,户内的股份才增加了。

严教授:你们这里因为确股到户,所以阻碍还是比较少的;其他的许多地方因为是按农地进行分配(确地到户),所以意见可能大些。

谭社长:我个人觉得还是这种确股到户的形式,村民的意见会比较少,因为每个人的股数是确定的,按照农地分配比较麻烦。

严教授:你们谭边社区的经费主要是来源于哪里?

谭书记:土地,还有我们自己的市场。

严教授:那政府有没有资金补助呢?

陈副局长:现在我们狮山镇有一个社区公共服务中心,由政府按照面积、人口给各个社区发放专项款,专项款的项目包括村委会干部、社区工作人员的工资以及一些日常的行政支出。对于村里面的基础设施建设,如果符合规定,政府可以拨款资助,但大部分还是由村居委会自己支出的。

严教授:像你们这边属于比较发达的农村,村委会还有资金来源。我们那边村委会干部的工资等基本上都是靠财政拨款的。

陈副局长:我们这边有些比较贫穷的地方也是由政府拨款的。

严教授:关于2015年的改革你们能不能再具体讲述一下,我们想听听更具体的过程。

谭书记:2015年我们对新出生的小孩、新嫁入的媳妇、非农户口以及违纪超生的人口定了四个价格:15000、30000、250000以及60000,允许他们购股。

严教授:你们从2005年到2015年是实行"生不增、死不减",但是在2015年进行了调整,用"生增、死不减"模式进行调整。

谭社长:确实是这样。

严教授:那你们的村民小组呢?

陈副局长:2013年全部进行整合,一个村只保留一个大的村民小组。

严教授:那就是村委会和村民小组是一套人马。那为什么还要保留村民小组呢?

谭书记:村民小组可以处理很多事物,比如环保、与村民的沟通等。

陈副局长:保留村民小组,村委会对生产大队也有一个比较好的把控

367

能力。

严教授:股份制改革可能对调解矛盾有好处。内地有很多情况,比如有的(农户)是一个人占有十亩田,而有的(农户)却是十个人(占有)一亩田,这种情况还真不好调解。你们这种"生增、死不减"模式确实可以调解一下利益纠纷。所以我一直有一个疑惑,为什么股份制在很多地方不能推行? 可以有几个假设:第一个就是没有推动力,没有人去租地盖厂房,不像这边有很多人来发展经济。你们这边属于比较发达的地区,应该很少有人种田了吧?

谭社长:我们这边还有 600 亩农田。

严教授:这些农田是无偿分配给农户使用吗?

谭社长:不是这样。我们是先统计需要种田的农户,限定每人耕田的亩数,然后按照每年每亩 800 块钱的租金租给他们。800 块钱是如何来定的呢?因为农田需要灌溉,我们计算了每亩灌溉所需的成本大概是 900 块钱。所以,对于那些确实没有工作能力只能以种田为生的农民,我们就按照每亩 800 块钱租给他们使用。

严教授:这些农户每年的收入有多少?

谭社长:这就取决于他们的技能了。一般人只是自给自足的,少数人可能会种一些特色的东西,但是收入也不是很高。

严教授:我们那边也是,如果只种一亩田基本上是没钱可挣的。

谭书记:所以很多人都是自给自足的。

严教授:你们这边种田有没有补贴?

陈副局长:现在我们南海是改成三项补贴直接补给经济社。

严教授:这三项补贴都是来自中央财政吗?

陈副局长:有的来自中央财政,有的来自地方财政。

谭社长:我们这边是叫基本农田补贴,不过钱不多。

陈副局长:这个我知道。在 2017 年属于基本农田的补贴价格是 500 块钱一亩。一般农田是 200 块钱一亩。2018 年有所提高,基本农田是 800 块钱一亩。这个补贴大部分来自区财政。

严教授:南海有很多农地都已经改变了用途,那这个补贴还有吗?

谭社长：那肯定没有了。

严教授：你们这里的农地在改变用途出租时，是不是要打报告审批？

谭书记：我们是报到南海区国土部门，经过他们批准。

严教授：这个和我们那里一样，都是报到县级政府。你们这里是谭边社区，原来是叫谭边村民委员会吧？

谭书记：是呀。

严教授：什么时候改成社区的？

陈副局长：2011年。现在我们狮山镇村改居的总共是38个。

严教授：你们城镇化的水平挺高的。

陈副局长：我们这边主要是以生物医药、光电技术以及一汽大众来发展的。

严教授：这些产业是从外地引进的多还是本土的多？

陈副局长：都有，混合发展。比如一汽大众是由政府部门引进的，但它只做一个大致的框架，其他的配套设施还是由本土（企业）来发展的。

严教授：这个一汽大众（的用地）是租地吗？

陈副局长：不是，当时是由政府征地，然后再卖给它。

严教授：政府征地实际上是将集体土地转化为国有土地。关于集体你们是怎么理解的？现在学术界有两种说法，一种说是人的集合体，一种说是私产的集合体。

陈副局长：我觉得是人的集合体。毕竟我们的共同目的是实现共产主义。

严教授：这个问题还是有些复杂的。毕竟农村土地占国土很大一部分，而农用地又占农村土地的80%。如果对这一部分内容认识不清楚，发展就会有困难。所以我们来主要是想弄清楚如何做才能使大部分人满意。比如你们现在实行的"生增、死不减"模式就有特色，值得去调查清楚。这种"生增、死不减"模式在狮山镇实行的多么？

陈副局长：我们狮山镇就只有谭边社区实行。因为2005年股份制改革的时候，谭边社区实行的是"生不增、死不减"，所以2015年确权（股）到户时，他们就实行改革，采用"生增、死不减"模式。

严教授:那你们狮山镇的其他地方都是实行"生不增、死不减"的模式吗?

陈副局长:其他地方都是"生增、死减",三年一调整,不过有的地方是一年一调整。

谭书记:其实我们是不想动的,但是根据大部分村民的意愿,他们都想动,所以我们就变了。

严教授:我理解这种情况。你们谭边社区在2015年发生了变动(调整了股权),那其他地方呢?

陈副局长:其他地方都是三年一变动,或者是一年一变动。不像谭边社区十年没有变动。其实如果不是村民需要,谭边社区也不会调整。

严教授:你们觉得这种模式以后还会变动吗?

陈副局长:基本上不会动,如果有需要的话,可能会扩股。

严教授:那就是说,还是要变动的。不过你们这里多了一个中间环节,通过动股来动地。这些事情似乎还带点政治意味。

陈副局长:这是符合社会发展规律的,就像上市公司一样。

严教授:所以中国农村问题很复杂,很多问题不好讲透或者还讲不透。今天辛苦你们了。

谭社长:应该的。

第三部分:在陈副局长陪同下访谈狮山镇白沙桥社区党委副书记、经联社社长

对话人:

严小龙:湖南师范大学公共管理学院、湖南师范大学科学社会主义研究所、湖南师范大学县域发展研究中心、湖南师范大学乡村振兴研究所(筹)教授,以下简称严教授

陈副局长:狮山镇城乡统筹局副局长,以下简称陈副局长

刘社长:白沙桥社区党委副书记、经联社社长,以下简称刘社长

日　期:2018年7月19日上午

地　点：广东省佛山市南海区狮山镇白沙桥社区党委副书记办公室

严教授：昨天，我回去又想了想，你们的经济社有独立法人资格吗？

陈副局长：有的。

严教授：有独立法人资格就意味着它们可以自主地经营土地。

陈副局长：对呀。从1993年股份制改革开始，它们就具有独立法人资格，自己经营，自负盈亏。

严教授：那经济社对外招商引资、签订合同，需要通过村委会或社区的同意吗？

陈副局长：需要通过村居委的同意。或者达到一定资金额度时，还需要通过镇一级的审核，主要是审核土地出租的资金、年限、面积是否经过村民大会的同意。如果经过同意，然后就可以备案去签订合同。经济社的财务核算也是由村委会进行监管的。在2012年，我们南海区每个镇又成立了财务监管中心，由我们聘请会计事务所的会计师对经济社的财务进行监管。

这时，刘社长进来了。

陈副局长：这是湖南师范大学的严教授；这是白沙桥社区经联社刘社长，兼党委副书记。

严教授：您好，刘社长。我们来主要是想了解一下南海地区的土地股份制改革，主要是两个方面的问题，一个是你们与土地相关的部门情况，另一个是你们土地股份制尤其是2015年的改革情况。

刘社长：我们这个社区以前叫村委会，现在改成社区了。

严教授：什么时候改的？

刘社长：2013年实行村改居。以前由村委会承担的行政职能，现在由居委会承担。经济方面（村里面的土地、物业等）由经联社管辖。原来的生产队改为村民小组。

严教授：你们的生产队是什么时候改为村民小组的？

刘社长：1999年。但是之前我们也用过村民小组这一名称。

严教授：那你们的经济社（这个名称）是什么时候开始使用的？

刘社长:2011 年。

陈副局长:他可能不大清楚,经济社这一名称在 1993 年就已经出现了,但是不经常使用,还是以(使用)生产队和村民小组(的名称)为主。

刘社长:当时我们一个经联社下面有多个村民小组或生产队,在 2011 年由经济社取代了村民小组。

严教授:那你们村一级或社区一级有没有村民小组的机构?

刘社长:现在只是一个空的名称,由白沙桥村民委员会取代了村民小组。我们现在的书记就是村委会主任,也是村民小组的组长。

严教授:你们经联社的工作内容主要是什么?

刘社长:对属于自己的土地和物业的管理。我们经联社在 1990 年征收了下属村民小组的一部分土地,(把它们)变成我们经联社的土地。

严教授:那你们是怎么征收的?

刘社长:出钱。当时(1990 年)政府也在我们村一级征地,征地的价格为:河田是 13500 块钱一亩,鱼塘是 21600 块钱一亩,山岗地是 8000 块钱一亩。

严教授:你们经联社是在 1993 年才出现的,征地在 1990 年就开始了?

刘社长:其实真正征地是在 1993 年年底。

严教授:政府向村征地是不是把集体土地变为了国有土地?

刘社长:是呀。

严教授:你们村一级征地是没有权利将集体土地变为国有土地的,所以你们(征收的土地)应该还是属于集体土地。

刘社长:那肯定是呀。当时我们考虑到如果经济不发展,村民的生活水平就无法提高,所以我们(白沙桥社区)就以镇政府的征地价格向村民小组征地,将土地集约化来发展。

严教授:当时你们是以什么名义征地的,村民们可能不会同意吧?

刘社长:其实当时很多人是愿意的。因为他们大都是以农业为生,收入很低、很辛苦,还要交粮食,所以很多人都是愿意的,还愿意多征一些地。

严教授:你们当时的田是不是也是分不同功能的? 比如公粮田、口粮田。

刘社长:这是没有的。

陈副局长:当时我们是统称公余粮。

严教授:当时你们向村民小组征了多少地?

刘社长:大概是六十亩左右,都是我们村委会旁边的地。后来,我们也将土地以出租的形式租给其他人。

严教授:那是什么时候?

刘社长:1994 年。当时办好土地证以后,我们就将土地出租出去。

严教授:大概是多少钱一亩?

刘社长:当时(1994 年)工业还没有发展起来,所以只有很少人来租地。我们基本上是 8000 块钱一亩一年。期限是 20 年或 25 年,然后以五年为基础递增。到 1999 年,村民小组也开始联合出租土地,也就是把村民小组的土地联合在一起出租。

严教授:这种联合是由你们经联社主导还是村民小组自发的?

刘社长:是由我们经联社主导的。我们为他们提供基础设施建设,然后向村民小组征收管理费 1000 块钱一亩一年。各个村民小组也是按照他们投入的亩数来分配收益的。

严教授:他们(村民小组)的钱(土地出租收益)是直接分给村民的么?

刘社长:除预留 20% 的发展基金外,其他全部分给村民。

严教授:2011 年(政经分离)白沙桥村总共有多少土地?

刘社长:2350 亩左右。

严教授:那你们到目前为止出租的土地有多少?

刘社长:现在可以出租的土地不多了。因为佛山西站在我们这里征收了 700 亩,剩下的土地全部出租了。

严教授:你们社区就没有农用地了?

刘社长:没有了。

严教授:近两年出租的土地价格是多少?

刘社长:工业用地是五万块钱一亩一年,商业用地是八万块钱左右。

严教授:租期呢?

刘社长:每个村不一样,有的是 30 年,有的是 40 年。

陈副局长:因为商业用地和工业用地的最高租期不一样,商业用地是 40 年,工业用地是 30 年。

严教授:有没有用集体土地建设住宅出租的?

刘社长:没有。

严教授:你们 2004 年是如何进行确股的?

刘社长:当时不叫确股,是叫股份制改革。当时并没有将股份确定到每一个人,只是将村小组的土地、物业进行统计,计算价值,然后再由村小组确定成员资格。关于成员资格,我们每年年底都会重新确认新增人口和死亡人口,实行"生增死减"。对于新增人口,允许他们花 3000 元购股。

严教授:那原来那些户口迁出了、现在又重新迁回来的人也是 3000 元(购股)吗?

刘社长:城市户口没有,只有农村户口才可以。我们当时只是针对农业户口,如果娶的媳妇是城市户口也没有。

严教授:那 2015 年有没有改变?

刘社长:2015 年整个南海区都实行确股到户,所以我们也开始实行确股到户。

严教授:(新增人口)3000 元购股的门槛有没有变?

刘社长:(2004 年进行股份制改革),直到 2007 年才递增了 10%。

严教授:你们(白沙桥社区)2015 年之前是实行"生增、死减"模式,2015 年开始确股到户。

刘社长:2015 年我们都是按照南海区的十六字方针:确权(股)到户、户内共享、社内流转、长久不变实行的。首先,是根据要求修改章程,再递交上级检查是否违反法律法规,然后召开表决大会通过章程。

严教授:那章程的基本内容是什么?

刘社长:就是根据十六字方针,确认每家每户的成员资格,做好登记工作。但(章程)表决的结果,有的地方高达 97.6%,有的地方只有 56.7%。

严教授:只靠表决(通过章程)会不会有疏漏?

刘社长:但表决可以说明每个经济社的家庭情况,体现家庭的利益,比如快结婚的或快生小孩的那些人家就不会同意章程,章程能否通过就取决于这些人家多不多。但是,当时我们九个经济社全部都通过了。章程通过以后,我们就开始确认股权户,然后公布出去,检查是否有错漏现象;再提交给上级审批,然后才能发放股权证。

严教授:你们(集体成员)每人是几股?

刘社长:一股。

严教授:那谭边社区的(方案)是每人十股。

陈副局长:实际上都一样,不管是一股,还是十股,都是每人一份。

严教授:2015年确权(股)到户后,到现在有没有出现什么问题?

刘社长:因为确权(股)到户之后,一段时间不会发生变动,所以那些没有股权的人们就会有意见。

严教授:哪些人没有股权?

刘社长:城市户口的,或者因升学户口迁出去但又没有及时迁回来的,又或者户籍随外嫁母亲的新生儿等。这些人在我们确权(股)到户之前就提出意见,要求也要给予他们福利(股份)。后来我们通过多次表决,按照村民的意见,允许他们出资购股。

严教授:那要出多少资呢?

刘社长:我们将上述人分为几类,然后去各个村询问村民们的意见,每个村都是不一样的。

严教授:你能不能举一个例子?

刘社长:我们每一个经济社都是按照同一个方案进行的,都是先核算各个经济社的土地和物业的金额,据此大致确定一个(购股出资的)数额,然后去询问村民们对这几类人的意见,(用以)确定这些人购股所需(出资)的金额。

严教授:过程大都一样,结果却不一样。

陈副局长:所以确权(股)到户以后,后续的矛盾也比较多。

严教授:这些事情做起来都比较繁琐。我的意思是你们这里(白沙桥社区)九个经济社能不能举一些具体的例子?

陈副局长:他们这里最高的(出资购股的)门槛是七十万,最低是二十多万。

严教授:为什么会不一样呢?

刘社长:一个是经济社本身的资产问题,另一个是村民的体谅心,所以我们就取村民们的平均数。

严教授:那出70万购股的一年分红有多少?

刘社长:一年只有几千块钱。他们主要是为了买回股东身份,以后他们的子女也可以享受。

陈副局长:他们还考虑到了周边的发展。

严教授:要出70万购股的经济社,人均资产有多少?

刘社长:也是70万。

陈副局长:实际上关于购股金额我们政府有一个指导性的政策,就是按照前三年股东分红平均数的15倍到20倍出资购股,但是很多村民不同意。

严教授:所以你们(政府)就让经济社自己制定购股出资标准。

陈副局长:他们(白沙桥社区)现在还有佛山西站的征地。

严教授:佛山西站建设征地(给白沙桥社区)的征地款有多少?

刘社长:有土地证的建设用地20万一亩,没有证的是18万多。他们(佛山西站)只征用百分之七十,剩下的百分之三十留给我们使用。但是,这百分之三十也可以给他们,价格按250万一亩算。

严教授:所以征地可能有两种价格(一种计划价,一种市场价)。

陈副局长:不是这么理解的。百分之三十的土地权是属于村委会或经济社的,如果他们不需要,就可以将权属转让给政府。

严教授:那村民们都会同意吧。

陈副局长:也不一定。

严教授:政府征地的百分之七十是将集体土地变为国有土地,那剩余的百分之三十也变成了国有土地吗?

刘社长:不是,还是集体土地。

严教授:那集体土地中的建设用地,是不存在工业用地和商业用地区分的吧。

刘社长:我们是根据上面的总体规划,这一片地区可以做什么用途取决于政府的规划。

严教授:你们的集体土地(的用途)是由规划部门决定的?

刘社长:我们的土地证是由国土部门管理的,在办证之前要出规划意见,这是由规划部门决定的。

陈副局长:还有一种情况,是这百分之三十的土地政府要建公共设施,不能返还给村委会,所以就将其他地区的国有土地的百分之三十返还给村委会。

严教授:那这种土地的性质是什么?

陈副局长:所有权是集体的。

刘社长:按照我们的理解是集体的。

严教授:你们是这么理解的。但我觉得所有权应该是国家的,使用权是村民小组或经济社的。

陈副局长:应该是这样吧。

后　记

本书由笔者组织研究生和本科生以中西部农村为重点在全国范围内开展村域调查，继而将这种调查的本色访谈按时间逻辑结集而成。这里的"本色"，原意为事物本来的颜色，在此用以意指如实反映和如实记录，也即实际的情形是什么，就依照这种情形的本来样态反映和记录什么。在这个过程中，要义是尽可能地既不抬高、也不贬低，尽可能地既不渲染、也不抹杀。或者说，就是尽可能地贴近事实和逼近真实，就是尽可能地讲真话和道实情。之所以如此，是因为笔者以为，真的东西再粗糙也是美的，而假的东西再精致也是丑的。对此，笔者也深知在学术研究甚或实际生活中始终践行并非易事，只是意识到集腋成裘抑或边际进步的道理重要，从而竭力践行而已，如能成为学术共识则幸甚。再者，这种行动的用意，是希望以振兴乡村为主题，推动调查研究与课堂教学的融合发展，以及在融入实践和感知问题的过程中提高学术研究的兴趣和能力。此外，村域调研的场地大都是生态良好和风景优美之处，这对于惯于城市生活的人们而言或许有魅力，尤其是常将身心置于此间，可以有效活化心灵、摇动思想并由此显化潜力。就是说，这样不仅有益于身心同步健康，而且对于增进学术性灵也大有裨益。因为，"力欲争上游，性灵乃其要"。如此一来，还可以潜心学术的"自得之趣"，使内心或多或少的郁结得到某种意义上的超越。

本书以"振兴中的村域中国：本色访谈"为名，其内容分为"访谈笔录"和"访谈音录"上、下两篇。上篇收录村域调研访谈稿 24 篇，下篇收录村域调研录音稿 14 篇，共计 38 篇。在上篇的 24 篇访谈稿中，有三种文稿形成模式。

第一种是"笔者口述、学生记录、笔者修正"。经由这种模式形成的文稿有:(1)第一至五篇,也即"驻点杨家村"、"地方政治与村界象征"、"杨家村农地确权的历史变迁"、"水桐村的人地关系"、"农内建房与农地规制",调查组成员包括笔者堂兄严启贤及湖南师范大学公共管理学院 2015 级行政管理专业硕士研究生路露和侯正。(2)第七至八篇,也即"刘庄村访谈印象"、"南街村见闻及治理规则",调查组成员有湖南师范大学公共管理学院 2015 级中外政治制度专业硕士研究生高安超。(3)第九至十二篇,也即"'王地'确权的历史脉络与潘家铺社区的承包地确权"、"丰瑞乐家庭农场的经营权分置"、"丰瑞乐家庭农场的经营权分置问题再确认"、"行政变迁与产权变动",调查组成员有湖南师范大学公共管理学院 2015 级行政管理专业硕士研究生路露和侯正。(4)第十四、十五篇,也即"湄潭经验的三层涵义"、"征地、搬迁、安置模式与产权变动",调查组成员有湖南师范大学公共管理学院 2016 级科学社会主义专业硕士研究生陈虹、中外政治制度专业硕士研究生陈强。

第二种是"学生初写、笔者改写"。经由这种模式形成的文稿有:(1)第十四篇,也即"精准扶贫与王新法的心路历程",初写者为湖南师范大学公共管理学院 2015 级行政管理专业硕士研究生侯正。(2)第十七篇,也即"洪门村的农地流转和农地征收",初写者为湖南师范大学公共管理学院 2016 级科学社会主义专业硕士研究生陈虹。(3)第十八篇,也即"凤形村、青狮村、长乐村的农地确权和农地流转",初写者为湖南师范大学树达学院文法系 2014 级本科生。调查组成员及撰写分工:青狮村调研由鲁艳辉、李梅初写;凤形村调研由吴春梅、徐晗初写;长乐村调研由伍欣、张鑫初写,结尾由赵迎香初写。(4)第十九篇,也即"报母村和田茂农庄的土地确权和土地流转",初写者为湖南师范大学公共管理学院行政管理学系 2014 级本科生。调查组成员及撰写分工:周洁家的访谈由黄丹初写;孙老师的访谈由孙聪初写;田茂农庄的访谈由周洁初写;种粮大户的访谈由王竹梅初写。(5)第二十篇,也即"新科村和王村的土地确权",初写者为湖南师范大学公共管理学院 2016 级科学社会主义专业硕士研究生陈虹。(6)第二十一篇,也即"塘约村的'确权确地确股'及其蝶变的五个逻辑",初写者为湖南师范大学公共管理学院 2015 级行政管理专业硕士研究生吴星明。(7)第二十二篇,也即"小岗村承包地经营权分置困境和鸽子笼村'征地补偿 3.0 版'",初写者为湖南师范大学公共管理学院 2015级行政管理专业硕士研究生路露。(8)第二十三篇,也即"华西新市村的集体成员权益",第二十四篇,也即"狮山镇及其谭边社区和白沙桥社区的'确权确股不确地'",初写者为湖南师范大学公共管理学院 2017 级中外政治制度专业硕士研究生刘玉莹。

第三种是"笔者独写"。经由这种模式形成的文稿有第六篇和第十六篇,也即"'市场决定'与'凡事必有例外'"和"外婆的洪门堂及其三次动地"。

下篇收录村域调研录音稿 14 篇,皆为本、研学生录音及初步整理,再经笔者修改而成。其中:(1)第一、二、三、四篇,也即"长乐村村民访谈音录"、"长乐村大垅农庄访谈音录"、"花桥村种田大户访谈音录"、"青狮村水稻合作社访谈音录",由湖南师范大学树达学院文法系 2014 级本科生调查小组初步整理。(2)第五、六、七篇,也即"报母村报母组村民访谈音录"、"李家山社区种粮大户访谈音录"、"田茂农庄访谈音录",由湖南师范大学公共管理学院行政管理学系 2014 级本科生调查小组初步整理。(3)第八、九、十篇,也即"新科村访谈音录"、"民跃合作社访谈音录"、"王村访谈音录",由湖南师范大学公共管理学院 2016 级科学社会主义专业硕士研究生陈虬初步整理。(4)第十一篇,也即"小岗村访谈音录",由湖南师范大学公共管理学院 2015 级行政管理专业硕士研究生路露初步整理。(5)第十二篇,也即"塘约村访谈音录",由湖南师范大学公共管理学院 2015 级行政管理专业硕士研究生吴星明初步整理。(6)第十三篇,也即"华西新市村访谈音录",第十四篇,也即"狮山镇及其谭边社区和白沙桥社区访谈音录",由湖南师范大学公共管理学院 2017 级科学社会主义专业硕士研究生刘琪初步整理。

湖南师范大学公共管理学院、湖南师范大学科学社
会主义研究所、湖南师范大学县域发展研究中心、湖南师
范大学乡村振兴研究所(筹)教授、博士生导师: 严小龙
二零一八年三月于长沙岳麓山下西子湖畔

责任编辑:崔继新

封面设计:林芝玉

版式设计:东昌文化

图书在版编目(CIP)数据

振兴中的村域中国:本色访谈/严小龙 著. —北京:人民出版社,2018.12

ISBN 978-7-01-020020-0

Ⅰ.①振…　Ⅱ.①严…　Ⅲ.①城乡建设-调查研究-中国-文集

Ⅳ.①F299.2-53

中国版本图书馆 CIP 数据核字(2018)第 253812 号

振兴中的村域中国:本色访谈

ZHENXING ZHONG DE CUNYU ZHONGGUO BENSE FANGTAN

严小龙　著

人民出版社 出版发行

(100706　北京市东城区隆福寺街 99 号)

北京盛通印刷股份有限公司印刷　新华书店经销

2018 年 12 月第 1 版　2018 年 12 月北京第 1 次印刷

开本:710 毫米×1000 毫米 1/16　印张:24.25

字数:372 千字

ISBN 978-7-01-020020-0　定价:68.00 元

邮购地址 100706　北京市东城区隆福寺街 99 号

人民东方图书销售中心　电话 (010)65250042　65289539